MYTHOS MAPPE / BAND 1

PECHER & BÖCKMANN / HERAUSGEBER

MYTHOS MAPPE
DESIGNSTUDENTEN ZEIGEN IHRE BEWERBUNGSMAPPEN

Klartext

MYTHOS MAPPE / REDAKTION

INHALTSVERZEICHNIS

Die Redaktion

6 Prof. U. Loesch, Wuppertal **Wie sieht eine Mappe aus?**	12 Prof. M. Görner, Berlin **Wir brauchen einander.**	20 A. Schmid, Essen **Ein Erfolgserlebnis.**
7 Prof. A. Berkenbusch, Essen **Mappe-Machen.**	13 Prof. J. Hundertpfund, Potsdam **Mythos Eignung.**	22 Prof. K. Hesse, Offenbach **Vor mir liegt eine Mappe.**
7 Prof. M. Erlhoff, Köln **Habe nun, ach.**	14 S. Schneider, Essen **Umgang mit dem Unbekannten.**	24 Prof. C. Lazzeroni, Essen **Talent - Handwerk - Initiative.**
8 Prof. G. Fleischmann, Bielefeld **Kommen Sie zu sich.**	17 S. Zabel, Essen **Wille, Einsatzbereitschaft, Durchhaltevermögen.**	26 Designstudenten berichten **Randnotizen.**
9 J. Körmendy, Essen **In Sachen Mappen-Kurs.**	18 S. Kleffner, Essen **Der eigene Stil.**	227 Impressum

Die Mappenschau

32	01	VK	D. Aliushin, Aachen	100	18	PD	S. Homa, Berlin	170	35	KD	J. Rehling, Wuppertal
36	02	VK	N. Aliushin, Aachen	104	19	FD	F. Kesting, München	172	36	KD	E. Reiske, München
40	03	MD	B. Can, Trier	108	20	ID	S. Kind, Essen	176	37	MD	A. Sator, Trier
44	04	FD	O. Döbler, Dortmund	112	21	KD	C. Köhler, Wuppertal	180	38	FD	B. Schneider, Bielefeld
48	05	VK	J. Dold, Pforzheim	116	22	KD	P. Kohl, Wiesbaden	182	39	GD	S. Schnitzler, Dortmund
52	06	GD	M. Doliv, Dortmund	120	23	KD	A. Kornher, Würzburg	186	40	GD	C. Schramm, Dortmund
56	07	ID	S. Falkner, Essen	124	24	ID	A. Kowalewski, Essen	190	41	FD	U. Schweer-Lambers, Bielefeld
60	08	TD	A. Feldtkeller, Reutlingen	126	25	ROD	A. Kutschera, Dortmund	194	42	D	S. Sostmann, Bremen
64	09	TFD	H. Fellehner, Berlin	132	26	FD	S. Lang, Bielefeld	198	43	KD	D. Speck, Düsseldorf
68	10	ID	G. Felten, Wuppertal	136	27	KD	S.E. Lim, Essen	202	44	KD	N. Steinacker, Wuppertal
72	11	KD	C. Gebel, Dortmund	140	28	FD	K. Lüttjohann, München	206	45	FD	I. Thiel, Dortmund
76	12	ID	M. M. Götzen, Essen	144	29	KD	P. Miranski, Wuppertal	210	46	FD	M. Uellendahl, Bielefeld
80	13	ID	A. Grieshammer, Essen	148	30	KD	M. Nowak, Dortmund	212	47	ID	C. Uepping, Essen
84	14	KD	C. J. Grüber, Essen	150	31	KD	N. Palm, Berlin	216	48	FD	N.K. Wilhelm, Bielefeld
88	15	TD	E. Haberlach, Reutlingen	154	32	FD	S. Passig, Leipzig	220	49	KD	P. Wix, Wuppertal
92	16	KD	S. Heseler, Düsseldorf	158	33	TFD	J. Pilz, Berlin	224	50	ID	F. Zobel, Essen
96	17	ID	N. Holtgräwe, Essen	164	34	KD	S. B. Poehlchen, Darmstadt				

Legende

D Design / **GD** Grafikdesign / **PD** Produktdesign / **ID** Industriedesign / **FD** Fotodesign / **MD** Modedesign / **TD** Textildesign / **KD** Kommunikationsdesign
TFD Textil- und Flächendesign / **VK** Visuelle Kommunikation / **ROD** Raum- und Objektdesign

MYTHOS MAPPE / REDAKTION

ZU DIESEM BUCH

VOLKER PECHER, ULI BÖCKMANN

Es gibt nichts Gutes außer: Man tut es.

Wie schlicht, wie wahr. Also machten wir uns an die Arbeit, dem „Mythos Mappe" auf den Grund zu gehen. Das Gute daran: Wir stießen auf wenig Rätselhaftes.

Mappe: Quelle des seit dem 15. Jh. bezeugten Wortes ist lat. *mappa* »Vortuch, Serviette; Tuch«, das im Mlat. in der Fügung *mappa mundi* die Bedeutung »Weltkarte, Landkarte« (eigentlich »Tuch aus Leinwand mit einer kartographischen Darstellung der Erdteile«) entwickelte. In dieser Bedeutung wurde das Wort ins Dt. übernommen. Die sich daran anschließende Verwendung im Sinne von »Umschlag[stuch] für Landkarten« vermittelte die im 18. Jh. aufgekommene, heute allein gültige Bedeutung des Wortes »flache Tasche, aus zwei aufklappbaren Deckeln bestehende Hülle für Schriftstücke o.Ä.«.

Der Duden enträtselt den rein begrifflichen Teil des „Mythos Mappe" schon mit wenigen Zeilen. Um dem Inhalt auf die Spur zu kommen, braucht es schon etwas mehr Zeit und Raum. Also klappen wir in diesem Buch 50 erfolgreiche Mappen auf und zeigen rund 2.000 Arbeiten daraus.
Wir handeln dabei in der Überzeugung, dass der Mythos sich in Luft auflöst, deckt man ihn einfach schonungslos auf.

Wir hatten die Aufgabe, eine Flut von Informationen im Sinne des Buches zu selektieren und entschieden uns für die Reduktion, um letztlich mehr Arbeiten zeigen zu können. Wer konkrete Fragen zu einer bestimmten Arbeit hat, findet via e-Mail den direkten Kontakt zur Studentin / zum Studenten.

Auch die Details waren nicht immer in Einklang zu bringen. So finden sich unterschiedliche Angaben zu den Arbeiten: mal sind nur die Titel genannt, mal die Technik, in der sie angefertigt wurden. Auch die Zahl der abgebildeten Arbeiten entspricht aus verschiedenen Gründen nicht immer der Zahl der tatsächlich in der Mappe enthaltenen. In solchen Fällen haben wir uns an die Vorgabe gehalten, welche Arbeiten bevorzugt abgebildet werden sollten.

Wir möchten dringend darum bitten, mit Kritik und Verbesserungsvorschlägen nicht zu geizen, denn dieses Werk ist lediglich ein Anfang. Wir werden sehr bemüht sein, im Band 2 allen Anregungen ge-recht zu werden. Unter www.mythos-mappe.de kann man jedoch nicht nur seine Wünsche und Fragen zum Buch loswerden, auch den Austausch mit anderen Studienbewerbern wollen wir dort in unserem Mappenforum ermöglichen. Und mehr.

„Mythos Mappe" will durch eine umfassende Dokumentation erfolgreicher Arbeiten Mut machen für den schwierigen Orientierungslauf auf dem Weg zum Designstudium. Schließlich kann in einem Meer von Fragen jede Antwort eine kleine Insel sein. Das eigentliche Fazit dieses Buches können wir allerdings schon an dieser Stelle vorwegnehmen: siehe Überschrift.

Unser herzlicher Dank gilt allen, die mit ihren Arbeiten und Beiträgen dieses Buch so aufschlussreich gemacht haben. Allen Aspiranten wünschen wir mindestens eine Erleuchtung bei der Lektüre und viel Erfolg bei der Bewerbung.

PROF. UWE LOESCH,
UNIVERSITÄT WUPPERTAL

Wie sieht eine Mappe aus?

Und was muss rein, wenn Sie an der Bergischen Universität Wuppertal Kommunikationsdesign studieren wollen?

Ihre Voraussetzungen:

Wenn Sie Kommunikationsdesign studieren wollen, sollten Sie über besondere künstlerisch-gestalterische Fähigkeiten verfügen. Wie bei einem Studium der Musik, für das eine überdurchschnittliche musikalische Begabung vorausgesetzt und nachgewiesen werden muss, ist für das Studium des Kommunikationsdesigns überdurchschnittliche Kreativität erforderlich.

Ihre Kreativität:

Diese kreativen Eigenschaften müssen in einer Mappe mit Arbeitsbeispielen zum Ausdruck kommen. Wer während seiner Schulzeit im Kunstunterricht und darüber hinaus gern gezeichnet, illustriert oder gemalt hat, wer vielleicht sogar auf Reisen Skizzenbücher angelegt oder fotografiert hat, wird sicherlich keine Probleme haben, die 10 bis maximal 15 besten Arbeiten auszuwählen und in die Mappe zu legen. Bildsequenzen und Bildserien gelten jeweils als eine Arbeit.

Ihr Handicap:

Wer nicht über genügend Arbeitsbeispiele verfügt, sollte zur Vorbereitung der Mappe intensiv zu zeichnen oder zu fotografieren beginnen und gegebenenfalls die Kursangebote von Volkshochschulen in den Bereichen Aktzeichnen, freies Zeichnen (Naturstudien), Fotografie, Video nutzen.

Ihre besonderen Fähigkeiten:

Bewerberinnen und Bewerber, die nicht über besondere, angeborene zeichnerische Fähigkeiten verfügen, können diesen Mangel durch die Vorlage von freien fotografischen Arbeiten kompensieren.

Ihre fotografischen Arbeiten:

Erwartet werden Fotografien, die ein bestimmtes Thema reflektieren oder ein gesteigertes Interesse des Fotografen an seiner Umwelt dokumentieren. Beispielsweise sind sicherlich Familienfotos unangebracht, wohl aber ein fotografischer Essay über das Thema „Familie". Ein weiteres Beispiel wäre, statt des eigenen Reiheneckhauses das Thema „Postmoderne Architektur" zu verfolgen. Fotos von Reisen sind nur dann von Interesse, wenn man dabei einen besonderen Aspekt seiner Seh-Erfahrung darstellt.

Ihre angewandten Arbeiten:

Sollten Sie bereits ein Praktikum in einem Studio, einer Agentur oder einem grafischen Betrieb absolviert haben, können Sie Arbeitsbeispiele aus dieser Zeit Ihrer Mappe beilegen. Voraussetzung ist natürlich, dass es Ihre eigenen Entwürfe sind. Bei bereits gedruckten Arbeiten sollten Sie eine selbstkritische Auswahl treffen. Insbesondere dann, wenn Sie der Meinung sind, dass der Auftraggeber Ihre Gestaltungsidee zerstört, Ihr Vorgesetzter Ihre Kreativität behindert und die Druckerei wieder einmal alles falsch gemacht hat.

Unsere Bewertungskriterien:

Die Aufnahmekommission bewertet anhand dieser freien zeichnerischen und fotografischen Arbeiten das Wahrnehmungs-, Vorstellungs- und Darstellungsvermögen der Bewerberinnen und Bewerber.

Ihr kreativer Schwerpunkt:

In Ihre Mappe können Sie sowohl zeichnerische und malerische als auch fotografische Arbeitsbeispiele einbringen. Auch Kurzfilme auf Video oder CD oder Abbildungen von Skulpturen, die Sie vielleicht während Ihrer Schulzeit geschaffen haben, können beigelegt werden. Ihre Mappe kann durchaus einen zeichnerischen oder einen fotografischen Schwerpunkt haben. Sie kann nur zeichnerische oder nur fotografische Beispiele enthalten, wenn Sie in einem der beiden Bereiche besondere Fähigkeiten und Kenntnisse zeigen können.

Unsere Größenordnung:

Die Mappe sollte nicht größer als DIN A1 und nicht kleiner als DIN A2 sein. Die maximale Größe Ihrer Arbeitsbeispiele beträgt also 60 x 84 cm, die minimale 42 x 60 cm, inklusive Passepartouts.

Ihre Präsentationsform:

Fotografische Arbeiten sollten Sie eventuell mit einem Passepartout versehen oder auf Fotokarton aufziehen. Dies ist auch bei freien zeichnerischen oder malerischen Arbeiten empfehlenswert, es sei denn, Ihre freien zeichnerischen Arbeiten wurden bereits im jeweiligen Mappenformat angelegt (wie beispielsweise Aktzeichnungen). Die Passepartouts einer Bildserie sollten gleich groß sein. Alle Arbeiten müssen Sie bitte auf der Rückseite(!) mit Ihrem Namen lesbar kennzeichnen. Großspurige Künstlersignaturen sind zu vermeiden.

Ihre typografische Gestaltung:

Typografie ist integraler Bestandteil Ihres Studiums. Hierfür benötigen Sie eine hohe Sensibilität und Freude am Detail. Vor allem aber folgt Typografie einem Ordnungsprinzip, das es zu entdecken oder zu erfinden gilt. Schon bei der Gestaltung Ihrer Mappe sollten Sie diese Sensibilität für das Systematische darzustellen versuchen.

Ihre Vorbereitungszeit:

Beachten Sie bitte, dass die Präsentation Ihrer eigenen Arbeiten vor, während und nach dem Studium mit ausschlaggebend ist für die Bewertung Ihrer kreativen Leistung. Sie stehen im Wettbewerb mit Bewerberinnen und Bewerbern, die sich über Wochen intensiv auf ihre Mappenvorlage vorbereitet haben. Wenn Sie nicht über genügend Arbeitsbeispiele verfügen, sollten Sie frühzeitig mit Ihrer Mappenvorbereitung beginnen. Mappen, die nach dem Abi in aller Schnelle zusammengewürfelt werden, haben in der Regel kaum Chancen.

Ihre Informationspflicht:

Informieren Sie sich in den Hochschulen und Fachhochschulen in Ihrer Nähe. Besuchen Sie die regelmäßig am Ende eines jeden Semesters stattfindenden Diplomausstellungen. Erkundigen Sie sich nach Informationsveranstaltungen der einzelnen Hochschulen. Fragen Sie Studierende oder ehemalige Studentinnen und Studenten, wie eine „kreative" Mappe auszusehen hat. Darüber hinaus sollten Sie das Kulturangebot Ihrer Umgebung ab sofort so intensiv wie möglich nutzen. Trauen Sie sich regelmäßig in verschiedene Theater! Oder gar in die Oper. Wagen Sie sich in die großen Kunstmuseen unseres Landes. Nirgendwo auf der Welt ist die Kulturlandschaft so dicht besiedelt wie in Nordrhein-Westfalen. Selbstverständlich werden Sie alle Ausstellungen über Produkt- und Kommunikationsdesign, über Fotografie, Video und Film besuchen und sich erneut für Literatur interessieren. Ihre Kreativität hängt von Ihrer Kulturerfahrung ab. Bildung ist keine Einbildung.

www.mappenvorbereitung.com

Ihre Fragen beantworten wir gerne auch persönlich. fon: +49 (0)201- 545 61 10   fax: +49 (0)201 -545 61 11
mail@freie-kunstakademie.com   www.freie-kunstakademie.com   www.sommerakademie-essen.de

PROF. ANNA BERKENBUSCH,
UNIVERSITÄT ESSEN

Mappe-Machen.

Über bequeme und mühsame Studierende

Der bequemste Student für einen Lehrenden ist der begabte und fleißige Student. Er arbeitet so vor sich hin, erledigt in der Regel alle gestellten Aufgaben und kommt halbwegs regelmäßig zu den angebotenen Terminen. Danach kommt gleich der mittelmäßige Studierende, der ähnlich zügig alles richtig macht. Der unbegabte Student ist weitaus mühsamer, er erfordert, wenn er auch noch fleißig ist, viel Geduld, Zeit und Nerven. Er bringt ständig all das, was er tun soll, in dreifacher Variante mit und hält sich exakt an den Wortlaut der Korrektur ohne eigene Phantasie und Schöpfungskraft.

Der Albtraum für jeden Lehrenden ist allerdings der hochbegabte, eigenbrötlerische und nicht übermäßig arbeitswillige Studierende. Die begabten Arbeitsverweigerer nerven durch endlose mehr oder weniger kluge Fragen, die zum Ziel haben, den Ablauf zu verzögern und die Veranstaltung weniger arbeitsintensiv werden zu lassen. Sie kommen in der Regel nur zu jedem zweiten Termin, weil sie ohnehin am Ende alles nacharbeiten wollen, d.h. dann, wenn sie meinen kapiert zu haben, worum es eigentlich geht, aus den Fehlern der anderen zu lernen. Sie hängen sich oft da besonders rein, wo es inhaltliche Überschneidungen mit ihren anderen Interessen gibt, z.B. Musik, Technik, Literatur, Reisen, Fotografie, etc. und wollen dann gern zwei oder mehr Fliegen (Scheine) mit einer Klappe schlagen. Bei den motivierten und begabten Studierenden tauchen dann aber auch sehr spannende Ideen auf, und die verursachen bisweilen die besessenen Arbeitsmarathons, mit am Ende zumeist guten Ergebnissen. Dazu kommen bei einigen Studierenden meist geniale Arbeitsvermeidungsstrategien und hilfreiche Fehler, die dann oft Ideengeber, Quelle von Kreativität oder auch Innovation sind.

Bei den Verweigerern, bei privaten Problemen oder sonstigen Umwegen kommt dieser Durchbruch oft sehr spät. Wäre so ein Studierender von Anfang an dabei, wäre die Arbeit für alle richtig spannend. Aber um dahin zu kommen, sich selbst mit den eigenen Begabungen und Kompetenzen, Ideen und Wünschen richtig wahrzunehmen, und die Eigenverantwortlichkeit eines Studiums zu erkennen, brauchen Studenten in der Regel etwas Zeit. In den Grundlagen, also während der ersten vier Semester, probieren viele junge Menschen vor sich hin und müssen dabei an vielen Universitäten richtig viel tun, denn die Anforderungen sind hoch. Manche haben lange keine Vorstellung, was Studieren eigentlich bedeutet. Es ist schön zu beobachten, wie dann langsam aus hoffnungsvollen Studienbewerbern interessante Typen werden.

Was aber heißt das alles für die Bewerbung? Auch beim Mappe-Machen weiß zunächst einmal kaum jemand, worauf es eigentlich ankommt. Das macht auch nichts. Es gibt Vorgaben, an die mensch sich halten kann und sollte. Das ist die Basis. Aber dann: Lehrende fördern in der Regel gern Studierende, mit denen das Arbeiten Spaß macht, die Ideen haben, die sich nicht von Aufwand, Schwierigkeiten und Aufgabenstellungen paralysieren lassen, sondern einfach anfangen. Die mit denken, anders denken, die Dinge auf den Kopf stellen und dann noch einmal neu denken; Studierende, die dranbleiben, wenn es schwierig wird und aus der Bewältigung dieser Probleme den inneren Motor speisen und damit ihre eigene Entwicklung vorantreiben.

Ich freue mich in der Mappe also über eigene Sichtweisen, Tagebücher, illustrierte Texte und Briefe, Botschaften von überall her, gezeichnete oder kopierte Storyboards, gesammelte Fundstücke mit Kommentaren, Reiseberichte, witzige Selbstportraits und gebastelte Postkarten-Serien usw.. Traut Euch und zeigt, was Ihr in der Schublade habt – neben den verlangten Aktzeichnungen und Schwarzweißfotos und der Arbeit zum Thema Kommunikation oder „Mein ständiger Begleiter, der Hausschlüssel".

Wichtig sind Individuen, Persönlichkeiten mit eigenen Vorstellungen, die nicht mit einem Kopf voller Klischees und Abziehbilder ankommen, die zig andere genauso mitbringen. Deshalb gibt es neben der Mappe und der Prüfung zumeist auch das kurze Aufnahmegespräch: Hat da einer eine Vorstellung von sich und der Welt um ihn herum, von dem, was er sieht und tut? Und am allerwenigsten interessieren die bereits realisierten Auftragsarbeiten, die Flyer, Anzeigen, Websites, u.s.w.. Die bereits routinierten Anzeigen-Klemptner sind für die meisten Lehrenden nicht das Objekt der Begierde, sondern eher das rote Tuch.

Die Lehrenden müssen anhand der Mappe und später dann der Prüfung herausfinden, ob das, was ein Bewerber mitbringt, ausreicht für die Arbeit am Fundament eines Designerlebens. Dieses Herausfinden, dieses „Den-Einen-Weg-Suchen" setzt sich dann auf beiden Seiten intensiv im Grundstudium fort. Für die Lehrenden bedeutet das auch zu (be-)urteilen, wenn es nicht so klappt: ist einer nur faul, verweigert sie sich aus Liebeskummer oder muss zuviel nebenbei arbeiten, hat er oder sie in diesem Bereich einfach keine Chance und sollte nach dem Vordiplom wechseln?

All dies stellt sich im Lauf der ersten Jahre des Studiums heraus, bis dahin laufen wir uns sozusagen gemeinsam warm. Die Mappe ist für dieses Training sowohl der Startschuss als auch das Rüstzeug: man muss es ihr ansehen, dass einer unbedingt zum Training will. Mit Leib und Seele.

PROF. MICHAEL ERLHOFF,
UNIVERSITÄT KÖLN

Habe nun, ach.

Einige robust filigrane Thesen zu Design und Design-Studium

Nun ja: Design. In der englischen Sprache meint das alles, was irgendwie gestaltet werden kann und soll, eben Forschung und Haare, Ereignisse sowie Gegenstände. Was zwar etwas schwammig scheint, gleichwohl die Perspektive weist, wie sehr zumindest all das, was nicht natürlich (aber was ist das noch?) oder empirisch abläuft, gestaltet oder konstruiert werden muss.

Und hierzulande: Da gilt Design offenkundig als ziemlich chic oder cool (je nach Alter). Immer-hin lag – so weit ich weiss – Design im vergangenen Jahr auf Platz zwei der Hitliste für Studienwünsche (nach Journalismus). Design wird gekauft, egal ob Design drin ist – übrigens auch von denen, die gewissermaßen als Ausweis krit-telnden Bildungsbürgertums gern abfällig von „Designer-Möbeln" oder dergleichen Kleidern sprechen.

Außerdem haben viele Unternehmen aller Branchen auch in Deutschland (im europäischen Ausland und in Japan, China, USA sowieso) inzwischen begriffen, wie wichtig Design zur Verkaufsförderung und Sichtbarkeit im Markt ist; manche haben sogar noch mehr verstanden, nämlich wie intensiv Design die technischen Innovationen, Qualitäten von Produkten und Dienstleistungen sowie digitale Vermittlungen bestimmt oder konstruiert.

Denn Design ist ja nicht das Ding, das man kauft (ein Auto ist nicht Design), sondern allein die Beschreibung eines komplizierten und komplexen Arbeitsprozesses: bestehend aus umfangreichen Studien zu Material, Energie, Verbraucherverhalten, Marktsituationen, Produzierbarkeit und dergleichen sowie Konstruktions-Entwicklungen, technischen Forschungen, Erwägungen zur Adäquanz möglicher Entwürfe zu den Herstellungs- und Marktmöglichkeiten eines betreffenden Unternehmens oder einer Institution. Irgendwie kennzeichnet gerade das Design als Tätigkeit eine unabdingbare Verschränkung von Denken und Handeln oder von Theorie und Praxis oder von Strategie und Intuition. Dazu käme noch, dass Design stets in Sozialität eingebunden, eben immer geselliges Tun (als Team-Arbeit und für die Gesellschaft) ist.
Man könnte das anekdotisch auch kürzer beschreiben. Wenn beispielsweise die Studentinnen und Studenten des Kölner Fachbereichs Design auf Parties danach gefragt werden, was sie so tun, antworten: „Design", so wirkt das erst einmal ganz toll und ruft bei den Fragenden nahezu sogleich die Anmerkung wach: „Hab' auch schon mal 'nen Schrank (oder Motorrad) gebaut" oder „Kannste mal für mich 'ne Lampe designen?" Der Frust ist dann riesig, wenn die Kölner Studierenden erklären, was sie im Studium so studieren. Oder: Am Kölner Fachbereich („Cologne International Design School") bewerben sich jährlich circa 1.400 Menschen für das Studium, und davon werden (in von anderen Design-Hochschulen sehr unterscheidender Prüfung der studiengangbezogenen Eignung) etwa siebzig aufgenommen.

Viele, allzuviele der Bewerberinnen und Bewerber verwechseln Kunst und Design oder Basteln und Design, wollen aus harten Lernprozessen bloß aussteigen und halten sich (ohne Immanuel Kant je gelesen zu haben) für genialisch; die naivsten Formulierungen bei der Begründung des Studienwunsches sind etwa: „Mein Kunstlehrer (oder gar: meine Eltern) hielt mich immer schon für sehr begabt" und „Ich konnte schon immer gut zeichnen", und ebenso dumm ist der trostlose Wunsch, „sich selbst zu verwirklichen" (was? den eigenen Müll?) und der dumpfe Kreativitätswahn.

Kriterien – wenn man das so nennen will – jener Prüfung im Kölner FB Design wären dagegen beispielsweise: Wissen um die Komplexität von Design (inklusive Wissen um die vielen Besonderheiten des Kölner Designstudiums), Wahrnehmungsfähigkeit, Neugier und Interesse, Offenheit, Lebendigkeit, Vielfalt, soziale Kompetenz und das Standing für solch ein intensives Studium.

Das macht übrigens Sinn, denn Design erfordert Selbstbewusstsein und Eigensinn ebenso wie Erkenntnis, Interesse und den Wunsch, etwas (gemeinsam) zu verändern. Zudem braucht es eine Ahnung davon, was alles im Rahmen von Design gestaltet wird: Konsum- und Investitionsgüter, Dienstleistungen, Gestaltungskoordination, Produktionsabläufe, alles gestaltet Sichtbare, als Zeichen und Plakate und Bücher und Zeitschriften und dergleichen, das Erscheinungsbild von Unternehmen und Städten, die Marken, das Licht, private und geschäftliche Interieurs, Verpackungen und Displays, Websites, Akustik und Gerüche, Fernseh- und Bühnendekorationen, Filmbilder, TV-Auftritte, Interfaces und Interaktionen im Netz und im Leben ... – und das geschieht in Modellen, Texten, Zeichnungen, Gesprächen, am Computer oder ganz handgreiflich.

Ja, all dies muss auch noch von Design in Kooperation mit anderen koodiniert und kommuniziert werden, sonst gerät es heillos durcheinander.

Womit wir wieder bei der Design-Ausbildung sind und sich hier die Geister scheiden. Einige Hochschulen meinen nämlich (oder können aus Tradition oder einfach Zuständen nicht anders), man sollte für all dies oder für Teile davon Spezialisten heranziehen, während einige (womöglich noch zu wenige) Design auch im Studium komplexer verstehen und lehren. Letzteres geschieht derzeit am extremsten gewiss am Kölner FB Design, der ein integriertes Design-Studium anbietet, in dem die Studierenden im Rahmen von Arbeits- und Problemfeldern alles studieren müssen oder dürfen, was Design umfasst (unter anderem auch in etlichen transdisziplinären Projekten und wissenschaftlichen Seminaren) – übrigens mit beachtlichem Erfolg, wenn man die Lebendigkeit des Studiums und die beruflichen Chancen betrachtet.

Immerhin formulierte doch schon vor etwa fünfzig Jahren der berühmte und kluge Gestalter Buckminster Fuller die einsichtige Aussage: „Spezialisten sind Sklaven".
Was allemal für das Design gilt.

PROF. GERD FLEISCHMANN,
FACHHOCHSCHULE BIELEFELD

Kommen Sie zu sich.

Eine Mail an die Redaktion

Sie werden Erfolg haben. Nach den Zeichenschulen, Mappen-Vorbereitungskursen und Privat-Kunstlehrern stürzen sich die Möchtegern-Designer und -Designerinnen auf Ihr Buch. Die Systemschrift Impact und ein mittiges Zyklopenauge sollen Einsender locken, von Honoraren keine Rede. Ich habe die zwei Exemplare ausgehängt. Sie werden sehen, was aus Bielefeld kommt.

Als Typograf sehe ich natürlich auch die billigen Satzfehler in dem schwarz-blauen Anschlag: Statt eines Auslassungszeichens den (DTP-typischen) *accent grave*, Titel in Anführungszeichen wie Zitate oder wörtliche Rede, Auslassungspunkte (wo gar nichts ausgelassen wird) auch mal ohne Wortzwischenraum, Vorwahl ohne runde Klammern und die Telefonnummer falsch spationiert. Auf die Sichtbarkeit kommt es auch nicht an, denn eine Fax (Faksimile)-Nummer steht nicht auf dem Blatt (das Plakat, auf welches sich Prof. Fleischmann bezieht, haben wir auf Seite 9 unten abgebildet. Die Red.).

Im Gegensatz zu den meisten anderen Fächern im Designstudium sind Schrift und Typografie sowie Print- und Medientechnik weder in der Schule ein Thema noch in der öffentlichen Diskussion. Zeichnen, Malerei, Fotografie, Skulptur, Raum, Form und Farbe, Kunstgeschichte, etc. kennen die Bewerber und Bewerberinnen – zumindest vom Hörensagen. Sie sind auch regelmäßig Gegenstand des Feuilletons und der öffentlichen Diskussion. Trotz der Verbreitung des PCs bringen aber nur wenige Studienanfänger Erfahrungen mit Schrift, Typografie oder Druck mit. Auch diejenigen, die das Fachabitur haben oder eine Ausbildung in der grafischen Industrie, kennen das typografische Material und die Printtechnik als Gestaltungsmittel eigentlich nicht.

Namen wie Jan Tschichold, Piet Zwart, Ilya Zdanevitch (Iliazd), Stanley Morison, Hendrik Nicolaas Werkman, Adrian Frutiger, Karl Gerstner, Wolfgang Weingart, Neville Brody oder Erik Spiekermann sind ihnen in der Regel fremd. Aber auch die Sprache selbst ist ihnen fremd. Dabei konstituiert erst die Sprache unsere Wahrnehmung. Später verbringen die meisten Grafikdesignerinnen und Grafikdesigner viel Zeit mit Satz und nicht mit Konzeption, Entwurf und Produktion, ohne das richtig gelernt zu haben. Nicht einmal die ersten Seiten des DUDEN lesen sie, wo die Regeln für das Tastschreiben und die Korrekturzeichen stehen.

Was ich von Studienbewerbern und -bewerberinnen erwarte? Neugier, Interesse an allem anderen und Leidenschaft. Und die Überzeugung für das eigene Tun, ohne nach rechts und links zu schielen. Erfahrungen, und sei es als Kellner, Pizza-Taxi-Fahrerin oder Fließbandarbeiter. Designer und Designerinnen sind in erster Linie Kommunikatoren, Kommunikatorinnen. Dazu müssen sie „von alles ein bisschen wissen", wie das einmal ein wunderbarer (aber bei uns erfolgloser) Bewerber aus Holland für die Professorenstelle Gestaltungslehre ausgedrückt hat.

Eine überregionale Tageszeitung und ein Magazin sollten für jede Studierende und jeden Studierenden Pflicht sein. Ein Tagebuch mit Ausschnitten und Notizen, die einen bewegen, wäre ein viel besserer Einstieg in das Bewerbungsgespräch als der hundertste Turnschuh, die hundertste Lederjacke und die tausendste gestrichelte Aktskizze in der Mappe. Und dann ein klare Antwort auf die Frage: „Was machen Sie, wenn es nicht klappt?"

„Jeder trifft auf irgendeiner Station seiner Reise auf Ablehnung. Ablehnung deshalb, weil andere den Wert dessen, was sie leisten, nicht erkennen, oder weil Sie sich geirrt haben. Wichtig ist, dass Sie lernen, die Ablehnung als ein weiteres Stück Feedback ... als weitere Information zu akzeptieren. Und machen Sie weiter. Denken Sie daran, wie ein Kind laufen lernt. Wenn Hinfallen als Versagen interpretiert würde, könnte keiner von uns je laufen. Mit Versagen, Zurückweisung und Frustration umzugehen ist ein entscheidender Teil des kreativen Prozesses. Wenn wir diese Einstellung akzeptieren lernen und weitermachen, werden wir stärker und gewinnen Zuversicht."

Dieses Zitat habe ich den Interessenten bei einer Mappenberatung mitgegeben unter der Überschrift: „Kreativität? Aufnahmeprüfung? Selfactualisation?" Es stammt aus einem kleinen Buch, das für jede/n ein Gewinn ist, der oder die es liest: Joyce Wycoff: Gedanken -- Striche. Auf neue Ideen kommen, Probleme lösen mit Mindmapping (Verlag für Angewandte Kinesiologie, Freiburg i. Br., 1993, S. 47).

Schlagen Sie dieses Buch zu. Kommen Sie zu sich. Nur Mut.

Dieses - typografisch nicht einwandfreie - Plakat haben wir an zahlreichen Universitäten und Hochschulen des Landes ausgehängt.

JULIA KÖRMENDY,
DESIGNERIN UND KÜNSTLERIN

In Sachen Mappenkurs.

Offensichtlich existieren Vorurteile gegenüber Mappenkursen, die zum Teil berechtigt sind.

Ein Kursangebot, das ein Rezept für die Herstellung einer Bewerbungsmappe verspricht oder den Erfolg garantiert, sollte Misstrauen erwecken. Bei genauer Prüfung der in Frage kommenden Kurse empfehle ich auf die folgenden drei Punkte zu achten, um die passende Begleitung während der Anfertigung der Mappe und der Vorbereitung zur Aufnahmeprüfung zu finden:

1. Individuelle Unterstützung bei der Entwicklung und Umsetzung von Bildideen.

2. Förderung einer gründlichen und leidenschaftlichen Auseinandersetzung mit den eigenen Bildthemen.

3. Vorbereitung auf Stress in Prüfungssituationen.

Als Rüstzeug für die Entwicklung einer eigenständigen künstlerischen Bildsprache biete ich neben der Vermittlung von Gestaltungstechniken auch Wahrnehmungsübungen, Kreativitätstraining und Motivationsförderung in meinen Kursen an. Durch Bildanalysen und intensive Gespräche über die eigenen Werke entwickeln die Teilnehmer die Fähigkeit, Bildinhalte und -techniken zu verbalisieren, kritisch zu hinterfragen und konstruktiv in das Gruppengespräch einzubringen.
Ich erwarte von den Kursteilnehmern, dass sie sich selbständig über spezielle Studieninhalte, Eingangsverfahren an den unterschiedlichen Hochschulen, sowie über das angestrebte Berufsbild informieren und diese Informationen untereinander austauschen.

Im Laufe der intensiven Arbeit an der Bewerbungsmappe wird deutlich, dass kreative Berufe ein besonders hohes Maß an Einsatzbereitschaft, Selbständigkeit und Begabung in Bezug auf das künstlerisch gestalterische Schaffen fordern. Dies führt häufig zu einer persönlichen Klärung der Wahl des angestrebten Berufes.

Ergo: Für die Herstellung einer erfolgreichen Bewerbungsmappe gibt es einfach keine Rezepte; wichtig ist die Entdeckung der eigenen besonderen Qualitäten in Bezug auf die individuelle künstlerische Entwicklung, die ich mit Engagement und Freude begleite.

Im Folgenden lasse ich meine Kursteilnehmer zu Wort kommen, da sie diejenigen sind, um die es hier geht. Ihre Beiträge gewähren einen Einblick in die persönliche Erfahrungswelt der Studienbewerber während ihrer Mappenanfertigung. Mir dienen sie als Feedback und als eine weitere Möglichkeit, mein Kursangebot zu reflektieren und weiterzuentwickeln.

Hier nun die Beiträge einiger meiner Kursteilnehmer.

ANDREA DOMMERS

Alles macht mir Spaß.

Ich konnte mich schon immer für jede Art von künstlerischer Betätigung begeistern. Ob modellieren, collagieren, malen, zeichnen, werken, etc. – alles macht mir Spaß. Nirgendwo sonst kann ich meine Kreativität so ausschöpfen und entfalten wie im künstlerischen Bereich.

Die Mappe für mein Studium wollte ich zunächst ohne Hilfe anfertigen, weil ich las, dass in Mappenkursen die gewünschte Individualität häufig auf der Strecke bleibt und die dort erstellten Mappen zu schematisch sind. Auf anraten von Freunden entschied ich mich dann doch zu einem Mappenkurs bei Julia Körmendy. Jetzt bin ich froh, den Rat angenommen zu haben. Im Gegensatz zu meinen Befürchtungen wird in ihrem Kurs gerade auf Individualität großen Wert gelegt und diese intensiv gefördert. Durch das regelmäßige Treffen wird die Kontinuität meiner Arbeit bekräftigt; auch weil wir unsere Bilderergebnisse im Kurs besprechen. Wichtig finde ich auch, Gleichgesinnte zu treffen und mit ihnen ins Gespräch zu kommen. Oft bekommt man dadurch Hinweise für Ausstellungen und Informationsveranstaltungen an Universitäten. Ich bin motiviert, weiter zu machen und sehr gespannt auf meine Zukunft.

STEFAN WAGNER

Motivation.

Die „Motivation Grafikdesign" konkretisierte sich für mich damals, vor ungefähr vier bis fünf Jahren, zum ersten Mal. Ein Freund von mir, der sehr gut zeichnen konnte, inspirierte auch mich mit dem Zeichnen anzufangen, da ich sein Talent sehr bewunderte. Ich spürte tief in mir das Gefühl, auch zeichnen zu können und begann. Meine Fähigkeiten wurden mit einigem Ehrgeiz besser und indes bewarb sich besagter Freund im Jahre 1998 mit einer zeichnerischen Mappe in der Universität Essen. Er wurde abgelehnt und begann ein anderes Studium, während ich aber verbissener denn je auch an einer Mappe arbeitete. Ich sah diese Mappe als ungeheure Herausforderung für mich, lernte auf verschiedenen Veranstaltungen auch immer mehr Leute kennen, die bereits Grafikdesign studierten und für mich war nun irgendwie klar, dass ich nur hier zu wirklicher kreativer Erfüllung finden könnte. Ich hatte noch kein Abitur, holte aber meine Fachhochschulreife in Sozialpädagogik innerhalb eines Jahres nach, da diese als Mindestvoraussetzung genügte. In dieser Zeit – morgens ging ich zur Schule, abends arbeitete ich und nachts machte ich meine Mappe – hatte ich mich absolut überfordert.

Ich besuchte mehrere Mappenberatungen an der Hochschule, die mich immer wieder in den Gemütszustand einer Depression versetzten, da dem Professor nichts so recht gefallen wollte. Und als ich dann im Mai 2000 meine Mappe in der Universität Essen einreichte, kam ich nicht einmal bis ins Hauptverfahren. Nach einer kurzzeitigen Lähmung wurde mein Ehrgeiz jedoch erneut entfacht und ich setzte wieder alle Hebel in Bewegung, um eine neue Mappe zu machen. Glücklicherweise erfuhr ich dann von einem Mappenkurs an der Volkshochschule in Essen. Ich meldete mich dort zu einem Seminar, in dem angenommene Mappen demonstriert werden sollten und die beiden Kursleiter ihren Kurs vorstellten. Mir gefielen die Arbeitsweisen der beiden Kursleiter und ich meldete mich an.

Anfangs besuchte ich den Kurs jeden Mittwochabend, machte innerhalb der Woche zeichnerisch soviel ich konnte und brachte immer Mittwochs etwas mit, um es mit der Kursleiterin besprechen zu können. Die Gespräche waren sehr wichtig, da ich zwar immer noch motiviert war, doch die Erinnerung an die abgelehnte Mappe keimte immer wieder auf und entkräftete mich zeitweise. Die Kursleiterin brachte uns oft Bücher, Hefte, Veranstaltungstipps und andere Anregungen mit, so dass ich immer wieder zu neuen Inspirationen kam.

Später, etwa zur Halbzeit, musste ich unglücklicherweise aus arbeitstechnischen Gründen auf einen anderen Kurs wechseln. Die Methoden des anderen Kursleiters bereiteten mir anfangs etwas Schwierigkeiten, doch auch dieser war um seine Teilnehmer bemüht, brachte viele Materialien mit und führte viele sehr intensive Gespräche. Zwischendurch ging ich immer wieder zu Mappenberatungen in Essen und in Dortmund, lernte auf einer Party dann einen bekannten Comiczeichner kennen, der auch in Essen studierte und mit dem ich mich in der Folge des öfteren traf, um über meine Mappe zu sprechen. Meine Mappe ist dann im Frühjahr 2001 in Essen und in Dortmund angenommen worden. Ich würde heute nicht sagen können, welche der Beratungen von so vielen Außenstehenden mich auf den richtigen Weg gebracht haben. Aber ich glaube, es war die Mischung aus so vielen Meinungen und Anregungen vieler verschiedener Menschen, die mich inspiriert hat. Und letztlich natürlich ich selbst, der die ganze Geschichte schließlich irgendwie gestaltet hat.

Den Punkt, an dem ich wusste, dass ich etwas eigenes auf die Beine stellen musste, hatte ich eigentlich schon sehr früh erreicht. Schon etliche Monate, bevor ich meine erste Mappe einreichte, unterhielt ich mich mit sehr vielen Leuten, die bereits Design studierten. Sie alle predigten mir, dass es einzig und allein darauf ankommt, etwas eigenes zu machen. Anfangs war das ein gut gemeinter Tipp, den ich jedoch für mich nicht so wirklich umzusetzen vermochte. Diese Umsetzung ganz eigener Ideen und Inspirationen wurde erst in meinem Mappenkurs so richtig gefördert, wenngleich ich anfangs nie wirklich verstand, was es denn eigentlich heißen sollte, etwas eigenes zu machen. Ich machte einfach drauflos und produzierte dabei eine Menge Müll – wie ich heute weiß – und fiel immer wieder in eine große Orientierungslosigkeit zurück. Doch gerade das war sehr wichtig. Den Müll, den ich produzierte und die Orientierungslosigkeit verstehe ich heute als Teil eines Prozesses, der sehr wichtig war, um mein eigentliches Interesse,

---

privatschule für foto-design fds gmbh
christoph eberbach

Berufskolleg in 75175 Pforzheim, Stolzestraße 3-5
staatl. gleichgest. Studiengang: **FOTODESIGN** (4 Semester, BAföG anerkannt)
Tel. 07231-64949, Telefax 07231-650463, e-mail: info@foto-design-schule.de
Internet: www.foto-design-schule.de oder Info anfordern!

mein eigenes Thema endlich zu finden. Der Müll war wichtig, um die Mappe machen zu können. Von 100 Arbeiten sind vielleicht 80 nicht so gut, dafür sind wahrscheinlich 20 interessante dabei.

Sehr wichtig war für mich der Rat der Kursleiterin, an gewissen Themen weiter zu arbeiten und von anderen lieber zu lassen. Sie konnte mit ihrem professionellen Auge bereits viel früher als man selbst erkennen, wo die eigenen Stärken sind, die es zu fördern lohnt.

NICOLA MEES

Sagenumwobene Mappe.

Das Jahr 2001 war für mich ein Jahr der Veränderungen. Mit dem Abi in der Tasche hörte ich immer dieselbe Frage: „Und was willst du jetzt machen?" Mein Interesse an Kunst und Design, welches mich schon durch mein gesamtes bisheriges Leben begleitete, wies mir einen Weg diese Frage zu beantworten. Warum nicht aus der persönlichen Leidenschaft einen Beruf machen?! Ich informierte mich über Ausbildungsberufe und Studiengänge in diesem Fachbereich und entschloss mich schließlich für Kommunikationsdesign. Um für dieses Studium zugelassen zu werden, musste ich mich mit einer Bewerbungsmappe und z.T. auch durch darauffolgende Tests qualifizieren. Die Bewerbungsmappe sollte natürlich aus eigenen Arbeiten bestehen und als ich mich dieser scheinbar einfachen Aufgabe stellte, kamen Unmengen von Fragen auf mich zu: Was für Arbeiten kommen überhaupt in diese Mappe? Soll man viele Techniken und Themen wählen, um zu zeigen, was man alles kann? Und das ist nur die Spitze des Eisberges.

Niemand, den ich damals kannte, konnte mir qualifiziert diese Fragen beantworten. So kam ich schließlich zu den Kursen an der Volkshochschule. Schon am Workshopwochenende lüftete sich so mancher Schleier. Aber nicht nur Antworten wurden gegeben, auch verhängnisvolle Missverständnisse wurden aufgeklärt. Durch Gespräche mit Leidensgenossen, jungen Studenten und bereits Gescheiterten sowie durch Besichtigung von Bewerbungsmappen waren die ersten Fragen schnell beantwortet. Ich musste mir eingestehen, dass ich zum Teil völlig falsche Vorstellungen von dieser sagenumwobenen Mappe hatte. Es kommt eben nicht darauf an, seine besondere Vielseitigkeit in Themen und Techniken unter Beweis zu stellen. Vielmehr soll die Mappe einen Einblick in die Persönlichkeit und die persönlichen Fähigkeiten geben. Wir sollen uns selbst in den Mappen zum Ausdruck bringen!

Doch wie? Es ist vielleicht von Vorteil, wenn ein roter Faden durch die Mappe führt. Also eher wenige Themen und Techniken, die eventuell auch ineinander übergehen. Gemeinsam, als Gruppe, stellten wir uns nun der Herausforderung Bewerbungsmappe und konnten so auch ganz individuell unsere Stärken und Schwächen bei der Umsetzung erkennen. Ein gemeinsames Arbeiten, um uns gegenseitig Hilfestellung zu geben und uns auch helfen zu lassen, von den Fähigkeiten und Einsichten anderer zu lernen. Aber auch allein, ganz individuell, konnten wir nun unseren ganz und gar eigenen Weg zu unserer persönlichen Mappe finden.

Die Erstellung der Bewerbungsmappe kann sich natürlich nicht auf einen Abend in der Woche beschränken, jeder muss ganz unabhängig davon natürlich über den Kurs hinaus arbeiten. Im Kurs selbst wird man bei seinen eigenen Themen unterstützt und arbeitet zum Teil auch an gestellten Aufgaben, die hinterher besprochen werden. Es gibt keine Vorschriften, alles ist erlaubt und trotzdem hat man konkrete Hilfe. Wenn man sie will und wenn man sie braucht.

ELENA FUHRMANN

Ich mache mein Ding!

Mappe, die 1. - abgelehnt

Die erste Mappe hatte ich - so wie viele andere BewerberInnen auch - ohne jede Vorinformation erstellt. Neben dem Abitur hatte ich halt wenig Zeit. Aus bereits fertigen Werken, meist aus der Schule, habe ich mit Eltern und Freunden die „Schönsten" herausgesucht. Ich wollte in meiner Mappe möglichst viel an Techniken und Motiven vorführen. Auch habe ich Vermutungen über die Wünsche des Auswahlkomitees in Bezug auf die Motive und Materialien angestellt. Für meine Mappe habe ich also sehr unterschiedliche, voneinander losgelöste und fremdbestimmte Werke zusammengestellt. Das klappte nicht.

Mappe, die 2. - angenommen

Nach der Ablehnung meiner ersten Mappe war ich sehr unsicher, doch wollte ich immer noch studieren.

Also besuchte ich einen Mappenkurs. Die anderen TeilnehmerInnen waren ebenso unsicher wie ich und so fühlte ich mich nicht mehr so allein. Unsere Kursleiterin vermittelte uns zunächst, dass jeder Teilnehmer seine ganz eigene, ganz persönliche Mappe erstellen solle und ein durchgehendes Thema für die Mappe, an dem man dann länger arbeitet, vorteilhaft wäre. So dachte ich - wie alle anderen auch - viel über ein Thema nach, dass dem Auswahlkomitee gefallen würde. Im Laufe der Zeit entstanden bei vielen so einige sehr gute Werke, über die wir gemeinsam sprachen. Mir wurde immer klarer, dass ich an einem für mich unbedeutenden Thema nicht intensiv würde arbeiten können.

Ich mache mein Ding!, entschied ich mich und wählte als mein Thema etwas aus, das mich schon länger beschäftigte - ein Buch, das ich gerade las. Natürlich hatte ich Bedenken wegen des Auswahlkomitees, aber in meiner Begeisterung schob ich den Gedanken beiseite. Außerdem hat mir sehr geholfen, dass mich mein Kurs in meiner Idee sehr bestärkte.

Mein erstes Werk versuchte ich mit verschiedenen Techniken herzustellen. Eines der Bilder malte ich sehr genau, fast wie in der Schule. Doch wählte ich schließlich ein ganz anderes, viel wilderes Bild als Beginn meiner Auseinandersetzung mit dem Thema. Es passte nach meinem Dafürhalten viel besser dazu und wenn ich schon versuchte, die Mappe ganz und gar auf meine Art zu erstellen, dann wollte ich auch keine Kompromisse eingehen.

Ich arbeitete intensiv weiter und wurde immer sicherer. Im Kurs konnte ich meine Werke zeigen und besprechen, was mich zusätzlich motivierte. Ich bekam wichtige Tipps, wie man mit verschiedenen Materialien umgehen und was ich an meinen Bildern noch verbessern kann. Mit den anderen TeilnehmerInnen tauschte ich mich über Probleme aus, verfolgte verschiedene Stränge meines Themas und war bald ganz und gar davon gefesselt.

Als ich meine fertige Bildserie gegen Ende des Kurses präsentierte, war es mir nicht etwa peinlich, vielmehr war ich sehr stolz darauf. Es waren eine ganze Reihe von Bildern dabei, von denen ich nie gedacht hätte, dass ich sie so intensiv würde erarbeiten können.

Heute kann ich mich sehr darüber freuen, dass ich angenommen wurde - nicht irgendwie, sondern mit meinen Gedanken, meiner Persönlichkeit, meiner Mappe.

Und was hätte ich schon davon gehabt, beim ersten Mal angenommen zu werden und die vielen Erfahrungen nicht gemacht zu haben. Ich würde jemand anderes sein, jemand, der vielleicht im ganzen Studium nicht den Mut aufbrächte, sein Ding zu machen.

Meine Mappe hat mir sehr viel Spaß gemacht und ich habe durch meine Auseinandersetzung viel gelernt. Ich weiß nicht, ob ich alleine soviel Mut gehabt hätte.

MYTHOS MAPPE / REDAKTION

MÖGLICHKEITEN DER VORBEREITUNG

CHRISTIANE FÜRTGES

Kartoffelstampfer.

Meine Bewerbungsmappe entwickelte sich aus einem Kartoffelstampfer. Aus einem gewöhnlichen Fundstück hat sich, bei intensiverer Betrachtung und mehrfachem Zeichnen, ein neuer Blickwinkel ergeben – eine Idee, die sich in meinem Kopf immer weiter entwickelte. Ich musste sie nur noch festhalten und verständlich machen. Aus der Idee resultierte fast zwangsläufig auch das Thema meiner Mappe: Insekten.

Am Ende traf ich wieder auf den anfänglichen Gedankengang der Metamorphose, diesmal des Käfers in ein Objekt. Dies war meine persönliche Sichtweise. Jeder hat seine eigene. Alles kann zum Thema werden. Aus allem kann sich eine Idee entwickeln. Finde etwas, dass dich inspiriert. Darum geht es. Um die eigene, authentische Ideenwelt. Und um den Mut sie umzusetzen und sie anderen zu vermitteln.

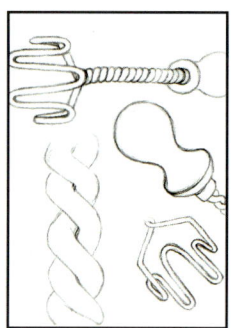
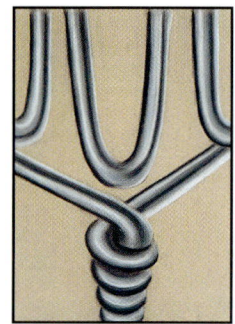

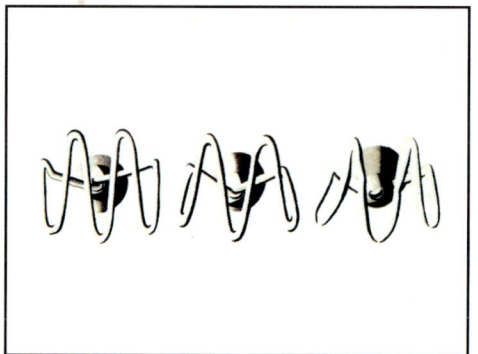

PROF. MAX GÖRNER,
KUNSTHOCHSCHULE BERLIN

Wir brauchen einander.

Die Studierenden brauchen ihre Hochschule, und wir brauchen unsere Studierenden.

Eine fruchtbare Zusammenarbeit zwischen den genannten Partnern setzt klare Vorstellungen voraus, was eine Hochschule an Inhalten und Be-dingungen anbieten kann, und was auf der anderen Seite die Studierenden an Entwicklungsmöglichkeiten mitbringen. Wenn dieser Zusammen- hang sinnvoll erfüllt ist, sind auch die Voraussetzungen für Kommunikation, Lust und Freiheit der Erfindung, des Denkens und Machens erfüllt. Dann hat man – wie in einer sinnvollen Partnerschaft – die Garantie, dass auch die schwierigsten Auseinandersetzungen nicht zum Frust auf beiden Seiten führen werden.

Wir suchen die Studenten, die zu uns passen. Genie, Phantasie, Kreativität suchen alle, wir auch. Was aber genauso wichtig ist: Wir suchen genau die Studenten, die sich auf die Struktur, die Angebote und die Besonderheiten unserer Hochschule einlassen wollen.

Wir sind eine kleine Hochschule. Das heißt: wir suchen Intensität. Wir haben acht Fachgebiete, deren Studierende im ersten Studienjahr gemeinsam studieren. Das bedeutet: Grundlagen und Handwerk. Das bedeutet: Zeichnen und Gestalten, Farbenlehre und Gestalten sowie plastisches Gestalten. Das bedeutet, dass auch angehenden Flächen- und Textildesignern eben solche Ansprüche ans Zeichnen abverlangt werden wie den Bildhauern oder Malern. Wir suchen also künstlerisch-handwerkliche Qualität oder wenigstens die ausgewiesene Möglichkeit.

Unsere Struktur sieht am Ende ein dem praktischen Diplom gleich gestelltes theoretisches Diplom vor. Dazu gibt es während des Studiums notwendige Pflicht- und Wahlpflichtscheine in kunstwissenschaftlichen, designtheoretischen Problemen oder zu Fragen der Semiotik. Das sieht man nicht in der Mappe, erfährt man aber

Freie Kunst und Projektstudium
Kurse
Workshops
Symposien
Sommerakademie
Oster- und Herbstakademie
Austauschprogramme
Vorträge und Ausstellungen

Freie Akademie für Kunst Berlin
Lottumstrasse 9/10
D 10119 Berlin
Tel. 004930 4490057
Fax 004930 4497084
e-mail: info@freieakademiekunst.de
internet: www.freieakademiekunst.de

im Gespräch. Das Fachgebiet kann bestimmte Schwerpunkte anbieten. Dazu gehört bei uns wiederum die Bedeutung der Grundlagen in Bezug auf die Entwicklung einer gefestigten Gestalterpersönlichkeit, was Formenfindung und Souveränität in Entscheidungen zum Phänomen Farbe betrifft. Wir suchen und wollen fördern ein möglichst offenes und umfassendes Verhältnis zu Materialien, die Neugier auf noch nicht bekannte Technologien und die Fähigkeit, konzeptionell die Forderungen des Tages und der zukünftigen Tage aufzunehmen. Offenheit und Fähigkeit zum eigenen Standpunkt als Gegenteil zur Beliebigkeit kann man in einer Mappe wohl auch sehen.

Die Mappe ist noch nicht die ganze Kommunikation. Die Mappe lockt oder warnt. Insofern können wir bei vorhandener Begabung sogar zur Konkurrenz raten. Was uns allerdings lockt, das prüfen wir mit Neugier und Begeisterung. Und wenn das zum Fortgang der Kommunikation führt, dann war die Mappe der Beginn einer langjährigen Partnerschaft. Und nach fünf Jahren reden wir manchmal über diese ganz konkrete Mappe wie über einen Mythos.

PROF. JÖRG HUNDERTPFUND,
FACHHOCHSCHULE POTSDAM

Mythos Eignung.

Die Mappe ist lediglich Teil eines großen Mythengebildes. Es gäbe sie nicht, gäbe es nicht auch den Mythos der künstlerischen Eignung oder den der unfehlbaren Einschätzung derselben.

Die Voraussetzung jedweder künstlerischen Eignungsprüfung ist also die Annahme, man könne diese besondere Eignung feststellen und zweifelsfrei beurteilen. Dies wiederum setzt voraus, dass man eine Vorstellung davon hat, was denn künstlerische Eignung ist.

Bei der Mappe - dem Kernstück einer Eignungsprüfung und Grundlage der Entscheidung - geht man davon aus, dass Menschen, die gestalterisch oder künstlerisch arbeiten, sich irgendwie bild-nerisch auf einer Fläche oder im Raum ausdrücken, also zwei- oder dreidimensional etwas darstellen. Die Resultate der schöpferischen Ar-beit werden dann in einer Mappe in Form von Zeichnungen, Kollagen oder Abbildungen zusammengefasst.

Und tatsächlich kann man das, was ausgedrückt und wie es ausgedrückt wird, auch qualifizieren. Eine der gebräuchlicheren, weil naheliegenden Methoden ist die des direkten Vergleichs. Wer eine Anzahl Mappen vor Augen hat, kann selbst als Laie qualitative Unterschiede feststellen, auch ohne bestimmte Beurteilungskriterien zugrunde zu legen, auch wenn Inhalte und Darstellungen erheblich variieren. Professionelle Juroren, in der Regel erfahrene Hochschullehrer, haben dem gegenüber aufgrund der täglichen Praxiserfahrung ein konkretes Repertoire an Kriterien als Grundlage der Einschätzung kreativer Prozesse zur Verfügung. Danach werden Arbeiten entweder intuitiv beurteilt und/oder anhand eines Kataloges gestaltrelevanter Parameter, also mittels standardisierter Qualitätsmerkmale, beurteilt. So können Arbeiten auch ohne den direkten Vergleich mit anderen sicher eingeschätzt werden.

Grob vereinfacht lassen sich Kriterien der Beurteilung einerseits formalen und andererseits inhaltlichen Aspekten zuordnen. Ein gängiges Missverständnis meint, dass es ja wohl die Form und ihre Darstellung sei, um die es in der Gestaltung schließlich geht, demzufolge müssten diese Aspekte im Vordergrund der Bewertung stehen. Es ist wohl nicht schwer zu verstehen, dass jemand, der nichts zu sagen hat, auch mit schönen Worten nicht mehr sagen kann. Also wird inhaltlichen Aspekten einer Arbeit, unabhängig von unterschiedlichen Prüfungsverfahren und Ausbildungsschwerpunkten, auch immer eine zentrale Rolle in der Bewertung zukommen.

Hierzu zählen:

Originalität. Dieser Aspekt bezieht sich auf die Frage nach der Darstellung eigener gestalterischer oder künstlerischer Ideen.

Improvisationsfähigkeit. Inwieweit thematisieren Arbeiten den Umgang mit schwierigen und komplexen Fragestellungen, wie werden diese letztlich reflektiert?

Abstraktionsfähigkeit. Wie kreativ wird ein Thema gestalterisch umgesetzt, welche Darstellungsmedien werden wie angewandt und welche konzeptuellen Begründungen lassen sich ableiten?

Tatsächlich ist es so, dass einer Mappe, die interessante Themen differenziert und phantasievoll behandelt, aber in der Darstellung schwächelt, vor technisch makellosen Ergebnissen, die lediglich Altbekanntes nicht hinterfragend wiederholen, der Vorzug gegeben wird. Es ist also nicht unbedingt die ausgereifte Handschrift, die besticht, sondern die intelligent entwickelte Konzeption, die Zusammenstellung einer Auswahl an Arbeiten als Protokoll einer Entwicklung, als Nachweis der intensiven Auseinandersetzung mit einem Thema und/oder einem Darstellungsverfahren. Auf eine Formel gebracht: lieber ein zwar roher aber frischer Gedanke als eine Mappe voll braver Zeichenübungen. Das soll aber nicht dahingehend missverstanden werden, dass es ausreichen könnte, mittels nur einiger origineller Gedanken, schnell hinskizziert, zu überzeugen! Die Praxis zeigt, dass das Erarbeiten und die Zusammenstellung einer Mappe keinesfalls das Ergebnis weniger Tage sein kann!

Allerdings wird niemand Unmögliches verlangen und schon gar keine professionell orientierten Maßstäbe anlegen. Versuchen Sie sich also nicht mit Vorbildern zu messen, die Ihnen an Jahren und vor allem an beruflicher Erfahrung um Einiges voraus sind. Niemand wird es Ihnen übelnehmen, dass Sie im Bereich der Gestaltung noch wenig wissen und in vielen Dingen unerfahren sind. Nehmen Sie Ihre ersten Schritte ernst, geben Sie den Arbeiten einen entsprechend angemessenen Rahmen, denn auch die Präsentation der Arbeiten ist Gestaltung und wird so wahrgenommen.

Neben den inhaltlichen und formalen Aspekten bei der Bewertung einer Mappe gibt es einen wichtigen dritten, der Hinweis auf die Befähigung für das Studium geben kann: er bezieht sich auf die Person, die hinter jeder Mappe steht. Der Mensch, um dessen Ausbildung und persönliche Entwicklung es im Weiteren eigentlich gehen soll, lässt sich hinter der Mappe ja nur vermuten. Viele Hochschulen laden deshalb eine Auswahl von BewerberInnen auf der Grundlage einer Vorauswahl durch Mappensichtung ein. Ebenso üblich ist es mittlerweile, eine Hausaufgabe zu stellen, anstatt allein die freie Zusammenstellung von Arbeiten zu fordern. So tritt einerseits durch die individuelle Bearbeitung der Aufgabe die Person etwas eher in Erscheinung, andererseits wird eine Vergleichbarkeit auf inhaltlicher Ebene hergestellt.

Vor Ort werden die BewerberInnen dann anhand unterschiedlicher Methoden eingehender geprüft, sei es durch zeitlich begrenzte Gestaltungs- oder Zeichenübungen oder/und durch Befragungen. Der Fachbereich Design der Fachhochschule Potsdam lädt z. B. alle BewerberInnen nach Potsdam ein, damit diese die Möglichkeit haben, sich auf der Grundlage einer vierwöchigen Hausaufgabe zu präsentieren. Im direkten Anschluss an die Präsentation stellen sich die BewerberInnen einem Gespräch, das sich einerseits auf die Arbeiten bezieht, andererseits dazu dienen soll, die Motivation für das Studium und natürlich die betreffende Person selbst etwas besser kennenzulernen. Insofern hat dieser Teil der Eignungsprüfung den Charakter eines Bewerbungsverfahrens, bei dem es neben der spezifischen Befähigung auch darum geht, genau die Menschen heraus zu finden, von denen wir annehmen können, dass sie zu unserem Ausbildungsprofil passen und - vor allem -

dass sie sich mit den anderen BewerberInnen, die wir für geeignet halten, zu einem spannenden und lebendigen Studienjahrgang ergänzen.

Keine Beurteilung ist unfehlbar - soviel zu diesem Mythos, der wie ein Damoklesschwert über den meisten BewerberInnen schwebt. Als ob es um ein unumkehrbares, alles entscheidendes Urteil ginge, das die negativ bewertete Person für immer und ewig in die Hölle der minderbegabten Versager verdammt. Die Prüfung ist vielmehr eine Momentaufnahme, die zu einem späteren Zeitpunkt durchaus ganz anders ausfallen kann. Die Mappe sowie der Eindruck, den Sie bei einer Kommission hinterlassen, kann nur einen geringen, wenn auch wichtigen Ausschnitt Ihrer Begabung und Ihrer Person wieder geben. Im übrigen lässt sich Ihr Engagement, mit dem Sie voraussichtlich das Studium betreiben würden, so gut wie gar nicht mittels einer Prüfung einschätzen. Dennoch, Sie können auf zweierlei vertrauen: darauf, dass die Kommissionen über eine hohe fachliche Kompetenz verfügen und dass außerdem jede Beurteilung durch die Juroren mit großem Ernst vorgenommen wird. Deshalb fällt die Einschätzung ein und derselben Mappe oder Person durch unterschiedliche Kommissionen in der Regel auch sehr ähnlich aus. Um auch diesem Mythos entgegenzutreten, der im Falle des Nichtbestehens zumindest etwas Trost spendet: Wenn es nicht klappt, war es wohl die falsche Kommission zur falschen Zeit. Setzen Sie also deshalb nicht nur die Mappe oder die Hausaufgabe ins Zentrum Ihrer Wahrnehmung und Auseinandersetzung, sondern vor allem sich selbst. Das hilft Ihnen und Ihrer Orientierung nicht nur im Falle einer Ablehnung weiter.

Also das Naheliegende zuerst: Informieren Sie sich detailliert, bevor Sie Ihre Entscheidung für einen beruflichen Werdegang, eine Bewerbung entscheiden. Ich rate dringend zum Besuch der möglichen Ausbildungsstätten, was heute zwar bequemer denn je via Internet möglich ist, doch lässt ein tatsächlicher Besuch natürlich mehr und Konkreteres erfahren und erleben. Sie werden u.a. feststellen, dass sich hinter dem Fachbereich Design keine einheitlichen, zu verallgemeinernden Ausbildungsprofile verbergen, die ein einheitliches Verfahren und entsprechend einheitliche Kriterien zur Feststellung der Eignung neben den genannten nahelegen würden. Es gibt Hochschulen, die schwerpunktorientiert ausbilden, andere eher generalistisch umfassend. Einige sind sehr künstlerisch, andere eher technisch ausgerichtet.

Beschäftigen Sie sich mit folgenden Fragen sehr eingehend, denn es sind typische Fragen, die im Rahmen einer Eignungsprüfung so oder so ähnlich gestellt werden können. Sie werden oft mit roten Köpfen quittiert, eher selten mit überzeugenden Antworten: Warum wollen Sie Design studieren? Ausgerechnet Sie, ausgerechnet Design! Wissen Sie überhaupt, welche Berufe sich tatsächlich hinter dem Begriff Design verstecken und welche Fähigkeiten benötigt werden? Haben Sie eine Vorstellung davon, was es heißt, Design zu studieren und im Anschluss daran als Designer zu arbeiten und zu (über-) leben? Warum glauben Sie, dass Sie besonders geeignet seien und zu den Wenigen gehören, die es schaffen werden (im Schnitt 10%; mit anderen Worten: neun von zehn werden abgelehnt!)?

Beschäftigen Sie sich mit den genannten Fragen unbedingt dahingehend, dass Sie sich darüber sicher werden, wie wichtig Ihnen ein Designstudium wirklich ist. Die Vorbereitung auf eine Eignungsprüfung sollte nicht allein von dem Gedanken getragen sein, dass nur diese Prüfung zu bestehen ist. Setzen Sie sich auch damit auseinander, was nach der bestandenen Prüfung kommt, sonst wird Ihr Studium vielleicht zu einem verdrießlichen Geschäft werden.

Nicht minder als Erfolg zu werten wäre es, wenn Sie über die Beschäftigung mit dem Thema Gestaltung vielleicht schon vor dem alles entscheidenden Prüfungstermin die Entdeckung Ihrer eigentlichen, vielleicht ganz anderen Begabung erleben. So etwas kommt vor.

In diesem Sinne wünsche ich Ihnen, so oder so, viel Erfolg.

STEPHAN SCHNEIDER,
FREIE KUNSTAKADEMIE ESSEN

Umgang mit dem Unbekannten.

Wie soll man sich auf etwas mythisches, weitgehend unbekanntes vorbereiten?

Alljährlich stellen sich Heerscharen von jungen Männern und Frauen die bange Frage, wie ihre Bewerbungsmappe aussehen muss, damit sie einen der begehrten Studienplätze in den Fachbereichen Design, freie Kunst, Fotografie, Architektur, etc. ergattern. Oder sie fragen sich, warum gerade sie die Mappenprüfung nicht bestanden haben. Nur weniges ist heute noch so sagenumwoben und unklar wie die erfolgreiche Bewerbungsmappe.

In der etwas mehr als ein Jahrzehnt umfassenden Zeitspanne meiner künstlerischen Unterrichtstätigkeit hat es mich immer wieder verwundert, wie ungenau die Informationen sind, über die junge Menschen bezüglich den Anforderungen zur Abgabe einer Mappe im Bereich der freien oder angewandten Kunst verfügen.

Entweder ist der Informationsfluss in Schulen und Hochschulen nicht immer ausreichend oder die entsprechenden Beratungsangebote werden nicht genügend genutzt.

Andererseits gibt es oft erhebliche Differenzen zwischen der Erwartungshaltung (oder den Wünschen?) der angehenden StudentInnen gegenüber ihrem zukünftigen Studiengang und den Anforderungen der Hoch- oder Fachhochschulen an die Studien- und Leistungsfähigkeit der BewerberInnen. Ein Vergleich der Bewerbungs- und Aufnahmezahlen (auch unter Berücksichtigung der Zahl der Studienplätze) spricht hier eine deutliche Sprache!

Eine erfolgreiche Bewerbungsmappe ist nicht nur ein Roulette und auch nicht ausschließlich von der Begabung und dem Talent der Bewerber abhängig, sondern wird in ihren Erfolgschancen maßgeblich dadurch bestimmt, dass Motivation, Stringenz, Lern- und Durchsetzungswillen, aber auch Offenheit durch sie dokumentiert werden. Was eine Mappe von anderen abhebt, ist die Darstellung einer kontinuierlichen, systematischen Arbeitsleistung, die dennoch die Freude an der eigenen Erfindung und den phantasievollen Umgang mit den Mitteln aufzeigt. Eine gute Mappe zeigt nicht lauter perfekte Ergebnisse, sondern erzählt vom Arbeitsprozess und seiner selbstkritischen Reflexion, vermittelt dem Betrachter, wie aus einer Idee eine Realisation wird oder werden kann. Um dieses Ziel zu erreichen, muss jeder Bewerber seinen individuellen Weg gehen. Hilfreich ist in jedem Fall eine intensive Beratung über den angestrebten Studiengang und das zukünftige Berufsbild, damit die Studien- und Mappenvorbereitung individuell an das angestrebte Studienfach angepasst werden kann. Denn natürlich differieren Aufbau und Arbeitsinhalte des Unterrichts in den verschiedenen Studienbereichen.

Die erfolgreiche Mappe muss kein Mythos bleiben! Ein Fehler wäre es jedoch, allein auf den genialen Wurf zu hoffen. Dies ist ebenso wenig erfolgversprechend wie der Versuch, sich auf unbekannte Erwartungen vorzubereiten. Vielmehr sollte man seine eigenen Vorstellungen, Wünsche und Qualitäten analysieren und tätig hinterfragen, sollte sich genauestens und frühzeitig über die Anforderungen informieren und dann mit Zähigkeit an die Umsetzung seiner Ziele begeben. Austausch und Korrektur sind hierbei sicher immer hilfreich.

Kerzilverpflichtung

Gestalter lesen form.

Zum Beispiel Dieter Rams, Industrie-Designer und Architekt in Kronberg.

Foto: Dieter Schwer, Frankfurt

PROBEABO: ZWEI HEFTE KOSTENLOS ZUM TESTEN.

Kopieren und senden an: Springer GmbH & Co. KG, Auslieferungs-Gesellschaft, *form* Leser-Service, Haberstr. 7, 69126 Heidelberg, Fax: +49 (0)62 21-345 42 29. Mehr Informationen unter www.form.de

Bitte senden Sie mir als Probeabonnement kostenlos die nächsten beiden Ausgaben der *form* zum Kennenlernen. Entspricht die Zeitschrift nicht meinen Erwartungen, werde ich dies spätestens 14 Tage nach Erhalt des Heftes dem *form* Leser-Service schriftlich mitteilen. Wenn Sie bis zu diesem Zeitpunkt keine Nachricht von mir haben, möchte ich die *form* im Abonnement beziehen. Das Abonnement beginnt mit der nächsten Ausgabe und gilt mindestens ein Jahr (6 Ausgaben). Es verlängert sich jeweils um ein weiteres Jahr, wenn nicht sechs Wochen vor Ablauf des Abo-Jahres gekündigt wird.

☐ **Jahresabonnement Deutschland**
Euro 87,00 (inkl. Versand und MwSt.)

☐ **Jahresabonnement Ausland**
Euro 99,29 (inkl. Versand, zzgl. MwSt.)

☐ **Jahresabonnement für Studenten (Deutschland)**
Euro 61,00 (inkl. Versand und MwSt.,
gültigen Studentenausweis bitte beifügen)

☐ **Jahresabonnement für Studenten (Ausland)**
Euro 74,99 (inkl. Versand, zzgl. MwSt.,
gültigen Studentenausweis bitte beifügen)

☐ **Luftpost Ausland**
zzgl. Euro 69,00 (auf Wunsch)

Datum/**Unterschrift 1**

Firma

Vorname/Name

Straße/Haus-Nr.

PLZ/Ort/Land

Tätigkeit

Telefon

E-Mail

Ich zahle per ☐ Rechnung ☐ Bankeinzug

Konto-Nr. BLZ

Name/Sitz des Kreditinstitutes

Widerrufsrecht: Das Probeabonnement kann ich ohne Begründung innerhalb von 14 Tagen nach Erhalt des zweiten *form*-Probeheftes bei der Springer GmbH & Co. KG, Auslieferungs-Gesellschaft, *form* Leser-Service, Haberstr. 7, 69126 Heidelberg, Fax +49 (0)62 21-345 42 29, subscriptions@springer.de, schriftlich widerrufen. Zur Wahrung der Frist genügt die rechtzeitige Absendung des Widerrufs.

Datum/**Unterschrift 2**

form
Zeitschrift für Gestaltung

symmedia...
Akademie / Gestaltung
Am Bahnhof 6   33602 Bielefeld
Fon: 0521-9665573
www.symmedia-afg.de
Mail: info@symmedia-afg.de

Mappenvorbereitung für Gestaltungsstudiengänge:
Grafikdesign
Kommunikationsdesign
Fotografie/Medien
Produktdesign
Modedesign
Architektur/Innenarchitektur
Mediengestaltung

Mappenberatung

Zeichengrundlagen
individuelle Themenwahl
Weiterentwicklung seiner eigener Fertigkeiten
eigene Ausdrucksform finden

Renata Lajewski
Offenbachstr. 20   46 325 Borken
tel 0 17 88 / 47 78 62
privat 0 28 61 / 6 29 27

fein art
it's your point of view
künstlerisches Training und Coaching

- Mappen-Crash-Kurse
- Figuration Akt und Portrait
- Workshops
- Forums-Veranstaltungen und mehr...

Leitung: Ina Holitzka, Künstlerin

fein art
Domstrasse 80
63067 Offenbach
Tel/Fax 069 - 61 26 08
holitzka@fein-art.de

www.fein-art.de

Ruhr_akademie

Privates
Lehrinstitut für
Grafikdesign
und Kunst

Berufsausbildung
als Vollzeitstudium im
Schloß „Haus Ruhr"

- Grafikdesign
- Fotodesign
- Multimedia
- Illustration
- Bildende Kunst

58239 Schwerte,
Hagener Str. 241,
Tel.: 0 23 04 / 99 60 00
ruhrakademie@t-online.de,
www.ruhrakademie.de

■ **kommunikationsdesign**
■ **innenarchitektur**

Realität in der Ausbildung
Erfolg im Beruf

Eine fundierte gestalterische Ausbildung, die Entwicklung und Förderung der persönlichen Kreativität und der sichere Umgang mit den in der Praxis geforderten Techniken sind die wesentlichen Merkmale unserer Ausbildung.

Aufträge aus Wirtschaft und Industrie sowie zahlreiche Wettbewerbsauszeichnungen in den letzten Jahren bestätigen das praxisnahe und zukunftsorientierte Ausbildungskonzept der Blocherer Schule.

blocherer schule

berufsfachschule
■ kommunikationsdesign
■ innenarchitektur
semesterbeginn febr./sept.

tassiloplatz 7
81541 münchen
fon 089 48 84 24 ·
fax 089 48 54 52
info@blochererschule.de
www.blochererschule.de

MYTHOS MAPPE / REDAKTION

PRAKTIKUM ALS VORBEREITUNG

SUSANNE ZABEL,
DESIGNERIN

Wille, Einsatzbereitschaft, Durchhaltevermögen.

Jedes Jahr gehen bei uns unzählige schriftliche Bewerbungen und telefonische Anfragen ein, sowohl Praktikantenstellen als auch Ausbildungsplätze betreffend. Und das ist nicht nur im Werk.Kontor Essen so: Design ist in aller Munde. Design liegt voll im Trend.

Die erfolgreichen Anwärter auf das Jahrespraktikum haben es nicht bei einem Anruf oder der schriftlichen Bewerbung belassen, sondern hakten nach – oft nicht nur einmal. Für mich ein gutes Zeichen dafür, dass die „Gestaltwilligen" bereits über einige wichtige Eigenschaften verfügen: einen festen Willen, Einsatzbereitschaft und Durchhaltevermögen.

Wir finden unser Teammitglied für ein Jahr meist nach einem persönlichem Gespräch. In der Regel haben die Bewerber Arbeitsproben dabei. Manche verfügen bereits über Kenntnisse am Computer, was allerdings kein Auswahlkriterium für uns ist. Natürlich gehört für uns Begabung dazu, Teamgeist, Leidenschaft und Zähigkeit – der nötige Biss halt – sowie die Fähigkeit, sich eine realistische Vorstellung davon zu machen, wie nach der Mappenvorbereitung und dem Studium das tägliche Brot des fertigen Designers schmeckt. Der Wille zum Biss in dieses manchmal harte Brot unterscheidet diejenigen, die es ernst meinen von solchen, für die der Beruf des Designers ein stilvolles Leben mit eigenem schicken Büro voller Designermöbel, mit Kollegen in Designerfummeln und leicht verdientem Geld bedeutet.

Sonja Kleffner und Annette Schmidt sind zwei angehende Designerinnen, die sich ein Bild davon gemacht haben, was es heißt, kreativ zu arbeiten. Über ein Jahr haben sie laufende Projekte in der Agentur begleitet und in der (manchmal knappen) freien Zeit ihre Bewerbungsmappe erarbeitet. Mappenbesprechungen haben wir einmal pro Woche, meist montags, angeboten. Die Termine wurden anfänglich nicht immer genutzt, verdichteten sich aber kurz vor den Abgaben auf drei bis vier „Montage" die Woche.

Die tägliche Arbeit an Kundenprojekten und die Auseinandersetzung mit damit einhergehenden inhaltlichen Fragen, das formale Umsetzen der Ergebnisse dieser Vorarbeit in Text und Bild, dabei das projektbezogene Lernen der gebräuchlichsten Computerprogramme und zeitgleich die Findung der individuell passenden inhaltlichen und technischen Sprache der Arbeiten für die eigene Mappe – das war sozusagen ein Designer-Crash-Training vor dem Eingangsverfahren.

In mancherlei Hinsicht hat das, was die Mischung aus Agenturarbeit und Schaffen für die eigenen Belange ausmacht, den beiden Praktikantinnen genutzt. Die Beschäftigung mit Kundenprojekten und deren klaren Vorgaben in Sachen Corporate Identity, Zielgruppe und Werbeziel half ihnen, auch konzentrierter die schwierige Arbeit an ihrer Mappe zu bewältigen, denn die ist ja ein Corporate-Design-Projekt für die eigene Person. Eine Bewerbungsmappe soll möglichst Auskunft geben über den vollen Umfang der persönlichen Talente und dies erfordert die Auseinandersetzung mit dem eigenen Ich als Vorstufe für die Gestaltung ebenso eigener, starker Werke. Dieses immer unterschätzte Stück Selbst-Erfahrung von Gedanken- und Gefühlswelt wurde oft erst auf den letzten Drücker angegangen. Ist ja auch ganz schön anstrengend …

Die viel konkreteren Arbeiten für das Werk.Kontor gingen den beiden jungen Frauen leichter von der Hand und nutzten gleichzeitig der Schulung ihrer Wahrnehmung, ihrer Vor- und Darstellungs-fähigkeiten. So hatte das kommerzielle Arbeiten – wenn auch indirekt – Einfluss auf das Projekt Bewerbungsmappe. Umgekehrt half die frische kreative Energie auch bei der Lösung von Agenturaufgaben. Es entstanden die berühmten synergetischen Effekte: Ausbilder und Praktikanten inspirierten (und nervten) einander.

Was empfehle ich angehenden Designern und Bewerbungsmappenerstellern? Sich eine Stütze zu suchen, eine Person, die sich als Hinterfrager der angedachten Inhalte und Formen versteht, schon einige Erfahrung im bewussten Sehen hat und dabei hilft, die bisher entstandenen Fotos, Gemälde, Collagen und Illustrationen zu verarbeiten und weiterzuentwickeln. Damit meine ich: Oft reichen Talent, die emotional gefärbte Beurteilung von Seiten der Familie, die Erfahrungen aus dem schulischen Kunstunterricht und das abgeschiedene Schaffen (also Schmoren im eigenen Saft) nicht aus, um eine gute Mappe zusammenzustellen. Das soll keine Empfehlung sein, sich jeder angebotenen, scheinbar professionellen Hilfe hinzugeben. Malschulen, die ganze Kurse in inhaltliche Vorgaben oder Techniken zwingen, nutzen nicht. Die ureigenen Stärken eines jeden zu pflegen und sie oder ihn zur Auseinandersetzung mit sich selbst zu motivieren, das erscheint mir die wertvollste Form der Beratung.

Im Folgenden erinnern sich Sonja Kleffner und Annette Schmid – mit dem Abstand von fast zwei Jahren –, wie sie die Zeit ihrer Mappenerstellung im Werk.Kontor Essen erlebt haben.

> **Probezeit – unser faires Angebot!**

Ohne den Druck einer Eignungsprüfung – wo eventuell Ihre wahren Potentiale verborgen bleiben und die Zulassung zum Studium verhindert wird – bieten wir für Sie individuelle Probezeiten an. Zeigen Sie hier Ihre Kreativität, Ihr Können und Ihre Persönlichkeit…

**Lernen wir uns kennen.
Wir bilden seit über 30 Jahren erfolgreich Modedesigner/innen aus.**

MODEFACHSCHULE SIGMARINGEN

Staatlich anerkanntes Berufskolleg für Modedesign
72488 Sigmaringen
Römerstraße 22
www.modefachschule.de
info@modefachschule.de

MYTHOS MAPPE / REDAKTION
RÜCKBLICK AUF EIN PRAKTIKUM

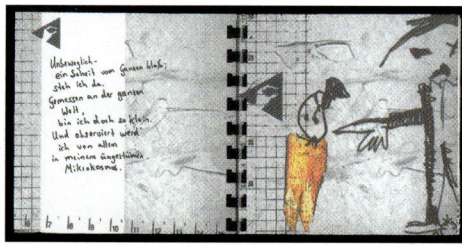
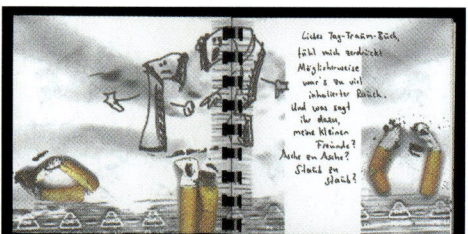
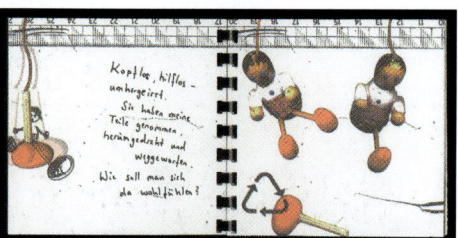

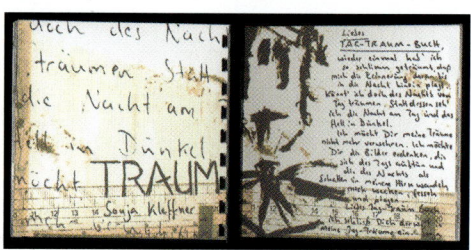

SONJA KLEFFNER,
UNIVERSITÄT GESAMTHOCHSCHULE ESSEN,
KOMMUNIKATIONSDESIGN, EHEMALIGE
PRAKTIKANTIN IM WERK.KONTOR ESSEN

Der eigene Stil.

Wie ein Praktikum sich auswirken und welche Erkenntnisse man darin gewinnen kann. Teil 1.

Zwei Jahre nachdem ich das Eingangsverfahren in Essen und Dortmund geschafft habe, kann ich meine Arbeitsweise, meine Selbstzweifel, meine Höhen und Hänger im Rahmen der Mappenvorbereitung für mich angemessen bewerten und nun zusammenfassen, was daran gut und was schlecht war, oder auch, was ich hätte einfacher, schneller und besser lösen können.

Für mich stand von vornherein fest, daß ich nach der Schule kreativ arbeiten wollte. Nach dem Abi bewarb ich mich mit meiner ersten, im Alleingang erstellten (und nach eigenem Empfinden unantastbaren) Mappe in Essen. Prompt fiel ich durch. Ich fühlte mich wie vor den Kopf gestoßen, aber nicht hart genug, als daß ich mir die Kriterien, weshalb ich durchgefallen war, selbst hätte erklären können.

Ich hatte ein kurzes Gespräch mit Prof. Ziegenfeuter (FH Dortmund), dem ich meine Mappe zeigte. Sein Urteil deprimierte mich über alle Maßen. Er versuchte mir jedoch nahezubringen, wie ich an eine neue Mappe herangehen könnte: Er zerknüllte ein Blatt Papier, warf es auf einen Tisch und meinte, ich solle das als Beispiel sehen, z.B. etwas zu zeichnen, dessen Echtheit unbestritten aber für den Betrachter nicht nachvollziehbar ist. Es ging also letztendlich um die Einfachheit einer Idee.

Um das Jahr rumzukriegen, in dem ich nun ja nicht mit meinem Studium anfangen durfte, unbedingt aber etwas in der Werbebranche machen wollte, absolvierte ich ein Praktikum in einer Druckerei, in einer Werbeagentur und landete schließlich im Werk.Kontor Essen. Mir eröffneten sich ganz neue Möglichkeiten: durch das Praktikum an sich, das Anschauen verschiedener Medien und Arbeiten von Künstlern, die in der Schule nie erwähnt werden. Ich ahnte langsam, dass meine Mappe tatsächlich nicht das wiedergab, was in mir steckte. Trotz des harten Urteils in Essen wollte ich nicht aufgeben und machte mich an eine neue Mappe. Ich begann

MYTHOS MAPPE / REDAKTION
RÜCKBLICK AUF EIN PRAKTIKUM

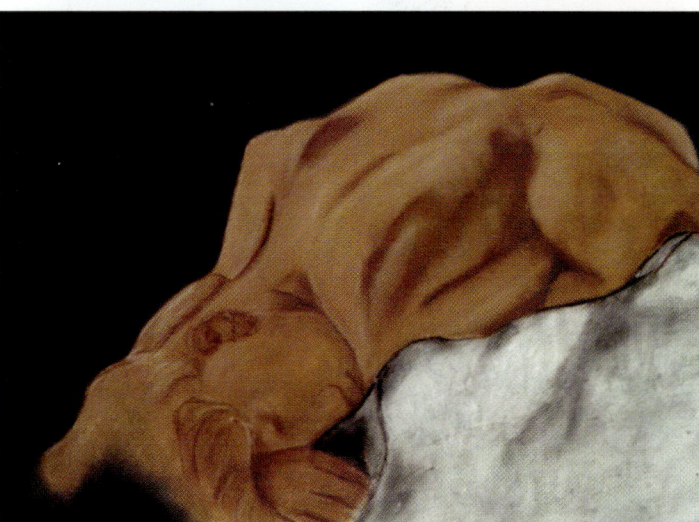

über das folgende Jahr hinweg, auf sehende, denkende und vor allem anfänglich unbewusste Art, meine Einstellung zu ändern und aus mir heraus zu kommen. Im Werk.Kontor holte ich mir neben der täglichen Arbeit in der Agentur auch Korrekturen für die Blätter, die ich zuhause erstellte. Meist musste ich entweder noch lange daran weiter arbeiten oder aber (und das war öfter der Fall) ich verwarf die unausgegorenen der vielen Ideen und begann mit etwas Neuem.

Was ich mir erst jetzt eingestehen kann ist, dass ich mich die weitaus meiste Zeit einfach nur davor drückte, für die Mappe zu arbeiten und das aufgrund eines einzigen, schlimmen, blockierenden Gedanken: Etwas auf ein weißes Blatt Papier zu bringen, das den Professoren gefällt und sie dazu bewegt, mich endlich an der Uni aufzunehmen. Dabei ging es doch eigentlich überhaupt nicht um sie, sondern um meinen eigenen Stil, den ich finden sollte. Stundenlang saß ich so am Schreibtisch, auf dem Fußboden, bin durch die Gegend gefahren auf der Suche nach einer göttlichen Eingebung.

Ich war froh, dass mir meine Leidensgefährtin Netty zur Seite stand, wir uns gegenseitig trösten konnten, wenn wir keinen Einfall hatten und uns gegenseitig in den Hintern traten, wenn wir irgendwie blockiert waren. Und doch ging es erst richtig voran, als die Zeit knapp wurde. Ich bekam auf einmal ein Gefühl dafür, wann ich den Stift oder sonst was in die Hand zu nehmen hatte: So merkte ich beispielsweise an einem Samstag, dass ich unheimlich gut drauf war. Ich packte eine Radiohead-CD ein, fuhr ins Büro und legte alles, was mir in die Finger kam, auf den Scanner. Daraus entstand zum ersten Mal nach langer Zeit eine Arbeit („Tagebuch"), die mich wieder selbst zufriedenstellte. Schlussendlich fielen die Korrekturen der „Schnellschüsse" dann auch weit besser aus, als die Bewertung der „Ich-muss-ich-muss-ich-muss"-Kompositionen. Der Grund dafür ist nun relativ klar: Ich zerdachte nicht alles, bis ich es nicht mehr formulieren konnte, sondern überlegte gezielt. Das Ergebnis war am Ende – ehrlich.

Ergo: Wenn ich heute noch mal eine Mappe machen müsste, würde ich zuerst nach Dingen suchen, die ich toll finde – ein Foto, ein verrostetes Straßenschild, einen Kaffeefleck. Wenn ich genug Anregungen gesammelt habe, überlege ich, was ich auf meinem Blatt ausdrücken möchte. Dann arbeite ich es aus und suche ich mir jemanden, der mir ein objektives Urteil darüber liefert: bei Mappenberatungen in der Uni, von Studis, oder eben bei mir, bei einer „Ehemaligen", die durch jahrelanges Sehen kreativer Arbeiten weiß, worauf es ankommt. Das Allerwichtigste aber ist es, sich mit anderen Leuten über seine und deren Arbeiten und Ideen auszutauschen, denn erst durch die Auseinandersetzung sieht man, was wirklich gut und was eher schlecht ist.

MYTHOS MAPPE / REDAKTION
NOCH EIN RÜCKBLICK AUF EIN PRAKTIKUM

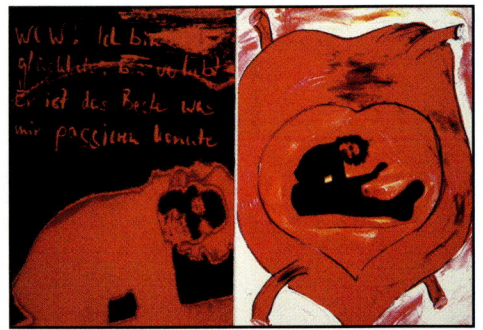

ANNETTE SCHMID,
UNIVERSITÄT GESAMTHOCHSCHULE ESSEN,
KOMMUNIKATIONSDESIGN, EHEMALIGE
PRAKTIKANTIN IM WERK.KONTOR ESSEN

Ein Erfolgserlebnis.

Wie ein Praktikum sich auswirken und welche Erkenntnisse man darin gewinnen kann. Teil 2.

Design??? Durch mein Praktikum im Werk.Kontor habe ich erst gelernt, was Design überhaupt be-deutet. Für Kunst habe ich mich eigentlich schon immer interessiert und auch verschiedene Mal- und Zeichenkurse im Laufe meines Lebens belegt. Aber die Arbeit eines Designers hatte ich mir anders vorgestellt. Viel freier, weniger am Rechner (ich hätte niemals gedacht, dass man so lange braucht, bis man die Grundprogramme mal so einigermaßen beherrscht), ohne diesen heftigen Termindruck. Meistens muss man in sehr kurzer Zeit die Wünsche des Kunden mit den eigenen Vorstellungen in Einklang bringen.

Daneben lief parallel die Mappenvorbereitung. Meistens habe ich verstanden, was in den Mappenbesprechungen vermittelt wurde, aber ich hatte Probleme, die vielen einzelnen Gedanken in meinem konfusen Kopf zusammen zu bringen. Ich dachte, ich würde es niemals schaffen. Nachdem unsere Ar-beiten dann mit den Bemerkungen wie „Das ist doch jetzt nur angedacht, oder?", „D-a-s k-a-n-n-s-t d-u b-e-s-s-e-r!" oder „Was soll das dem Betrachter sagen?" abgetan wurden, hatte ich irgendwann nach wochenlangem Eher-weniger-als-mehr-tun dann ein Erfolgserlebnis.

Ich hatte in der Korrektur gelernt, über meine kon-kreten Bildinhalte nachzudenken und außerdem bestimmte Techniken einzusetzen, um Bild-

MYTHOS MAPPE / REDAKTION
NOCH EIN RÜCKBLICK AUF EIN PRAKTIKUM

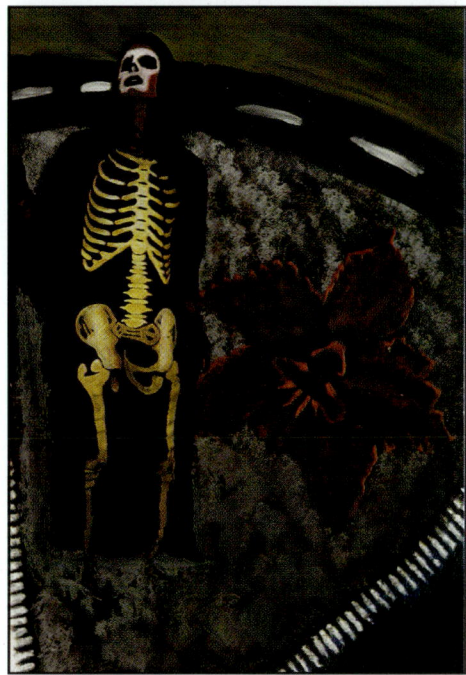

ausschnitte zu suchen, zu plazieren und Spannung zu erzeugen, die Sachen z.B. auch mal anzuschneiden.

Bevor ich mit meinem Praktikum und der Mappenvorbereitung anfing, hatte ich bei einer Malschule an einem Mappenkurs teilgenommen. Dort sollte ich stur Stillleben zeichnen - sehr ordent-lich und pingelig - was überhaupt nicht mein Fall ist, denn ich konnte meine Ideen nicht umsetzen und fühlte mich nur in Maltechniken gepresst, ein-geschränkt. Nachdem ich nach all der Vorbereitung über das ganze Jahr in Dortmund die Aufnahmeprüfung nicht geschafft hatte, hatte ich vor der Essener Prüfung nur ein Gefühl: Angst! Wäh-rend der Prüfung jedoch war das alles zum Glück verflogen. Die weniger stressige Seite der Mappenvorbereitung gestalteten Soni und ich uns indem wir versuchten, unsere Kreativität auf jede nur erdenkliche Art und Weise voranzutreiben. Das klappte nicht immer, stärkte aber unser Selbstwertgefühl in dieser harten Zeit, denn wir konnten uns gegenseitig loben und trösten.

Letzter Tipp: Es ist sehr wichtig, sich an der Uni zu erkundigen, ob Mappenansichten von den Professoren oder sonstige Möglichkeiten zur Auseinandersetzung angeboten werden. Wenn ja, nutzt jede Gelegenheit! Die Mappe zu gestalten war eine haarige Zeit mit vielen Tiefs und Hochs, aber es lohnt sich und das Studium macht Spaß. Also lasst den Kopf nicht hängen, sucht euch jemanden mit dem ihr zusammen arbeiten könnt und ab dafür!

MYTHOS MAPPE / REDAKTION
EXEMPLARISCHE MAPPENBEGUTACHTUNG

   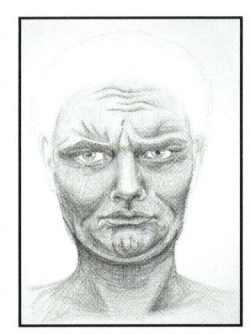 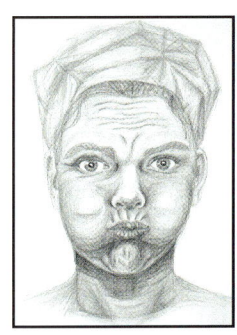 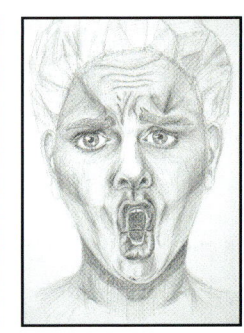
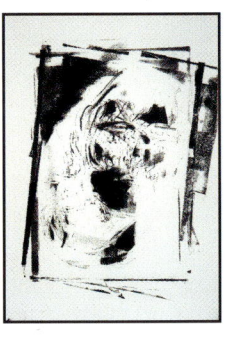    
 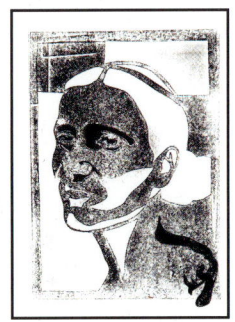 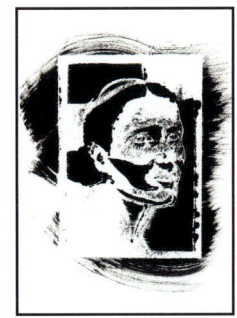   

PROF. KLAUS HESSE,
HOCHSCHULE FÜR GESTALTUNG
OFFENBACH

Vor mir liegt eine Mappe.

Die exemplarische Begutachtung einer Mappe, die es tatsächlich (noch) nicht geschafft hat.

Von außen hat diese Mappe nichts auffälliges. Sie ist schwarz, nicht ganz neu, aber auch nicht sehr alt. Ein unaufdringliches Ding. Flach liegt sie in den Händen. Von innen drängt nichts nach außen. Schwarze, weiße und graue Kartons, mehr oder weniger in der üblichen Größe, bilden den Hintergrund für sauber aufgezogene Zeichnungen, Schablonendrucke und Fotografien. Das erste Anheben der Blätter und flüchtige Durchzappen der Arbeiten hinterlässt einen abgezählten Eindruck. Kein Blatt zu viel. Kein Blatt tanzt aus der Reihe.

Das beiliegende Inhaltsverzeichnis dokumentiert 31 Arbeiten. Schön sortiert in drei Grüppchen. Vermutlich habe ich es mit einer typischen Zweit-mappe oder mit dem gehorsamen Resultat von schriftlichen Aufnahmebedingungen zu tun. Die Bewerberin scheint schon mal abgeblitzt zu sein und möchte lieber auf Nummer sicher gehen. Niemand käme sonst auf die Idee sein jungfräuliches Lebenswerk abzuzählen und zu katalogisieren. Die Mappe wirkt bemüht und möglicherweise durch einen Mappenkurs oder Beratungen getrimmt. Zu abgestimmt wirkt der Inhalt. Trotzdem ist zunächst erleichternd festzustellen, dass es sich nicht um eine der vorherrschenden Dünnbrettbohrer- oder Weltschmerzmappen handelt. Keine Totenköpfe, kein Graffiti, keine tränenden Prinzessinnen, keine Tiere und keine martialischen Bluträusche. So weit, so gut.

Zeichnen ist nicht ihr Ding. Konsequenz schon. Von den 31 Arbeiten sind mindestens die Hälfte Selbstportraits. Die Grimassen finde ich gut. Sie hat Humor. Und wenn sie das linkisch Entgleiste

MYTHOS MAPPE / REDAKTION
EXEMPLARISCHE MAPPENBEGUTACHTUNG

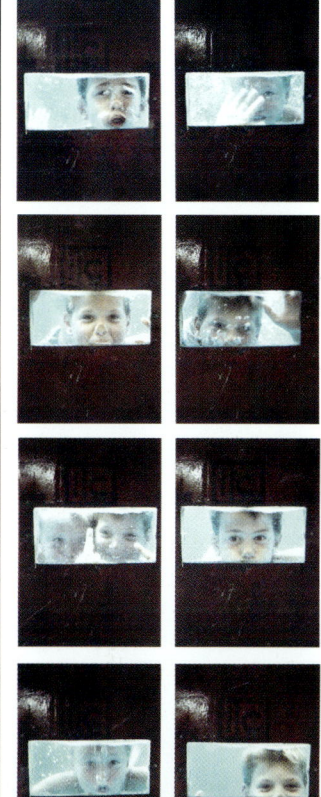

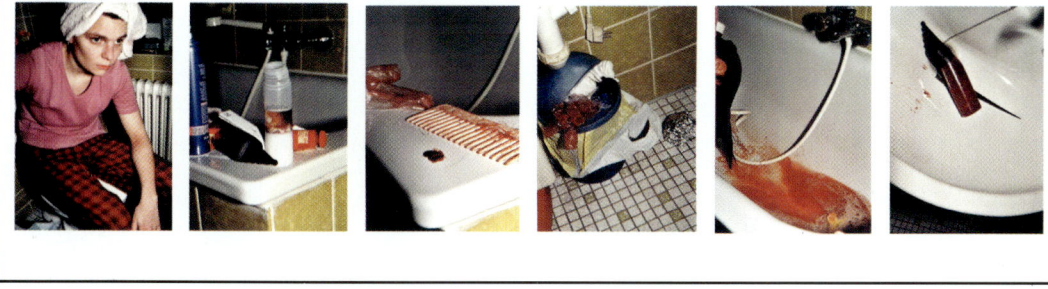

Die Arbeiten auf diesen Seiten wurden von Professor Klaus Hesse exemplarisch begutachtet.

durchhalten könnte, hätte sie eine vielversprechende Zukunft. Hoffentlich geht dieser Reiz bei fortschreitender Übung nicht verloren.

Gar nicht gefallen mir die als Schablonendrucke bezeichneten Blätter. Sie bewegen sich zu dicht am Level von Weihnachtsgeschenken. Sieht aus wie Gestaltung, ist aber keine. Die Bewerberin wurde zum Opfer der Technik. Warum eigentlich Selbstportraits? Und warum eigentlich so stereotyp wie der morgendliche Blick in den Spiegel? Steckt da nicht noch mehr drin? Die Inhaltlichkeit des vorherrschenden Grundthemas ist noch nicht ausgeschöpft.

Am besten gefallen mir die Fotos. Da blitzt etwas auf. Die Bildsequenzen sind einfühlsam zusammengestellt. Die Motive sind teilweise überraschend und vermitteln ironische Distanz. Aber warum nicht mehr davon? Ich glaube, diese Mappe ist das typische Opfer von beschränkten Aufnahmeregeln. Leider limitieren immer mehr Design-Fachbereiche den Mappenumfang und geben bestimmte Darstellungsmittel vor. Gefördert werden so das „fertige" Bild und akademische Denkmuster zu einem noch frühen Entwicklungszeitpunkt, wo vielmehr größtmögliche Offenheit wünschenswert wäre. Außerdem verzichten die Hochschulen weitgehend auf persönliche Aufnahmegespräche. Keine Zeit.

Zurück zur Bewerberin: Ich vermisse das Daneben, Darunter und Darüber. Wo sind die (fotografischen) Skizzenbücher? Wo ist die Sammelwut? Wo ist die Macherwut? Wo ist das Treibholz dieses Egos? Alles ist fertig. Alles sieht aus wie ein Bild. Ich glaube, die Bewerberin ist intelligent. Sie plant und berechnet. Ich glaube auch, dass sie dickköpfig genug ist. Aber ich erkenne ihre Persönlichkeit nicht.

Ich würde mir wünschen, sie käme nach Offenbach zur Studienberatung (jeden Mittwoch, auch in den Semesterferien; weitere Informationen unter: www.hfg-offenbach.de).

MYTHOS MAPPE / REDAKTION
INTERVIEW

PROF. CLAUDIUS LAZZERONI, UNIVERSITÄT GESAMTHOCHSCHULE ESSEN

Talent – Handwerk – Initiative.

Claudius Lazzeroni, Professor für Interfacedesign an der Universität Essen, hat in zwölf Jahren hunderte von Mappen gesichtet. Sein Fazit: 70% der Mappen erfüllen die Anforderungen nicht. Die Gründe nannte Lazzeroni in einem Gespräch mit Mythos Mappe.

MYTHOS MAPPE Sie sagen, ein Großteil der begutachteten Mappen erreicht nicht das von Ihnen erwartete Niveau. Ein geradezu vernichtendes Urteil. Woran machen sie es fest?

PROF. LAZZERONI Ein Grossteil der Mappen ist so schlecht, dass ich nicht an den Mythos der Mappe glaube. Gäbe es einen Mythos, ginge man anders damit um. Selbstdarstellung ist offenbar nicht jedermanns Sache.

MYTHOS MAPPE Aber kann man wirklich sagen, dass 70% der Mappen Ausschuss sind?

PROF. LAZZERONI Man muss zwischen der Mappe als Präsentationsform und ihrem Inhalt unterscheiden. Es gibt Mappen, da sind ganz tolle Sachen drin, aber die Präsentation ist so was von unter aller Sau, das ich mir sage: O.k., ich drücke beide Augen zu, weil ich die Arbeiten an sich so aussergewöhnlich finde. Nur – gerade wenn man sich für Kommunikationsdesign bewirbt, ist es mir vollkommen schleierhaft, dass man nicht einmal versucht, seine eigenen Arbeiten sinnvoll zu kommunizieren.

MYTHOS MAPPE Haben Sie eine Erklärung dafür?

PROF. LAZZERONI Schwierige Frage – ich denke, dass das Handwerk als Basis für gestalterisches Arbeiten in unserer Gesellschaft an Stellenwert verloren hat. Früher gab es zum Beispiel Schaufensterdekorateure. Das war ein richtiger Beruf und die haben gelernt, wie man mit Nädelchen, Schriften, Malerei und einem bestimmten Handwerk ein Schaufenster dekoriert. Das mag nicht jedem gefallen haben, aber es war ein Handwerk, das man ernst genommen hat. Selbst das Miederwarengeschäft um die Ecke hatte nette Kleidchen und Schürzen drin, mit Preisschildern, die sorgfältig beschrieben waren. Heute ist das die Ausnahme. Nur die großen Ketten haben ernsthafte Gestaltungsrichtlinien, ansonsten sieht man eher Mitarbeiterinnen hilflos auf Leuchtkartons herumkritzeln. Dieser visuelle Müll (vom auditiven ganz zu schweigen) färbt so ein bisschen ab. Das Selbstverständnis einer professionellen Gestaltung und die Sehnsucht nach Perfektion sind dadurch verloren gegangen.
Unterm Strich: Es fehlt an Ernsthaftigkeit und Sorgfalt, übrigens auch im Lehrbetrieb. Und das spiegelt sich auch in den schlechten Mappen wider. Aspekte wie die richtige Dicke für Kartons, sauberes Aufziehen der Arbeiten, das sinnvolle Beschriften, ein Inhaltsverzeichnis beizulegen und dem Ganzen eine Dramaturgie zu verpassen, werden eher selten beachtet.

MYTHOS MAPPE Mangelt es an Bewusstsein, an Berufung? Denkt mancher schlicht: Design, das ist was modernes, das ist Zeitgeist und darum bewerbe ich mich jetzt einfach?

PROF. LAZZERONI Ja, ich glaube schon, dass viele Gestalter werden wollen, die nicht dazu berufen sind. Sie kommen frisch von der Schule, Kunstunterricht war irgendwie ganz nett und die anderen Fächer waren alle langweilig. Man hat gerne gemalt und fand das musische ansprechend. Vielen fehlt es auch an der richtigen Einschätzung eines solchen Studiums. Sie glauben, ein Designstudium sei grundsätzlich einfacher, weniger lernintensiv und netter als ein Studium der Geisteswissenschaften oder Sprachen. Was natürlich ein vollkommen falsches Bild ist, denn dieses Studium ist mit sehr viel Arbeit verbunden. Ohne das nötige Bewusstsein geht das nicht.

MYTHOS MAPPE Mit welchem Gefühl oder mit welchem besonderen Bewusstsein gehen Sie die Begutachtung der Mappen an?

PROF. LAZZERONI Es ist eigentlich lustig, weil man andauernd Pakete bekommt und ständig eröffnet sich ein neues Universum. Und ich meine, bei einigen Dingen, da schreit man ja förmlich auf.
Es sind einfach viele Mappen dabei, da fragen sie sich wirklich, wer diesen Menschen die Sicherheit oder nur den Gedanken eingibt, an eine Design-Hochschule zu gehen.
Ich frage mich dann immer, ob sich diese Studenten auch für Philosophie, Englisch oder Mathematik eingeschrieben hätten. Das wäre so, als hätte ich immer Schwächen in Mathe gehabt, kann überhaupt nicht mit Zahlen umgehen, also gerade so bis fünf zählen. Und trotzdem schreibe ich mich für Mathematik ein.
Da scheint es dann auch an Selbsteinschätzung zu fehlen. Es bietet sich also an, im Vorfeld Informationen einzuholen, was es bedeutet, Kommunikationsdesign zu studieren.

MYTHOS MAPPE / REDAKTION
INTERVIEW

MYTHOS MAPPE Gibt es denn gute Quellen, aus denen man entnehmen kann, was es bedeutet, Kommunikationsdesign zu studieren?

PROF. LAZZERONI Ja klar, es gibt in jeder Hochschule eine Studienberatung. Man kann in jeder Hochschule anrufen und fragen: Wo ist hier bitte die Beratung? Die gibt es für jedes Fach. Sie können dort auch einen konkreten Termin mit dem jeweiligen Professor machen, können vorbeischauen und sich so noch im Abitur steckend informieren, wohin sie sich bewegen möchten.

MYTHOS MAPPE Wird das auch angenommen? Oder sagen Sie, es sollten viel mehr Leute diese Angebote wahrnehmen?

PROF. LAZZERONI Sagen wir mal so, es würde natürlich vielen dienen, wenn sie sich beraten lassen würden. Es gibt aber auch Leute die x-Mal kommen, um immer wieder herauszufinden, was sie denn noch für ihre Mappe tun müssen. Da würde ich dann doch schon manchmal gerne sagen: Wenn du so oft kommen musst, um zu kapieren wo es lang geht, dann brauch ich dich auch nicht im Studium. Vielleicht hilft auch die pure Neugier. Es gibt ja auch Bücher, wunderbare Bücher über Kommunikationsdesign. Da kann man ja mal reinschauen und vergleichen, wieviele Welten das von mir entfernt ist. Aber diesen sinnvollen Versuch der Selbsteinschätzung gibt es oft nicht.

MYTHOS MAPPE Eine Möglichkeit sich zu informieren, sich abzusichern, könnte ja auch ein Mappenvorbereitungskurs sein. Manche sind dafür, andere dagegen. Was sagen Sie? Ist solch ein Kurs nützlich?

PROF. LAZZERONI Nee, Finger davon, mal ehrlich. Ein Vorbereitungskurs täuscht in den meisten Fällen Kompetenzen vor, da es sich um erlernte Mechanismen handelt. Die eigentlichen Fähigkeiten bleiben im Verborgenen.

MYTHOS MAPPE Sie befürworten also die selbständig erarbeitete Mappe und sagen, dass diese als Beurteilungskriterium ausreicht?

PROF. LAZZERONI Ja, unbedingt. Ich kann ihnen garantieren, ich brauche nur zwei Minuten, um zu wissen, was los ist. Man erkennt oft schon in den Ansätzen, wo wirklich spannende Dinge passieren. Schwieriger wird es bei den Grenzfällen: Manche haben wunderbare Ideen, aber mit der Ausführung klappt es nicht. Ich hatte mal eine Mappe zu begutachten, die war ein wahres Feuerwerk an Ideen. Die Bewerberin hätte allerdings nie etwas gerade aufgezogen bekommen.
Das hat eine andere Qualität, die man in dem Moment herausfinden muss. Manche können sich dieses Missverhältnis dank ihrer Besonderheit leisten. Aber das sind absolute Ausnahmen.

MYTHOS MAPPE Sind die Mitglieder des Gremiums in der Regel einer Meinung, wenn dann das Urteil über eine Mappe gefällt wird?

PROF. LAZZERONI Da hat sicher jeder so seinen Bereich, Fotografie, Illustration, Neue Medien, etc.. Auch hier kann es passieren, dass die Zeichnungen zwar alle schlecht sind, das Gremium aber auf eine andere fachliche Qualität stößt. Am Ende gibt es ja immer noch die Aufnahmeprüfung und da trennt sich spätestens die Spreu vom Weizen.

MYTHOS MAPPE Wenn Sie in so einer Auswahl eine Mappe gesehen haben und sagen: „Mensch, da steckt was drin", ist es dann im weiteren auch so, dass der Student unter Ihren Händen förmlich explodiert?

PROF. LAZZERONI Ja, es gibt aber auch viele, bei denen man anfangs skeptisch ist und die entwickeln sich dann doch ziemlich gut. Andere wiederum, die haben eine ganz tolle Mappe abgegeben und das war´s dann auch. Das sind die Blender, die sich darstellen können, aber im Endeffekt nicht viel Tiefe haben.

MYTHOS MAPPE Also funktioniert die Mappe als Messinstrument nicht so genau?

PROF. LAZZERONI Es fliegen auch Bewerber aus Schauspielschulen und werden später dennoch Filmstars, weil eine Rolle auf sie zugeschnitten ist. Das heisst noch lange nicht, dass sie damit gute Schauspieler sind. Ich denke, die Mappe dient der Einschätzung und führt in Verbindung mit dem näheren Kennenlernen durch eine Aufnahmeprüfung zu einem aussagekräftigen Gesamtbild.

MYTHOS MAPPE Wie erholt sich jemand wie Sie eigentlich vom optischen Overkill?

PROF. LAZZERONI Also im Alltag macht man es natürlich, indem man einfach für eine Stunde an die Decke glotzt. Meine grösste Erholung ist die Gartenarbeit. Beim Weinrebenschnitt gibt es keine Gestaltungsfragen, da wird auf zwei Augen zurückgeschnitten. Mit dem Verständnis für die Pflanze, damit sie mir im Herbst viele Trauben schenkt.

MYTHOS MAPPE Gibt es eine Empfehlung für die Aspiranten, die nicht angenommen worden sind?

PROF. LAZZERONI Ja, noch einmal probieren.

MYTHOS MAPPE Auch an der gleichen Schule?

PROF. LAZZERONI Egal, man muss nur wissen, was man will. Man orientiert sich, probiert aus, verwirft und dann – dann weiss man es. Und wenn man sich sicher ist und wirklich will, dann kommt man auch rein. Einfach nochmal an der Mappe arbeiten, sie bis zum Wahnsinn irgend-wie verbessern und dann wieder hinschicken. Den Professor fragen, woran man beim letzen Mal gescheitert ist und ihm deutlich machen: Ich will hier rein!

MYTHOS MAPPE / REDAKTION
TIPPS VON STUDENTEN

13 DESIGNSTUDENTEN BERICHTEN

Randnotizen.

Einige der Studentinnen und Studenten, die ihre Arbeiten in diesem Buch zeigen, haben außerdem noch interessante Tipps geliefert, die wir an dieser Stelle gebündelt haben.

FLORIAN KESTING, STUDENT AN DER FACHAKADEMIE FÜR FOTODESIGN, MÜNCHEN

Was mir am meisten bei meiner Bewerbung geholfen hat, war die kritische Auseinandersetzung mit meinen Bildern, die ich mit und durch meinen Praktikumschef und einigen anderen hatte. Also redet über Eure Bilder, zeigt sie und hört bloß nicht auf, wenn ihr sie nach einiger Zeit selbst nicht mehr sehen könnt. Fahrt zu Infotagen, Mappengesprächen, Ausstellungen, Vorträgen – nehmt einfach alles mit, was ihr kriegen könnt.

PETER KOHL, STUDENT AN DER FACHHOCHSCHULE WIESBADEN, KOMMUNIKATIONSDESIGN

Ich habe meiner Mappe ein Skizzenbuch beigelegt, was meiner Meinung nach in keiner Mappe fehlen sollte. Es zeigt, dass man Ideen hat, auch wenn nicht gerade dringend welche gebraucht werden. Dass man sich ständig mit der Materie auseinandersetzt und in der Lage ist, Gedanken und Einfälle schnell zu Papier zu bringen und dies auch tut. Der Weg zum Ergebnis interessiert oft mehr als das Ergebnis selbst. Skizzenbücher müssen (sollen) nicht ordentlich sein, trotzdem sollte man grob Augenschmerzbereitendes entfernen. Auf die gute Vorbereitung der eigenen Präsentation sollte großer Wert gelegt werden. Dafür rechnet man sich meist zu wenig Zeit ein und kommt dann am Ende in Bedrängnis, weil man das Ganze unterschätzt hat. Eine gute Arbeit sollte jedoch auch gut präsentiert werden.

JENNY PILZ, STUDENTIN AN DER KUNSTHOCHSCHULE BERLIN, TEXTIL- UND FLÄCHENDESIGN

Das Wichtigste in so einer Vorbereitungsphase ist, dass man sich nicht verrückt macht oder machen lässt, dass man auf sich selber vertraut und sich nicht in die Irre führen lässt von irgendwelchen Leuten, die angeblich genau wissen, was in so eine Mappe reinkommt. Die Hauptsache ist, man arbeitet für sich selbst und nicht für die „Jury". Und man muss Spaß dabei haben!

NADINE HOLTGRÄWE, STUDENTIN AN DER UNIVERSITÄT GESAMTHOCHSCHULE ESSEN, INDUSTRIEDESIGN

Vor der Bewerbung zum Studium empfehle ich dringend die Kontaktaufnahme zu Design-Professoren und -Studenten, denn da bekommt man die detailliertesten Infos. Die Erwartungen, die an die Bewerber gestellt werden, sind von Uni zu Uni sehr unterschiedlich, also unbedingt informieren! Eine Ablehnung der Mappe muss

Akademie für Kommunikationsdesign

Praxisorientiertes Studium auf kostenpflichtiger, anerkannter Privat-Akademie.
Max. 25 Studierende je Semester.

Auslands-Semester möglich.
Kooperationen u.a. mit Bayer, Coca-Cola, grey, Océ, Krüger, Medienzentrum Rheinland.

Weiterer Studiengang: **Modedesign**

Semesterbeginn: jeweils 1.4. und 1.10. Studiendauer: 7 Semester

Aufnahmeprüfung: Mappenvorlage oder Hausarbeit. Termine können der Homepage entnommen werden. Studienvoraussetzung: Abitur/Fachabitur

Studiengebühr: 400,– € monatlich
Aufnahmegebühr: 150,– €

Vorteile: Kleine Semestergruppen (max. 20 Stud.), Jobvermittlung, modernstes Equipment

AKD Bismarckstr. 104
40210 Düsseldorf
Tel. (0211) 3 55 85 08

Infos auch unter
www.akd-online.de

INSTITUT FÜR DESIGN
HAMBURG + DÜSSELDORF

7 SEMESTER VOLLZEITSTUDIUM QUALIFIZIERTER BERUFSABSCHLUSS

GRAFIK DESIGN KOMMUNIKATION DIGITALE MEDIEN

www.ingd.de
HAMBURG · ESPLANADE 30
040 / 34 53 53
STAATLICH ANERKANNT

DÜSSELDORF · LUISENSTR. 25
0211 / 37 99 00
BAFÖG ANERKANNT

europäische kunst akademie

malerei \\ druckgrafik \\ zeichnung
mappen-vorbereitung
skulptur \\ objektkunst \\ fotografie
intensivstudium
malerei-zeichnung-skulptur

sonderpreise für schüler & studenten
\\ kurszeiten: februar-oktober

\\ ausgezeichnete werkstätten
\\ internationale dozenten
\\ ausstellungen + kulturprogramm

\\ einfach unser kostenloses programm und info's anfordern!

europäische kunstakademie trier
aachener straße 63 · 54294 trier
t. 0651.99846-0 · f. 0651.99846-22 · e. info@eka-trier.de
www.eka-trier.de

Schneller am Ziel

Berufsausbildung, 3jährig:
Grafik-Designer/-in am Kolping-Berufskolleg für Grafik-Design
staatlich geprüft

Berufliche Weiterbildung:
Electronic Publishing, Multimedia, Internet, Tages- und Abendkurse in der Kolping-Computerschule

Vorbereitung auf ein Kunst- oder Designstudium:
Tages- und Abendkurse in der Kolping-Kunstschule

Kolping-Akademie für Kommunikations-Design und Multimedia
Baumschulenweg 2
70736 Fellbach
Fon 0711-57 98 10
Fax 0711-57 98 12

www.kolping-bildungswerk.de

Kolping-Bildungswerk

MYTHOS MAPPE / REDAKTION
TIPPS VON STUDENTEN

nicht bedeuten, dass die Mappe schlecht ist oder der Bewerber unbegabt. Eventuell die Mappe überarbeiten und/oder an einer anderen Uni bewerben. Hinweis aus eigener Erfahrung: Es kann durchaus passieren, dass ein und dieselbe Mappe von ein und derselben Uni einmal angenommen und einmal abgelehnt wird. Nicht zu schnell entmutigen lassen!

PHILLIP WIX, STUDENT AN DER UNIVERSITÄT GESAMTHOCHSCHULE WUPPERTAL, KOMMUNIKATIONSDESIGN

Wichtig ist es, dass man hundertprozentig hinter seinem Studienwunsch steht. Ist dies der Fall, wird man so oder so seinen Weg gehen. Darüber hinaus ist es wichtig, sich nicht von Rückschlägen entmutigen zu lassen. Deshalb immer an mehreren Unis bewerben! Ich bin auch an mehreren Unis abgelehnt worden, die Wege der Mappenkommissionen sind nun einmal unergründlich. Ich denke, wenn man schon nach einer oder mehreren Absagen aufgibt, wäre man in einem Designstudiengang ohnehin nicht richtig aufgehoben.

CHRISTIAN KÖHLER, STUDENT AN DER UNIVERSITÄT GESAMTHOCHSCHULE WUPPERTAL, KOMMUNIKATIONSDESIGN

Es muss sich keiner schämen, der sich für einen Designstudiengang beworben hat und nicht genommen wurde. Es ist wohl eher die Ausnahme, dass man sofort genommen wird, auch ich musste mich zweimal an zwei Unis für den Studiengang Kommunikationsdesign bewerben. Ich habe mich zuerst mit einer ziemlich zusammengewürfelten Mappe aus Fotos, Zeichnungen und Collagen in Wuppertal und Essen beworben. Im Nachhinein betrachtet konnte das ja nicht gut gehen. Ich hatte mir zwar ein paar Gedanken gemacht, allerdings war keine richtige Linie erkennbar und die einzelnen Arbeiten waren auch ziemlich schlecht präsentiert. Prompt wurde ich bei beiden Unis abgelehnt.

Danach fällt man natürlich erst einmal in ein Loch und fragt sich, was man nur falsch gemacht hat. Aber anstatt zu resignieren, sollte man all seinen Mut zusammen nehmen und ein Gespräch mit einem Professor suchen, der einem annähernd eine Erklärung liefern kann. Woher soll man sonst wissen, was man besser machen kann? So habe ich es dann auch getan und mich sofort auf die Suche nach einem neuen Konzept gemacht. Letztendlich hat die Entwicklung und die Realisierung meiner neuen Mappe dann auch rund 9 Monate in Anspruch genommen.

Die Präsentation ist ein weiterer Punkt, auf den viel Wert gelegt wird. Man muss sich gut verkaufen, dann hat man schon fast gewonnen. In meinem Fall habe ich gewonnen, denn mit dieser Mappe habe ich mich wieder bei den Unis in Wuppertal und Essen beworben und bin nach all den Eignungstests auch genommen worden. Abschließend möchte ich noch sagen: versucht Eure Vorstellungen umzusetzen und lasst Euch nicht durch Rückschläge aus der Bahn werfen. Seid innovativ und stellt eine Mappe her, die unter Hunderten hervorsticht und einem noch lange im Gedächtnis bleibt. Viel Glück dabei!

MYTHOS MAPPE / REDAKTION

TIPPS VON STUDENTEN

DOMINIC SPECK, STUDENT AN DER
FACHHOCHSCHULE DÜSSELDORF,
KOMMUNIKATIONSDESIGN

Die Entscheidung zum Studium dieser Fachrichtung fiel bei mir relativ spät. Ich begann erst mit 24 Jahren nach meiner Ausbildung zum Bauzeichner, mich mit dem Thema Grafikdesign und vor allem mit dem Thema Bewerbungsmappe auseinanderzusetzen. Im Nachhinein bewerte ich dies allerdings als Vorteil, denn zu diesem Zeitpunkt wusste ich, was ich wollte – meine Motivation war dementsprechend sehr hoch. Als ich mit der Vorbereitung anfing, hatte Ich keine Ahnung davon, wie eine Mappe auszusehen hat, was sie beinhalten sollte und wie man an solche Aufgabenstellungen herangeht. Ich hatte das Glück, einen Platz in einem sehr guten Mappenvorbereitungskurs zu bekommen, was ich jedem Bewerber nur empfehlen kann. Vor allem denjenigen, die auf diesem Gebiet keine Vorkenntnisse haben, z.B. durch Ausbildungen, Praktika oder ähnliches. Manche Hochschulen führen auch Mappenberatungen durch, ich habe gehört, dass diese recht hilfreich sein können. Ich hätte vielleicht auch hingehen sollen ... Meiner Meinung nach ist es bei so einer Mappe besonders wichtig, die Sache sehr ernst zu nehmen. Gut, das Ganze sollte natürlich Spass machen, aber man sollte eben auch nicht vergessen, dass die Konkurrenz sehr groß ist. Es gibt zwar sicher einige, die eine Mappe mal locker nebenher machen und damit auch erfolgreich sind, aber die sind, so denke ich, die Ausnahme. Mit brandheißen Tipps und weisen Ratschlägen kann Ich leider nicht um mich werfen, da ich selbst ja noch recht neu auf diesem Gebiet bin. Aber jeder, der sich für einen solchen Studiengang entscheidet, wird seinen eigenen Weg finden, um seine Ideen umzusetzen – und genau das ist es auch, worauf es letztendlich ankommt.

CHRISTIAN GEBEL, STUDENT AN DER
FACHHOCHSCHULE DORTMUND,
KOMMUNIKATIONSDESIGN

Als ich meinem Dozenten meine Meinung vortrug, die Eignungsprüfung sei eine vorgezogene Diplomprüfung, erntete ich zunächst einen verdutzten Blick. Doch ich legte sofort nach: Die einzige Möglichkeit, nach bestandener Eignungsprüfung sein Diplom nicht zu erlangen, sei die, das Studium selbst vorzeitig abzubrechen. Denn wer dabei bliebe, könne seinem Diplom förmlich kaum mehr ausweichen. Der verdutzte Blick wich einem nachdenklichen, so dass ich ihn nun fragte: Wie viele Studenten haben bisher erfolglos versucht, hier ihr Diplom zu erlangen? Nach einer kurzen Pause kam mein Dozent offenbar zu dem Ergebnis, dass ihm dies selbst nie bewusst gewesen war. Innerhalb seiner Lehrzeit an der Hochschule habe sich das Gremium bei lediglich einem Studenten nicht doch letztlich dazu durchringen können, seinen studentischen Werdegang mit einem Diplom zu krönen. Und dieser eine Student habe sein Diplom später an einer anderen Hochschule nachgeholt. Aus diesem Gespräch kann man nur eine Folgerung ziehen: Gib dir mit deiner Mappe so viel Mühe, wie andere mit ihrem Diplom.

JULIA DOLD,
FACHHOCHSCHULE PFORZHEIM,
VISUELLE KOMMUNIKATION

Hier meine wichtigsten Tipps für alle Aspiranten: Schaut Euch die Schulen vor Ort an und vergleicht sie! Sprecht die Studenten und wenn möglich auch die Professoren an und löchert sie mit Fragen. Macht Euch selbst ein Bild, welche Strukturen einer Schule Euch am besten gefallen. Manche FHs oder Unis sind sehr künstlerisch orientiert, andere eher konzeptionell, kommerziell oder auch wirtschaftlich. Die Bewerbungsmappe kann man dann auf die Art der Schule abstimmen. So kommen z.B. bei der FH Pforzheim akribisch ausgearbeitete Ölgemälde nicht an, hier sind spontane und lockere Skizzen gefragt!

GREGOR FELTEN, STUDENT AN DER
UNIVERSITÄT GESAMTHOCHSCHULE
WUPPERTAL, INDUSTRIEDESIGN

Von Dezember 1999 bis März 2000 habe ich mich zum ersten Mal in Essen, Wuppertal und Köln beworben. 1999 wusste ich nicht mal genau, was alles unter den Begriff Industriedesign fällt und wo man es studieren kann. Ich habe mich also beim Arbeitsamt über diesen Studiengang informiert und dann eine Informationsbroschüre angefordert. Anhand der erwähnten Adressen habe ich dann die Infos von ca. 7 FH`s angefordert. Für Köln entschied ich mich, weil es mein Heimatort ist. Für Wuppertal, weil diese Uni meiner Meinung nach den umfangreichsten Aufnahmetest hat. Ich fuhr zu einem Mappenberatungsgespräch nach Essen. Ich wurde dort sehr ausführlich und zuvorkommend über die Bewerbung und das Studium informiert. Die Mappe, die ich daraufhin dort abgab, wurde im Gegensatz zu Wuppertal akzeptiert und mit der Note 3 bewertet. Leider schaffte ich den Aufnahmetest nicht. Bei der Nachbesprechung in Essen stellte sich heraus, dass ich noch einige Defizite im zeichnerischen Bereich habe. Daraufhin wurde mir geraten, eine Zeichen- bzw. Mappenschule aufzusuchen. In Wuppertal wurde mir bei der Nachbesprechung gesagt, dass ich zuviel Schmuck in meiner Mappe hatte. Darüber hinaus wurde noch bemängelt, dass ich den Griff und die Verschlüsse der Mappe, die ich bauen musste, gekauft hatte. In Köln hatte ich zu dem Thema „Vereinfachung" eine Hausarbeit abgegeben, aber bekam leider keinen Termin zu einer Nachbesprechung. Ich bin daraufhin zum Tag der offenen Tür von Köln gegangen und sprach mit einer Studentin aus dem Bewerbungskomitee.

In der Zeichenschule bei einer freien Künstlerin lernte ich sehr viel, obwohl ich nur zwei Mal in der Woche zu Ihr fahren konnte und nebenher auch noch voll berufstätig war. Ich lernte nicht nur zeichnen, sondern auch meine Arbeiten kritischer zu hinterfragen und zu überdenken. Ein weiterer großer Vorteil war, dass ich mit anderen Leuten sprechen konnte, die sich für Architektur, Kunst oder Kommunikationsdesign bewerben wollten. So erfuhr ich, wo ich im Verhältnis zu anderen stand. Diese Zeit war die beste Vorbereitung für mein Studium, da ich nun ständig mit dem Thema Design beschäftigt war. Ein weiter Schritt in die richtige Richtung war mein Praktikum beim Design-Institut in Köln. Den Platz bekam ich, indem ich mich mit meiner Mappe dort bewarb. Diese Stelle war auch wieder Gold wert, da ich dort die Arbeiten für Köln und Wuppertal besprechen konnte und ich noch mal andere Meinungen bekam. Für die Bewerbung in Köln reichte es dann leider nicht.

Im Frühjahr 2001 bewarb ich mich in Aachen, Köln, Wuppertal und Münster und wiederholte den Test in Essen. In Aachen wurde ich mit einigen Arbeiten aus meiner Mappe von 2000 und den neuen im Mappenkurs angefertigten Zeichnungen genommen (Note 2,3). Für Köln bearbeitete ich mit drei Kollegen aus der Mappenschule das Thema Plagiat, bei der ich das Ameisenhaus entwarf. Wir machten eine Gruppenarbeit daraus, um aus der Masse hervor zu treten. Leider ohne Erfolg, obwohl ich es für eine sehr gute Idee halte. In Münster gab ich leider nur die Konzeption meines Gesellenstücks ab, was zu wenig war. Ich hätte meine komplette Mappe aus dem Vorjahr abgeben sollen und dann vermutlich mehr Erfolg gehabt. In Essen schaffte ich den Test auch 2001 nicht. Leider kam es bisher nicht zu einem Nachgespräch. Ich vermute aber, dass die Konkurrenz in diesem Jahr noch besser war als im Jahr zuvor und das Kontingent an ersten Semestern begrenzt ist.

Hier ein kleiner Tipp: Es ist vermutlich mit

ISABELLA ATELIER MÜNCHEN

Isabellastr. 35 - 80796 München
www.isabella-atelier.de
info@isabella-atelier.de
Fon: 089/30778620
Fax: 089/30767558

MAPPENVORBEREITUNG
PRÜFUNGSVORBEREITUNG
MALEN - ZEICHNEN
AKTZEICHNEN

---

weniger Stress verbunden, sich nicht bei so vielen Schulen zu bewerben sondern bei ein paar wenigen, dies dann aber gründlich. Das heißt, man sollte sich vorher sehr genau mit den Hochschulen und Ihren Professoren bzw. Studenten auseinander setzen. Das Problem ist leider, dass man sich bei einer Ablehnung erst wieder im darauf folgenden Jahr bewerben kann. Also ist es schon ratsam sich mehrmals zu bewerben. Man sollte auf jeden Fall die Beratungsgespräche wahrnehmen und auch schon vorhandene Arbeiten mitbringen. Dies kann oder sollte man auch mehrmals tun. Dies hat den Vorteil, dass sich die Professoren schon mal an die Gesichter und Arbeiten gewöhnen und man ein Gefühl bekommt, was sie wollen. Man muss sich halt vorstellen, dass die Professoren sich die Studenten aussuchen können, mit denen sie die nächsten Jahre arbeiten. Sie versuchen Studenten zu bekommen, bei denen sie sich vorstellen können, dass es Ihnen Spaß macht sie zu unterrichten. Die Professoren nehmen die Uni und die Studenten mit Sicherheit auch als Inspirationsquelle, von der sie nicht gelangweilt werden wollen. Man muss den Profs halt vermitteln, dass man ein kreativer Kopf ist, der bereit ist, sich auf das Ausarbeiten neuer Ideen einzulassen.

JENS REHLING, STUDENT AN DER UNIVERSITÄT GESAMTHOCHSCHULE WUPPERTAL, KOMMUNIKATIONSDESIGN

Nachdem ich Ende 2000 endgültig beschlossen hatte, mein vorheriges Studium abzubrechen, musste ich zuerst einmal überlegen, was genau ich überhaupt weiter studieren möchte. Da ich später mal den graphischen Betrieb meiner Eltern übernehmen möchte und ausgebildeter Schriftsetzer bin, war die grobe Richtung Gestaltung und Kommunikation klar. Aber was genau sollte ich nun studieren? Ist Kommunikationsdesign das gleiche wie Mediendesign? Oder gibt es Unterschiede? Gibt es überhaupt andere Alternativen? Spitze! Keine Ahnung! Bei der Studienberatung in Wuppertal erfuhr ich, das es diverse Infoveranstaltungen zum Studiengang Kommunikationsdesign und zur Herstellung einer Mappe gibt. Diese besuchte ich und sprach mit Studenten und Professoren, um zu klären, wie eine Mappe auszusehen hat, wie sie strukturiert sein sollte, usw..

Mitte Februar begann ich dann ernsthaft, mit der Mappenerstellung. Schwierig war es, ein konkretes, endgültiges Thema für die Mappe zu finden. Viele Ideen und Ansätze fanden sich nach anfänglicher Euphorie im Papierkorb wieder. So saß ich lange vor laufendem Rechner ohne eine zündende Idee. Irgendwann sah ich den EAN-Code auf einer Keksverpackung auf meinem Schreibtisch. Nach kurzer Überlegung war das Thema dann klar: „Kodierungen".

Die 10 Kodierungsarten, die ich graphisch, typographisch und gestalterisch darstellen wollte, waren dann auch mehr oder weniger schnell gefunden, der rote Faden der durch die Mappe oder besser durch die Arbeiten gehen sollte, war anscheinend auch da. Also verabschiedete ich mich von der Außenwelt und stürzte mich ins Abenteuer Mappe. Viele Arbeiten hatte ich schon im Kopf, bevor ich sie überhaupt angefangen hatte, andere brachten mich an den Rand der Verzweifelung. Nachdem ich dann wochenlang nur auf die Kodierungsplakate geschaut, diverse technische Probleme gelöst hatte und nervlich sehr angespannt war, stellte ich fest, nicht mehr wirklich sagen zu können, ob die Arbeiten jetzt gut waren oder nicht. Aber egal, denn die Zeit der Mappenabgabe war gekommen. In Essen wurde ich damit abgelehnt und erste Zweifel kamen auf. Eines Tages hatte ich mich dann damit abgefunden, wahrscheinlich nicht in Wuppertal angenommen zu werden - genau an diesem Tag bekam ich dann die Einladung zur mündlichen Prüfung.

KIRSTEN LÜTTJOHANN, STUDENTIN AN DER STAATLICHEN FACHAKADEMIE MÜNCHEN, FOTODESIGN

Ich habe mich für das Aufnahmeverfahren durch Gespräche mit einigen Studenten der Akademie vorbereitet. Bei der Mappe hat mir die lange Assistenzzeit weitergeholfen, denn da habe ich viel im Bereich der professionellen Fotografie dazugelernt, außerdem habe mit meinem damaligen Chef und anderen Assistenten über meine Fotos oder zukünftige Projekte diskutieren können. Aufgrund dessen kann ich jedem ein Praktikum oder eine Assistenz vor der Bewerbung zum Studium empfehlen.

Daneben gibt es noch die Mappenvorgespräche an den jeweiligen Hochschulen. Auch die kann ich nur empfehlen, da man dort zusätzlich den von den Professoren bevorzugten Stil herausfinden kann. Ob ein Mappenkurs lohnenswert ist, kann ich nicht beurteilen. Ich denke nur, daß sie viel Geld kosten und man sie oft durch andere Kontakte und ein wenig Phantasie sparen kann. Grundsätzlich kann ich für das Erstellen von Fotografien nur den Tipp weitergeben, daß es empfehlenswert ist, sich vorher ein Thema zu suchen, über das man dann eine ganze Serie fotografiert. Einzelbilder werden oft nicht so gerne gesehen (Schnappschuß!), wobei es auch hier natürlich Ausnahmen gibt.

Ansonsten kann ich nur jedem empfehlen, rechtzeitig möglichst viel Informationsmaterial von möglichst vielen Schulen anzufordern (evtl. auch aus dem Ausland), bzw. sich die Schulen vor Ort anzusehen. Für eine gewisse Vorauswahl ist hier das Buch „Fotoschulen in Deutschland" empfehlenswert (www.fotoinfo.de/adressen/studium.htm).

Man sollte sich vor der Bewerbung bewusst sein über die Unterschiede der einzelnen Studiengänge, z.B. ob man Kommunikationsdesign oder Fotodesign studieren will. Des weiteren gibt es auch Unterschiede im Aufbau der einzelnen Schulen. Die Akademie in München ist z.B. dem Schulsystem angegliedert. An einigen Schulen wird außerdem ein Schulgeld festgesetzt. Nicht nur die Schule soll die zukünftigen Schüler aussuchen, sondern man selbst sollte sich auch gezielt eine Schule aussuchen, bei der die Ziele übereinstimmen. Zum Schluss: Nie die Hoffnung aufgeben! Die wenigsten Bewerber werden im ersten Anlauf an einer Schule angenommen. Und rechtzeitig mit der Mappe anfangen! Es dauert grundsätzlich länger, als man eingeplant hat.

NINA STEINACKER, STUDENTIN AN DER UNIVERSITÄT GESAMTHOCHSCHULE WUPPERTAL, KOMMUNIKATIONSDESIGN

Ich male und zeichne seit ich einen Stift halten kann. Auch die seit der Grundschulzeit eher mittelprächtigen Mathe- und später auch Physiknoten waren Beleg dafür, dass meine Talente eher auf künstlerisch-gestalterischem Gebiet zu finden sind. Meine Eltern haben mich diesbezüglich immer unterstützt, ließen mich an Kursen der Jugendkunstgruppen und an Kursen einer bekannten Leverkusener Künstlerin teilnehmen. Nebenbei habe ich auch immer wieder bei Gruppenausstellungen sowie bei Kunst- und Malwettbewerben mitgemacht, meistens sogar mit Erfolg. Da lag es nahe zwecks weiterer Orientierung nach dem Abitur erst einmal am Vorstudium Kunst und Design der Jugendkunstgruppen an der VHS Leverkusen teilzunehmen.

Danach wollte ich mich eigentlich ganz der Kunst verschreiben, konnte aber nicht bei der Kunstakademie in Düsseldorf landen, wurde zwei-mal abgelehnt. Nichtsdestotrotz habe ich im März 2000 ein Wochenendstudium an der Freien Kunstakademie AG in Essen aufgenommen, das ich bis heute mache und wenn irgend möglich auch zum Ende bringen möchte. Sicher waren mir auch die dort gemachten Erfahrungen und Fortschritte von Vorteil, als ich beschloss, mich um einen Studienplatz im Bereich Kommunikationsdesign an der Uni Wuppertal zu bewerben. Denn ein Studium, das leider nur an jedem dritten Wochenende stattfindet sowie die Arbeit in einer Werkstatt für Behinderte, die ich seit Januar 2000 betrieb, waren auf Dauer nicht genug.

Vielleicht sind ja wirklich alle guten Dinge drei, denn zumindest meine Neuorientierung hat sich voll und ganz gelohnt: Ich wurde in Wuppertal angenommen, allerdings nicht mit der gleichen Mappe, mit der ich mich in schon Düsseldorf beworben hatte. Zwar habe ich durchaus einige Arbeiten verwendet, aber im Großen und Ganzen ist diese Mappe doch ziemlich neu zusammengestellt. Sie besteht zum größten Teil aus Bleistiftzeichnungen und ist wegen ihres großen Umfangs von mir um einige Bilder gekürzt worden, was aber dem Gesamteindruck nicht sonderlich geschadet hat.

Erfolgreich ins Designstudium

Das Buch „Mythos Eignungsprüfung"

Jahr für Jahr versuchen zehntausende junger Menschen die Zulassung zu einem Designstudium zu erhalten. Und obwohl die begrenzte Zahl der Plätze dabei für einen hohen Konkurrenzdruck sorgt, wächst das Heer der Aspiranten noch immer weiter an. Nachdem der Band „Mythos Mappe" bereits den ersten Teil des Aufnahmeverfahrens entmystifiziert, indem er mehr als 2.000 Arbeiten aus 50 erfolgreichen Bewerbungsmappen zeigt, widmet sich der Band „Mythos Eignungsprüfung" nunmehr dem zweiten Teil: Das Buch dokumentiert insgesamt 80 Eignungsprüfungen in Wort und/oder Bild. Es zeigt (Haus-) Aufgaben und Lösungen und gibt Hinweise für die richtige Vorbereitung auf die Prüfungssituation. Dazu liefern erneut renommierte Dozenten und Designer wertvollen Input zum Thema, in einem Serviceteil finden sich die Adressen aller Schulen des Landes mit ihrem jeweiligen Studienangebot. Wie schon „Mythos Mappe" leistet auch dieser Band wertvolle Unterstützung auf dem Weg zum ersehnten Studienplatz. Nicht minder unverzichtbar wie Band 1 „Mythos Mappe".

Für die Abbildungen danken wir den Studentinnen und Studenten, die an „Mythos Eignungsprüfung" mitgewirkt haben.

Versandkostenfreie Direktbestellung, Austausch und mehr Input unter: **www.mythos-mappe.de**

„Mythos Eignungsprüfung" ist auch überall im guten Buchhandel erhältlich: (ISBN 3-89861-152-3)

Malen und Zeichnen im Atelier

- Naturzeichnen
- Sachzeichnen
- Freies Zeichnen
- Aquarellmalerei
- Acrylmalerei
- Ölmalerei
- Mappenerarbeitung
- Vorbereitung auf ein Kunst- oder Design-Studium

Auch Wochenendkurse

Atelier Irene Schuh
Brunnenstr. 6
60599 Frankfurt
Tel.: 069 / 65 83 34
www.atelier-irene-schuh.de

FABER-CASTELL AKADEMIE

**Vorbereitungs- und Mappenkurse
Studium Bildende Kunst
Themenseminare
Ausbildungsseminare für das künstlerische und therapeutisch unterstützende Arbeiten mit Kindern**

In über 100 Veranstaltungen (3-Tages-Seminare) bieten wir Ihnen hochwertige Inhalte von erfahrenen Dozenten im außergewöhnlichen Ambiente des Schlosses Faber-Castell.

**Akademie Faber-Castell
Akademieverwaltung
Am Tennenbach 5
D - 91080 Spardorf**
Telefon 0 91 31 - 533 97 00
(Mo - Fr 9.00 - 12.00 Uhr)
Fax 0 91 31 - 533 97 06
e-mail: akademie@faber-castell.de
www.faber-castell.de/akademie

Akademie für Gestaltung

ecosign

ecology
design
cologne

Mauritiussteinweg 116 50676 Köln Germany
T.+49.(0)221.5461332 F.+49.(0)221.2401313
akademie@ecosign.net www.ecosign.net

Neue Kunstakademie Rhein / Ruhr

Mappenvorbereitung

Essen
Solingen

Kupferdreher Str. 196
45257 Essen
Fon 0201 54 56 100
Fax 0201 54 56 102
www.neue-kunstakademie.de

Erfolg und Kompetenz in Medienausbildung.
Seit über vierzig Jahren.

Die Werbe- & Medien-Akademie Marquardt steht seit 1958 für eine qualifizierte Allround-Ausbildung in der Medienbranche. Während eines 6-semestrigen Studiums werden die Studierenden auf die vielfältigen Anforderungen der Medienwelt vorbereitet. Interessante und lukrative Jobs oder der Weg in die Selbständigkeit sind das Ergebnis einer interessanten und abwechslungsreichen Zeit in den BAföG-anerkannten Studiengängen:

> ### Kommunikations- und Mediendesign
Grafik-Design, Kommunikationsdesign, Webdesign, Typografie, Messebau, Werbepsychologie, Kommunikationsplanung, DTP, Multimedia, Film- und Fernsehspot-Produktion, 2D- und 3D-Animation ...

> ### Film- und Fernsehwirtschaft
Produktion, Regie, Film- u. Medienrecht, Drehbuch, Dramaturgie, Schauspielführung, Kamergrundlagen, Editing, Schnitt, BWL für Film, Postproduktion ...

> ### Kommunikations- und Marketingwirtschaft
Marketing, BWL, Marketingkommunikation, Werbepsychologie, Media, Kommunikationsplanung, E-Commerce, Personalführung, Marktforschung, PR ...

Weitere Informationen unter:

Werbe- & Medien-Akademie Marquardt · Bornstr. 241-243 · 44145 Dortmund · **Tel.: 0231-861 008-0** · Fax 0231-861 008-18 · **www.wam.de** · **info@wam.de**

(01)

FACHHOCHSCHULE AACHEN / VISUELLE KOMMUNIKATION

DENIS ALIUSCHIN

Arbeit 1

Arbeit 2

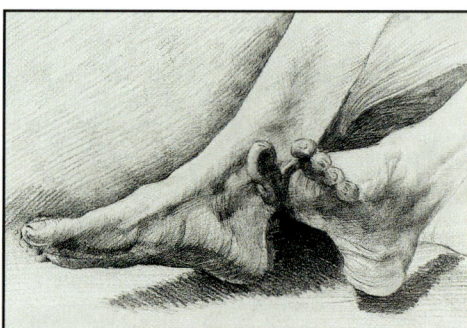

Arbeit 3

Arbeit 4

Arbeit 6

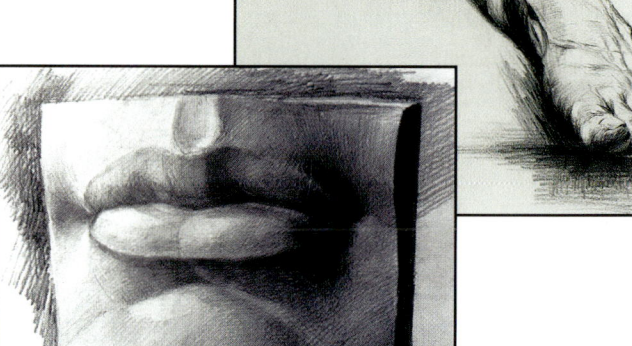

Arbeit 5

Arbeit 7

Arbeit 8

MYTHOS MAPPE / 2003 / SEITE 32

FACHHOCHSCHULE AACHEN / VISUELLE KOMMUNIKATION
DENIS ALIUSCHIN

DENIS ALIUSCHIN
**Fachhochschule Aachen,
Visuelle Kommunikation**

ALTER
21

E-MAIL
lag bei Redaktionsschluss noch nicht vor

ANZAHL DER ARBEITEN
31

HAUSARBEIT
**6 freie Arbeiten zum Thema
„Kettenreaktion"; Zeit 2 Wochen**

AUFNAHMEVERFAHREN
**Präsentation der Mappe;
persönliches Gespräch**

VORBEREITUNG
Kunstunterricht seit Kindesalter (akad. Zeichnungen, Anatomie, Aquarell, Portraits, abstrakte Kunst); Studium Visuelle Kommunikation bereits mit 16 Jahren (Kunstakademie in Tiflis, Georgien); Praktikum bei einer Werbeagentur (3 Monate)

Arbeit 9 + 10

Arbeit 11

Arbeit 12

Arbeit 13 -15

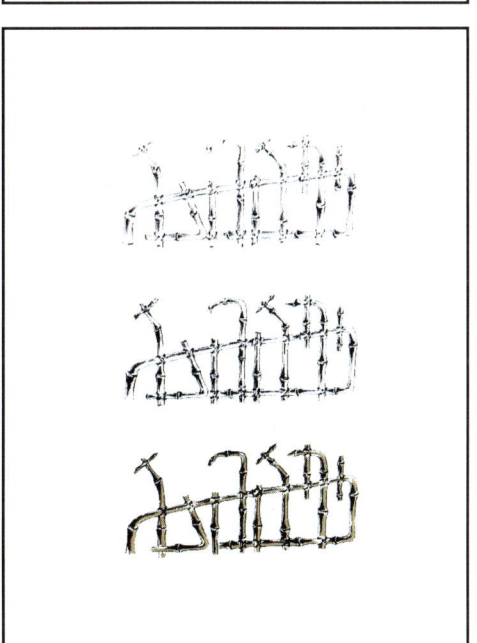

(01)

FACHHOCHSCHULE AACHEN / VISUELLE KOMMUNIKATION
DENIS ALIUSCHIN

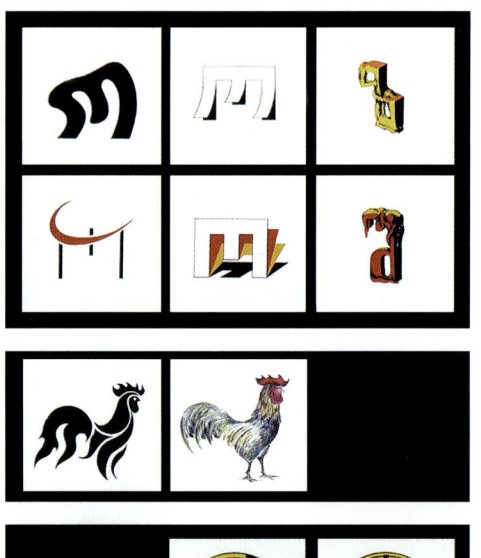

Arbeit 16

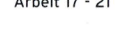
Arbeit 17 - 21

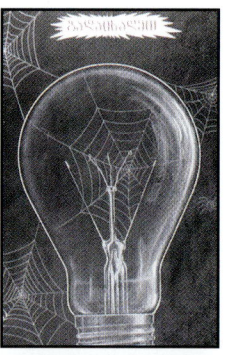

Arbeit 22

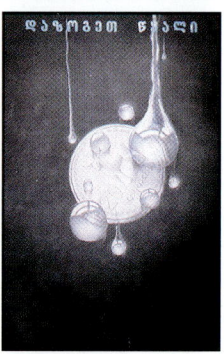

Arbeit 23

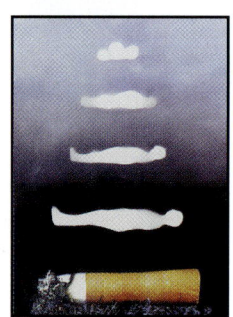

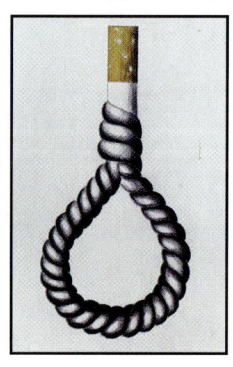

Arbeit 24 + 25

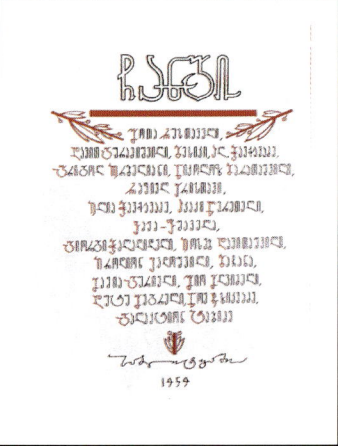

MYTHOS MAPPE / 2003 / SEITE 34

FACHHOCHSCHULE AACHEN / VISUELLE KOMMUNIKATION

DENIS ALIUSCHIN

Arbeit 26 - 31

1 - 7	Bleistift
8	Pastellkreide, Tusche, Aquarell
9 - 10	Bleistift
11	Pastellkreide, Tusche
12 - 13	Tusche
14	Farbbleistift, Tusche
15	Airbrush, Tusche
16	Tusche
17 - 18	Airbrush
19	Tusche
20	Airbrush
21	Bleistift
22	Airbrush, Pastellkreide
23 - 25	Gouache
26 - 32	Aquarell
33	Aquarell, Tusche
34	Aquarell
35	Aquarell, Tusche
36	Aquarell

Arbeit 32 - 36

MYTHOS MAPPE / 2003 / SEITE 35

FACHHOCHSCHULE AACHEN / VISUELLE KOMMUNIKATION

NIKOLOZ ALIUSCHIN

1	Airbrush, Pastellkreide
2	Airbrush, Aquarell, Acryl
3	Airbrush, Pastellkreide, Acryl
4	Airbrush, Aquarell
5	Pastellkreide
6	Aquarell, Acryl
7	Airbrush, Aquarell
8	Airbrush
9	Airbrush, Aquarell
10	Pastellkreide
11	Airbrush
12	Airbrush, Pastellstift, Acryl
13	Pastellkreide

Arbeit 6

Arbeit 1

Arbeit 7

Arbeit 2

Arbeit 8

Arbeit 3

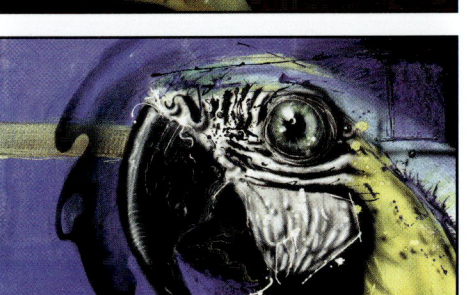

Arbeit 4 + 5

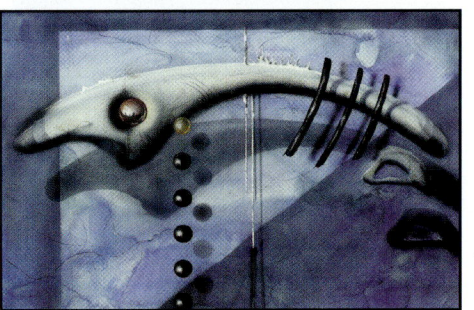

FACHHOCHSCHULE AACHEN / VISUELLE KOMMUNIKATION

NIKOLOZ ALIUSCHIN

(02)

NIKOLOZ ALIUSCHIN
**Fachhochschule Aachen,
Visuelle Kommunikation**

ALTER
22

E-MAIL
lag bei Redaktionsschluss noch nicht vor

ANZAHL DER ARBEITEN
25

HAUSARBEIT
**6 freie Arbeiten zum Thema
„Kettenreaktion"; Zeit 2 Wochen**

AUFNAHMEVERFAHREN
**Präsentation der Mappe;
persönliches Gespräch**

VORBEREITUNG
**Kunstunterricht seit Kindesalter
(akad. Zeichnungen, Anatomie,
Aquarell, Portraits, abstrakte Kunst);
Studium Visuelle Kommunikation bereits
mit 16 Jahren (Kunstakademie in Tiflis,
Georgien); Praktikum bei einer
Werbeagentur (3 Monate)**

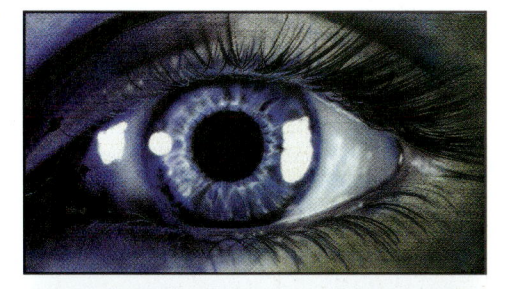

Arbeit 11

Arbeit 12

Arbeit 9

Arbeit 13

Arbeit 10

(02) FACHHOCHSCHULE AACHEN / VISUELLE KOMMUNIKATION
NIKOLOZ ALIUSCHIN

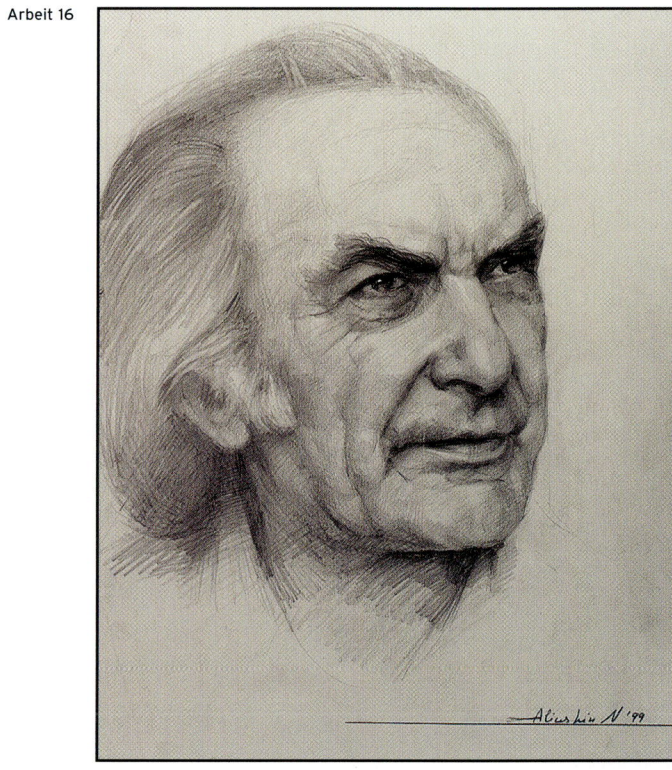

Arbeit 14

Arbeit 15

Arbeit 16

Arbeit 17

14	Airbrush, Aquarell
15	Pastellstift, Airbrush
16	Bleistift
17	Bleistift
18	Airbrush
19	Airbrush
20	Aquarell
21	Tusche
22	Tusche
23	Tusche
24	Tusche
25	Aquarell

FACHHOCHSCHULE AACHEN / VISUELLE KOMMUNIKATION

NIKOLOZ ALIUSCHIN

(02)

Arbeit 21 - 24

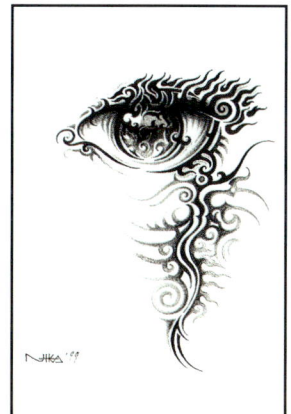

Arbeit 18

Arbeit 19

Arbeit 20

Arbeit 25

MYTHOS MAPPE / 2003 / SEITE 39

(03)

FACHHOCHSCHULE TRIER / MODEDESIGN

BIRSEN CAN

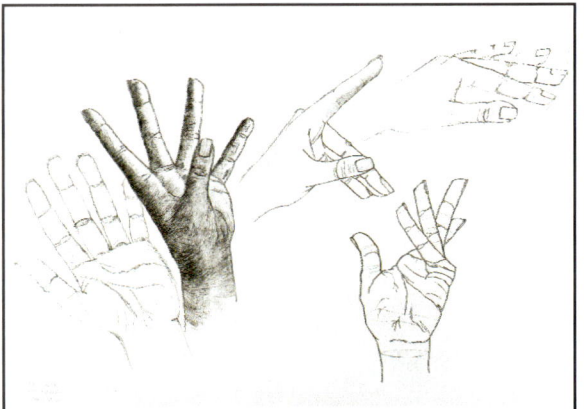

Arbeit 1

Arbeit 2

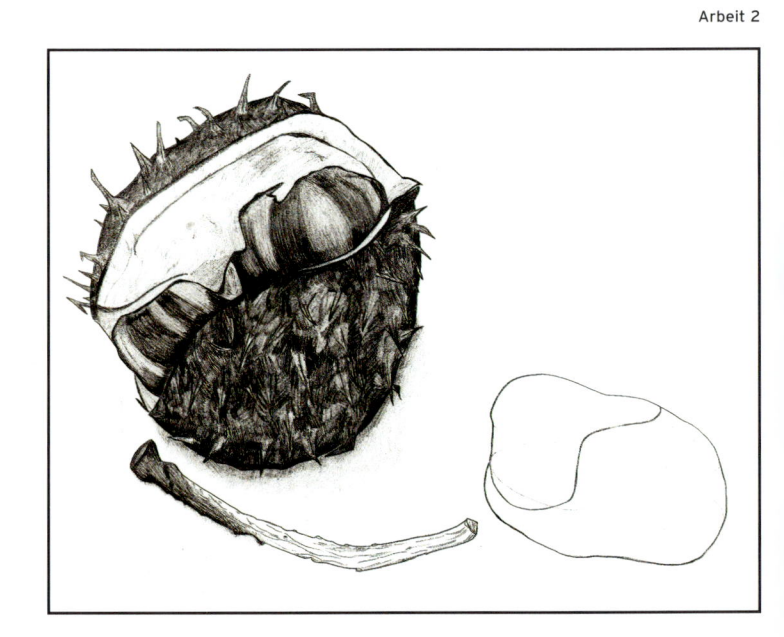

Arbeit 3

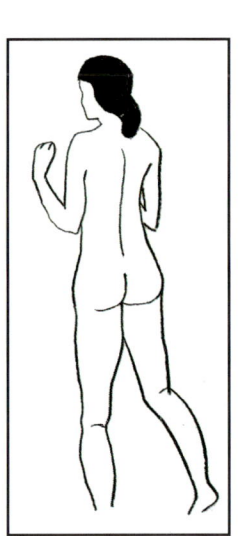

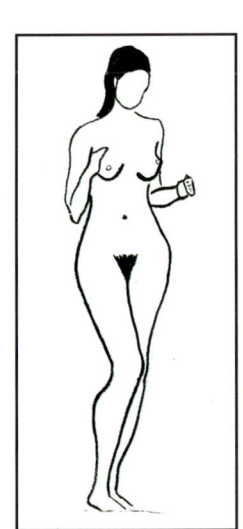

Arbeit 6

Arbeit 4 + 5

FACHHOCHSCHULE TRIER / MODEDESIGN
BIRSEN CAN

(03)

BIRSEN CAN
Fachhochschule Trier, Modedesign

ALTER
25

E-MAIL
bcan2001@web.de

ANZAHL DER ARBEITEN
18

HAUSARBEIT
keine

AUFNAHMEVERFAHREN
Eignungsprüfung mit diversen Aufgabenstellungen, z.B. Modezeichnungen zum Thema Schuhe, Objektzeichnungen, Collagen zum Thema Chaos und Ordnung, Nähen von Hand, Frage-Antwort-Test zu Mode und Textilien

VORBEREITUNG
Tätigkeit als Assistentin für Textil-/ Modedesign sowie Modeberaterin; Praktika im Textileinzelhandel, in Schneiderei sowie in der Textilindustrie; Arbeit an der Mappe ca. 1 Monat)

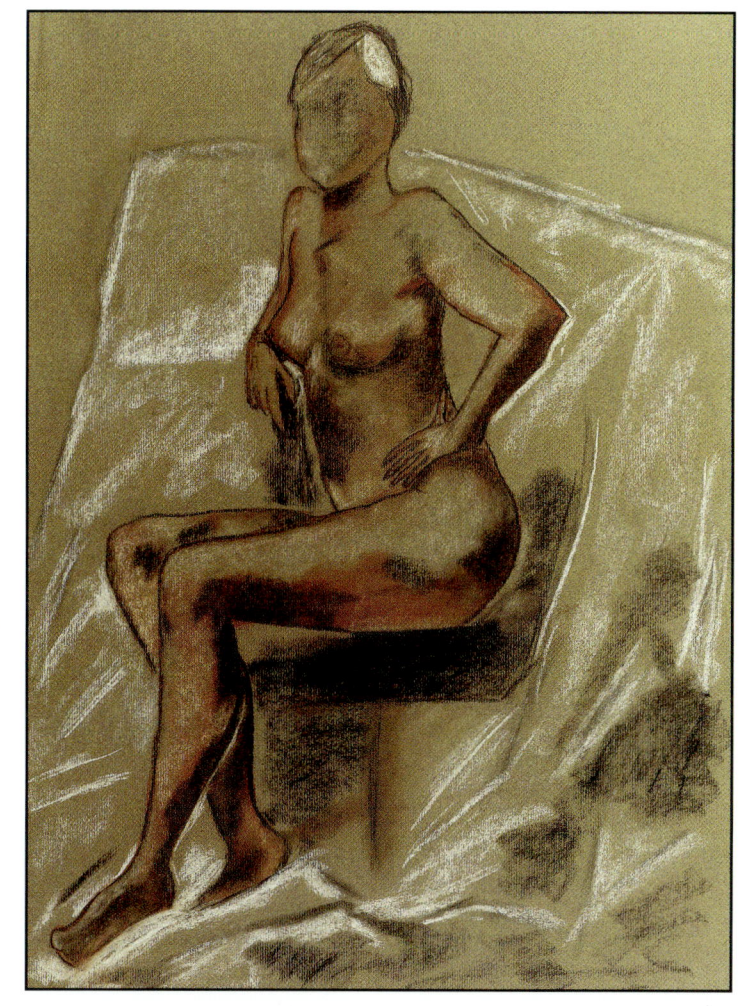

Arbeit 7

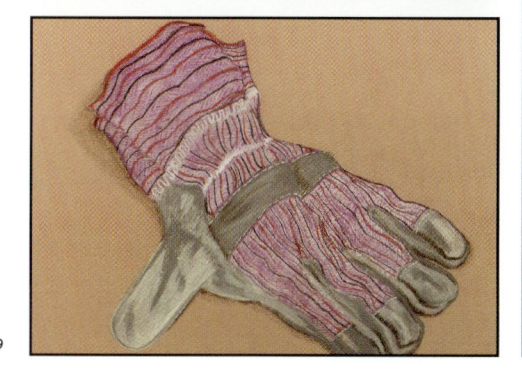

Arbeit 8

Arbeit 10

Arbeit 9

(03)

FACHHOCHSCHULE TRIER / MODEDESIGN
BIRSEN CAN

Arbeit 11

Arbeit 12

Arbeit 13

1 - 3	Bleistift
4 + 5	Kohlestift und Pinsel, verwischt
6	Kohlestift
7 - 11	Pastellkreide, Mischtechnik
12 + 13	Tempera, aus Grundfarben gemischt
14	Holzstifte, Rastermethode
15 - 18	Aquarell

FACHHOCHSCHULE TRIER / MODEDESIGN

BIRSEN CAN

(03)

Arbeit 14

Arbeit 15

Arbeit 16

Arbeit 17

Arbeit 18

MYTHOS MAPPE / 2003 / SEITE 43

(04) FACHHOCHSCHULE DORTMUND / FOTODESIGN
OLIVER DÖBLER

Arbeit 1

Arbeit 2

MYTHOS MAPPE / 2003 / SEITE 44

FACHHOCHSCHULE DORTMUND / FOTODESIGN
OLIVER DÖBLER

(04)

OLIVER DÖBLER
**Fachhochschule Dortmund,
Fotodesign**

ALTER
27

E-MAIL
oliverdoebler@aol.com

ANZAHL DER ARBEITEN
36

HAUSARBEIT
Arbeiten zu den Themen „Beschreibung des persönlichen Umfeldes" sowie „Verwandlung"; Anzahl der Arbeiten war nicht vorgeschrieben

AUFNAHMEVERFAHREN
Präsentation von Mappe und Hausarbeit; persönliches Gespräch

VORBEREITUNG
Grundpraktikum, danach intensivere konzeptionelle Planung und Realisation der Mappe; viele Konzepte entworfen, vorhandene weiterentwickelt, die meisten nach ersten Studien überarbeitet und einige komplett verworfen, was zur Reduktion auf das Wesentliche führte.

Arbeit 3

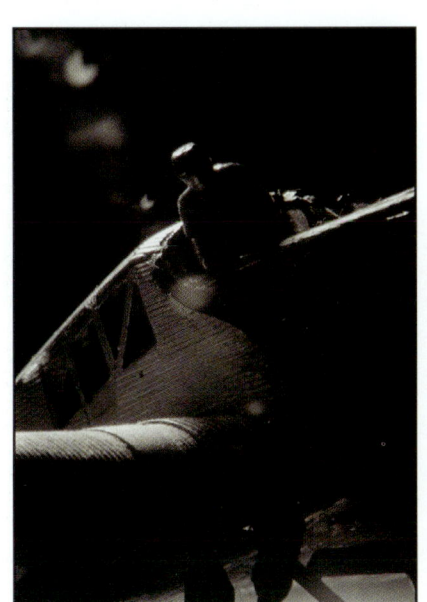

Arbeit 4

(04)

FACHHOCHSCHULE DORTMUND / FOTODESIGN

OLIVER DÖBLER

1 Beschreibung des persönlichen Umfeldes
2 Verwandlung
3 Melancholie
4 Faszination Fliegen
5 Treppenhäuser
6 Lichtwirkung am Westbahnhof
7 Gespiegelt
8 Stall

Arbeit 5

Arbeit 6

FACHHOCHSCHULE DORTMUND / FOTODESIGN

OLIVER DÖBLER

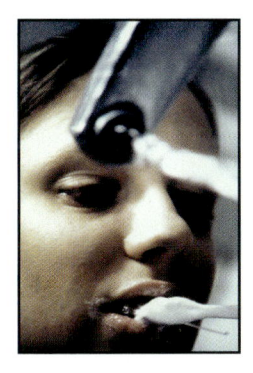

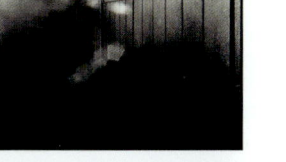

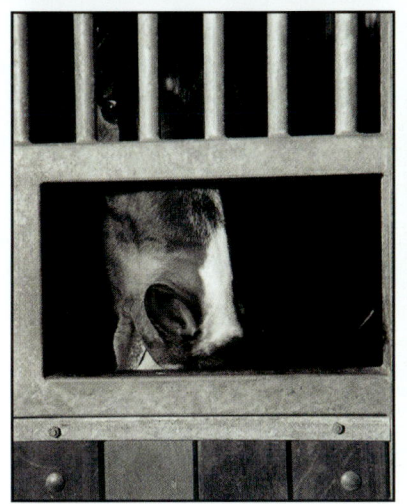

(04)

Arbeit 7

Arbeit 8

MYTHOS MAPPE / 2003 / SEITE 47

(05)

FACHHOCHSCHULE PFORZHEIM / VISUELLE KOMMUNIKATION
JULIA DOLD

Arbeit 1

Arbeit 2

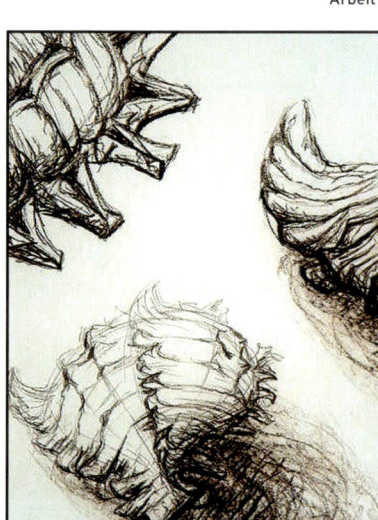

Arbeit 3

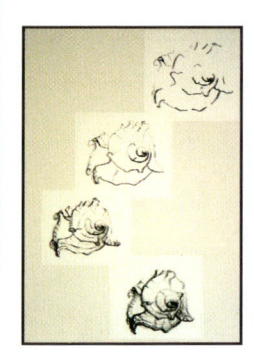

Arbeit 4

FACHHOCHSCHULE PFORZHEIM / VISUELLE KOMMUNIKATION
JULIA DOLD

(05)

JULIA DOLD
**Fachhochschule Pforzheim,
Visuelle Kommunikation**

ALTER
23

E-MAIL
juliadold@web.de

ANZAHL DER ARBEITEN
10 (z.T. mit Teilaufgaben)

HAUSARBEIT
keine

AUFNAHMEVERFAHREN
Eintägige Prüfung; vormittags zeichnerische Aufgabe; nachmittags Entwurfsaufgabe; abends Bekanntgabe der Ergebnisse

VORBEREITUNG
Ausbildung zur Bankkauffrau; Besuch der FOS Gestaltung; Praktika in Agenturen und Druckerei; Zeichenkurse privat und in der VHS; Besichtigung mehrerer FH's; viele Gespräche mit Studenten und Professoren; Besuch der Ausstellungen von Diplomarbeiten; Besuch von Mappenberatungen; sehr viel geübt

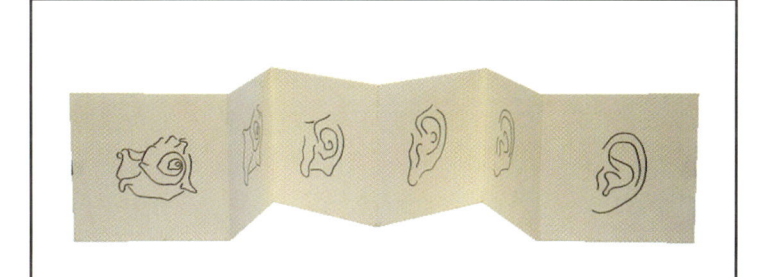

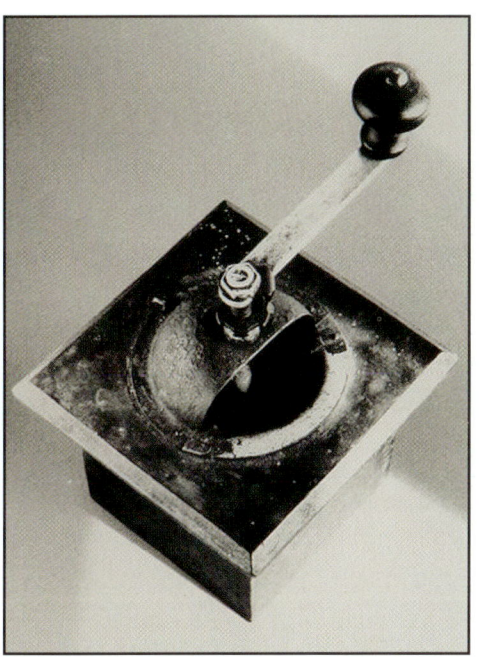

Arbeit 5

Arbeit 6

(05) FACHHOCHSCHULE PFORZHEIM / VISUELLE KOMMUNIKATION

JULIA DOLD

Arbeit 7

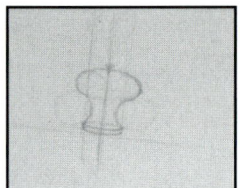

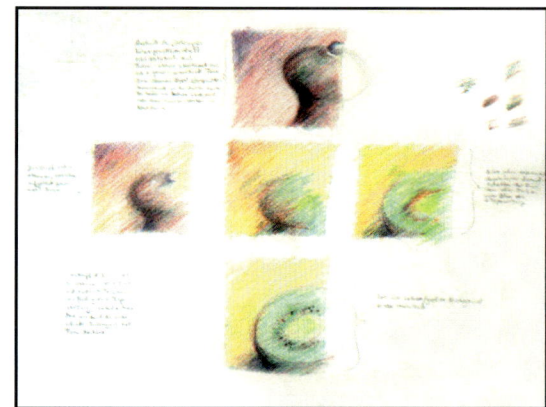

Arbeit 8

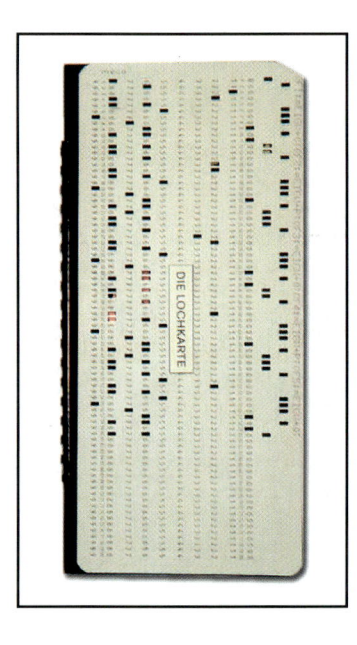

MYTHOS MAPPE / 2003 / SEITE 50

FACHHOCHSCHULE PFORZHEIM / VISUELLE KOMMUNIKATION
JULIA DOLD

(05)

1	Kohle
2	Bleistift
3	Braunkohle
4	Buntstift
5	Filzstift
6	Fotografien
7	Bleistift
8	Buntstift
9	Gefilterter Kaffee, Kaffesatz
10	Manipulierte Lochkarten

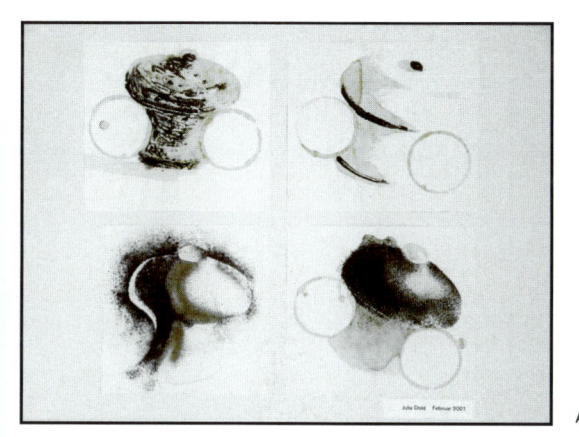

Arbeit 9

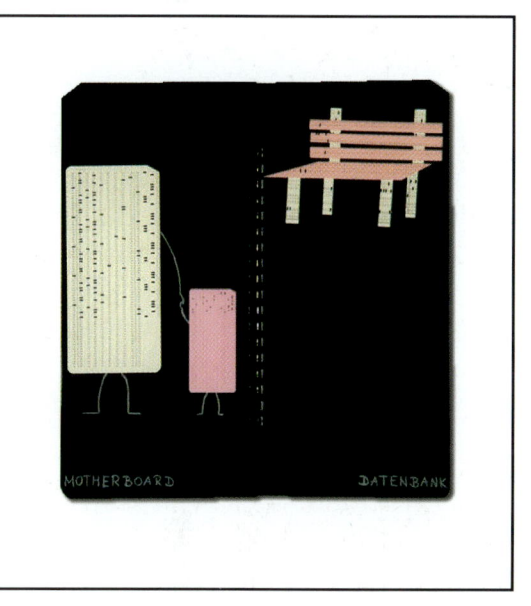

Arbeit 10

(06)

FACHHOCHSCHULE DORTMUND / GRAFIKDESIGN

MICHAEL DOLIV

Arbeit 1

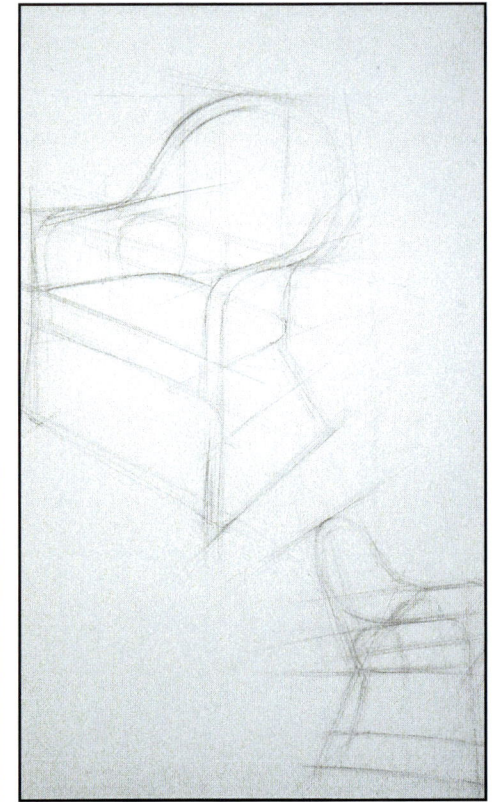

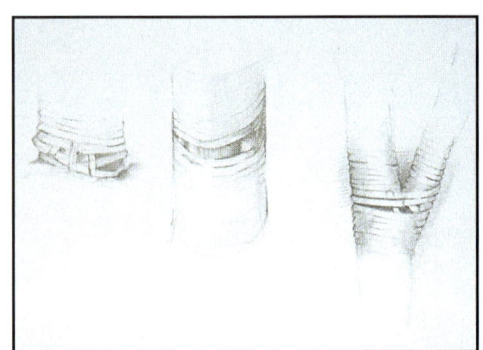

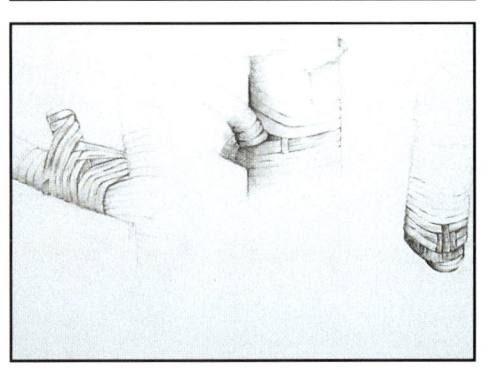

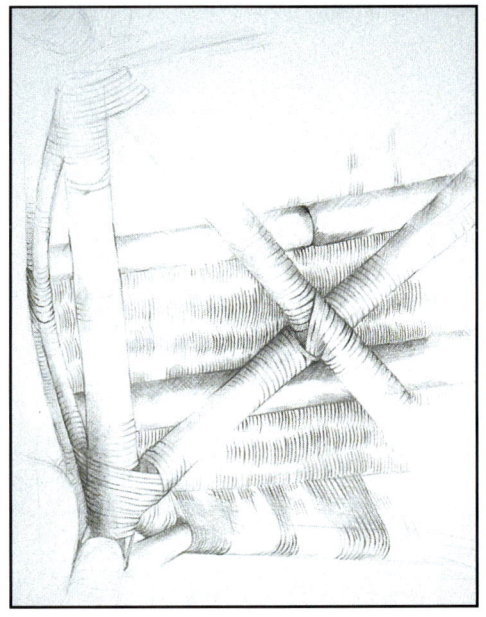

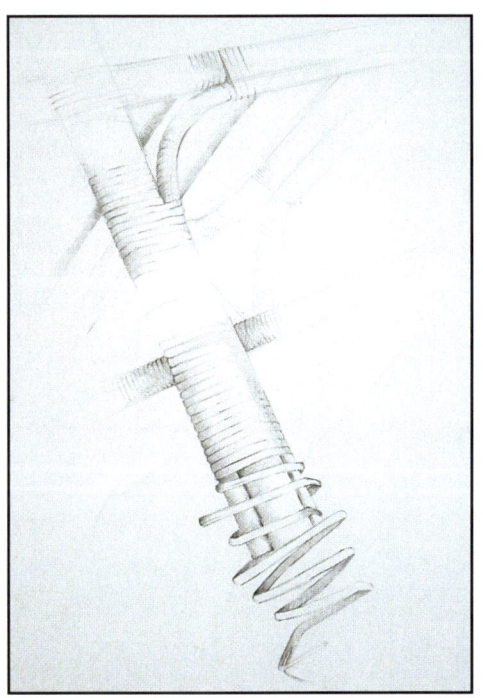

FACHHOCHSCHULE DORTMUND / GRAFIKDESIGN

MICHAEL DOLIV

(06)

MICHAEL DOLIV
Fachhochschule Dortmund, Grafikdesign

ALTER
25

E-MAIL
x-mic@web.de

ANZAHL DER ARBEITEN
41

HAUSARBEIT
Zeichnerische Darstellung einer Situation; Anfertigung eines Papierfliegers; Plakatentwurf; Zeit ca. 4 Wochen

AUFNAHMEVERFAHREN
Nein

VORBEREITUNG
Viel gezeichnet und fotografiert; intensive Gespräche mit Studenten

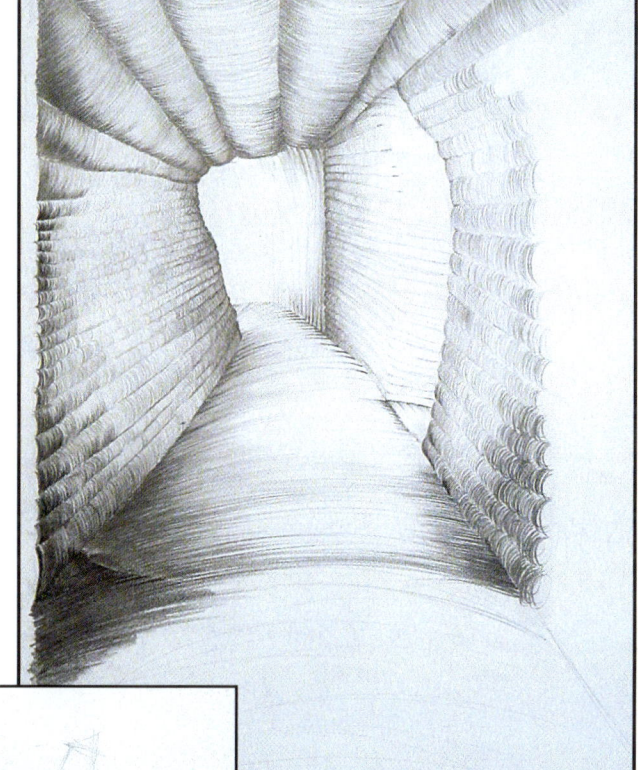

Arbeit 2

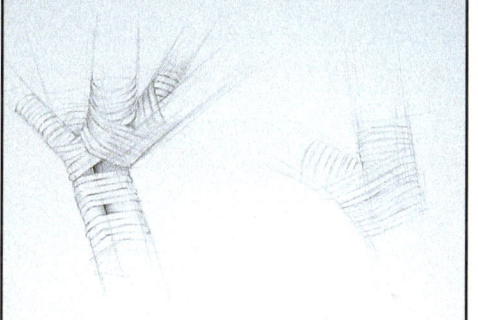

Arbeit 1 (Forts.)

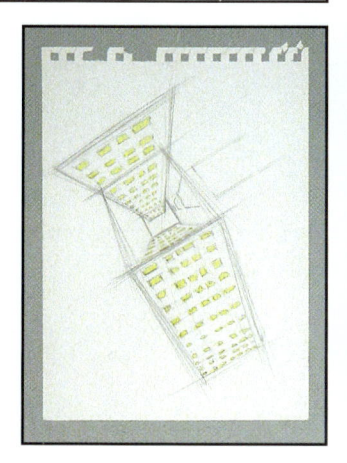

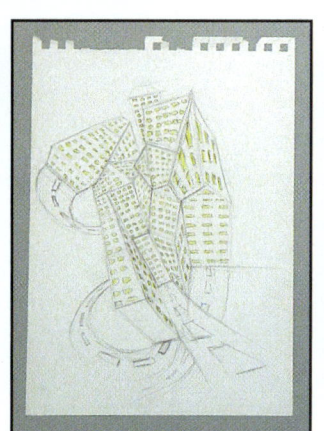

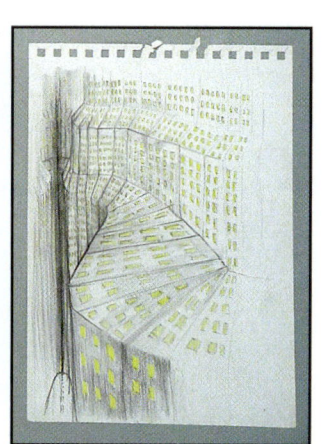

Arbeit 3

(06)

FACHHOCHSCHULE DORTMUND / GRAFIKDESIGN

MICHAEL DOLIV

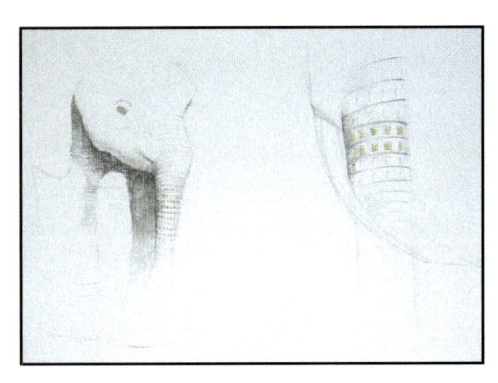

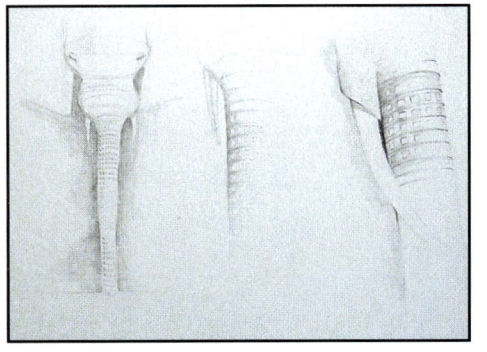

Arbeit 4

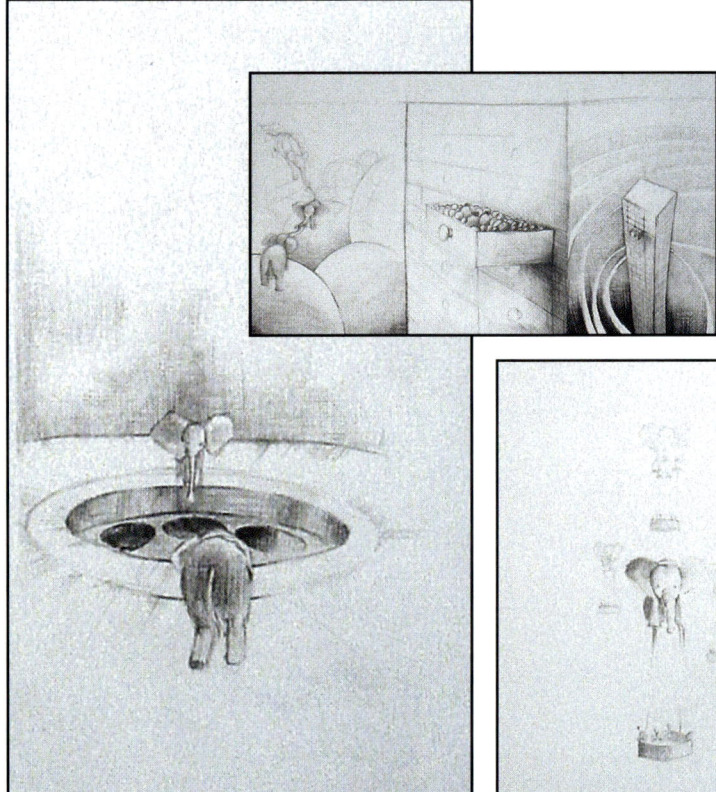

1	Bleistift
2	Bleistift
3	Buntstift
4	Bleistift
5	Bleistift
6	Fotografien
7	Kugelschreiber
8	Aquarell
9	Bleistift

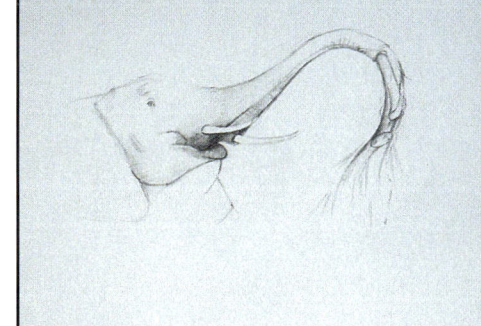

Arbeit 5

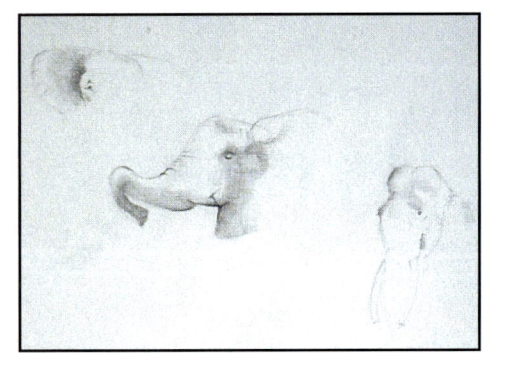

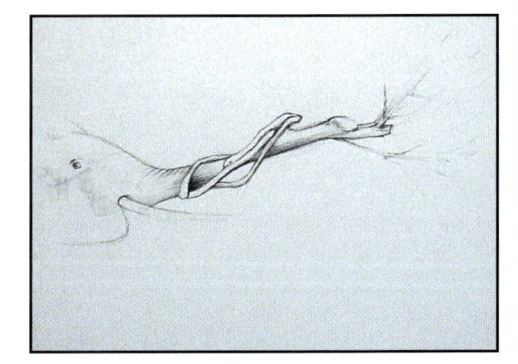

FACHHOCHSCHULE DORTMUND / GRAFIKDESIGN

MICHAEL DOLIV

(06)

Arbeit 6

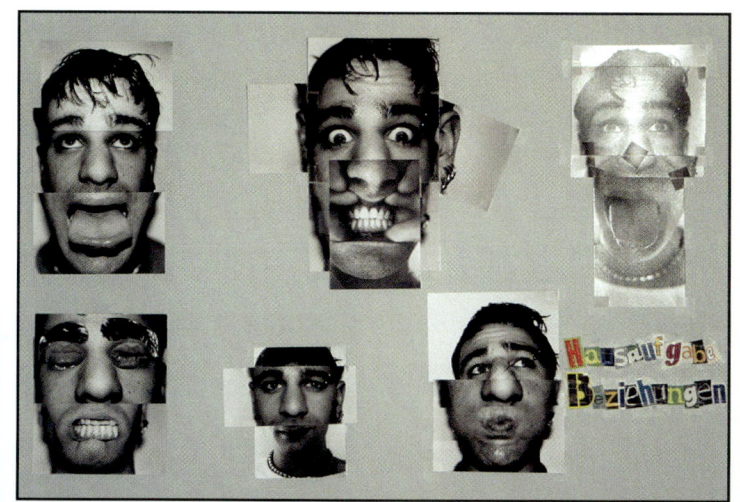

Arbeit 7

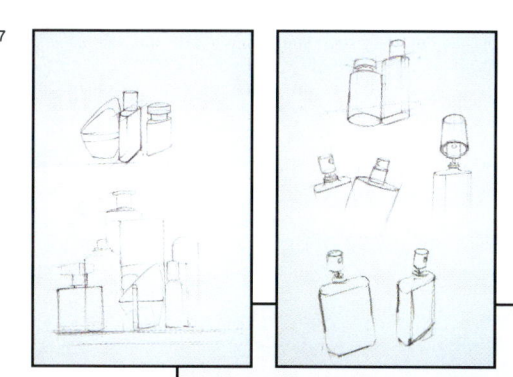

Arbeit 8

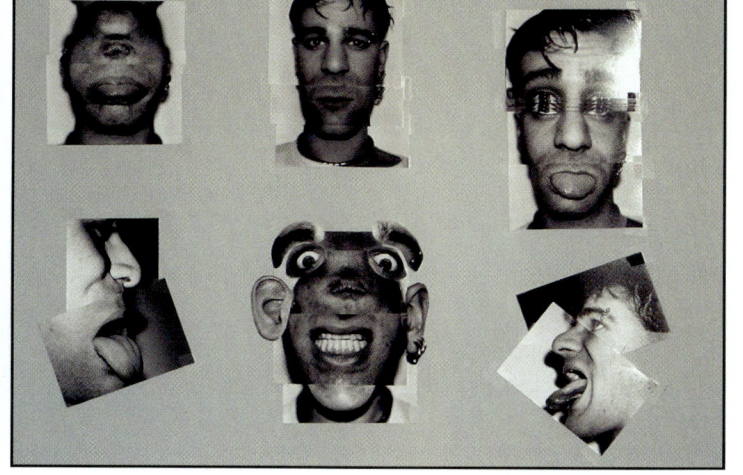

Arbeit 9

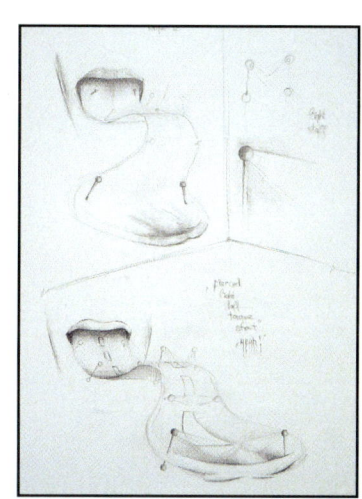

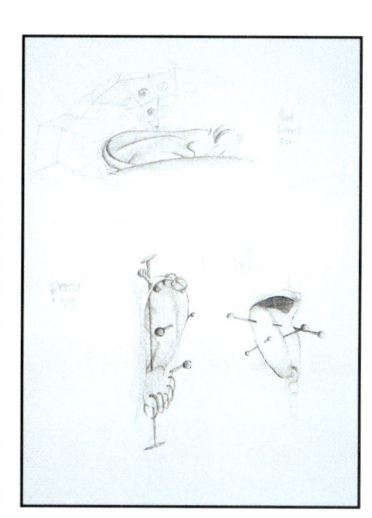

MYTHOS MAPPE / 2003 / SEITE 55

(07)

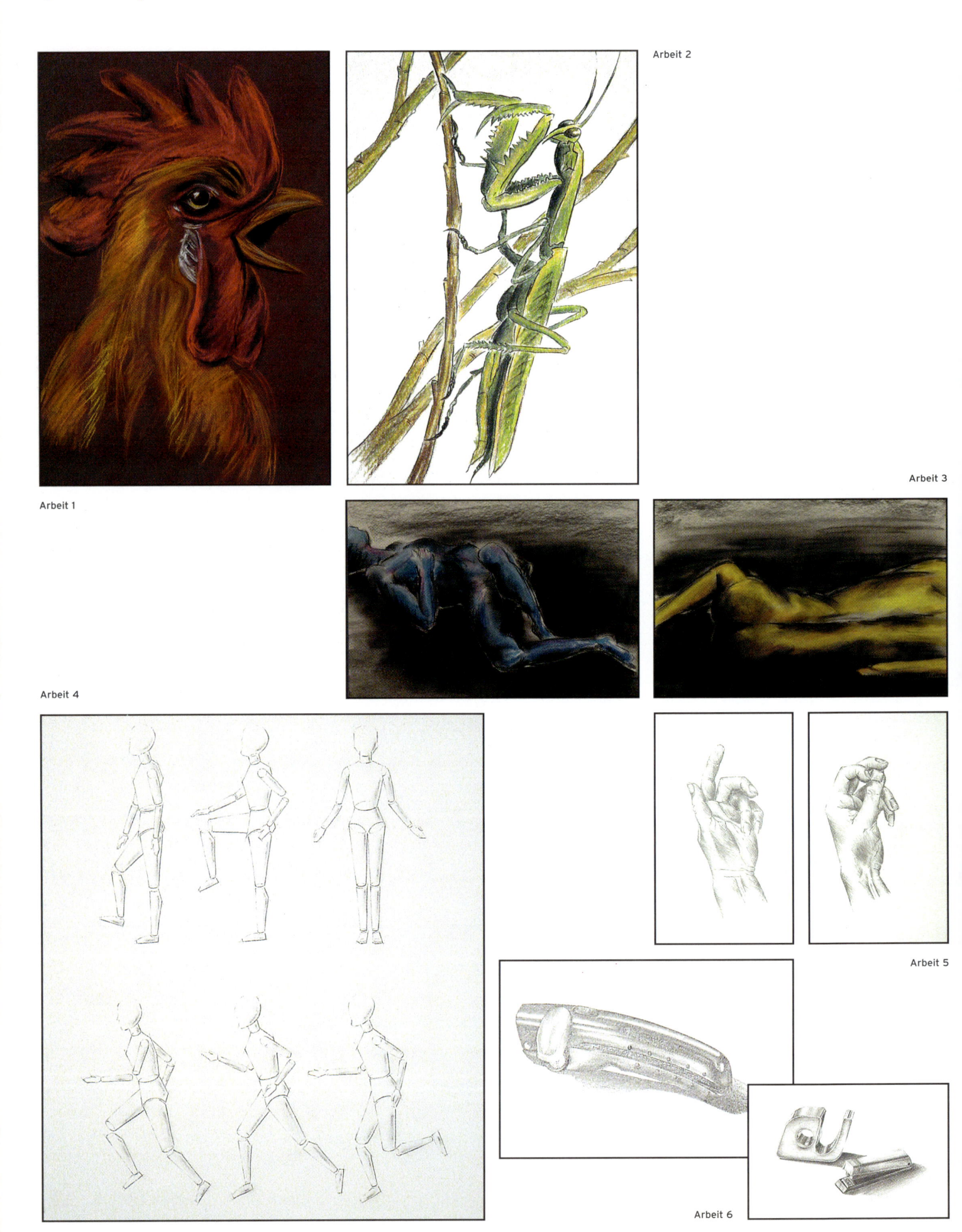

UNIVERSITÄT GESAMTHOCHSCHULE ESSEN / INDUSTRIEDESIGN

SINA FALKNER

Arbeit 1

Arbeit 2

Arbeit 3

Arbeit 4

Arbeit 5

Arbeit 6

UNIVERSITÄT GESAMTHOCHSCHULE ESSEN / INDUSTRIEDESIGN

SINA FALKNER

(07)

SINA FALKNER
Universität Gesamthochschule Essen, Industriedesign

ALTER
24

E-MAIL
redkitty@web.de

ANZAHL DER ARBEITEN
26

HAUSARBEIT
keine

AUFNAHMEVERFAHREN
Dreitägige Prüfung (Umgang mit Farben, Formen und Flächen; Entwurfsaufgabe; Intelligenztests)

VORBEREITUNG
Ausbildung zur Goldschmiedin; Arbeit an der Mappe ca. 6 Wochen, täglich 10-12 Stunden; vor der Prüfung viele Gespräche mit Studenten

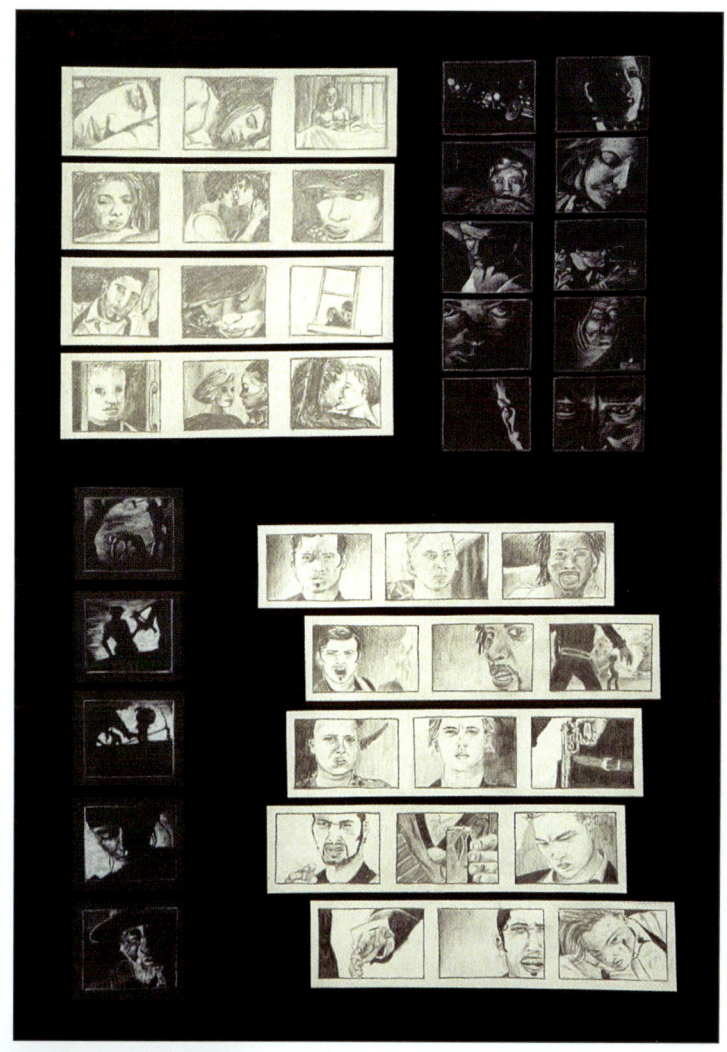

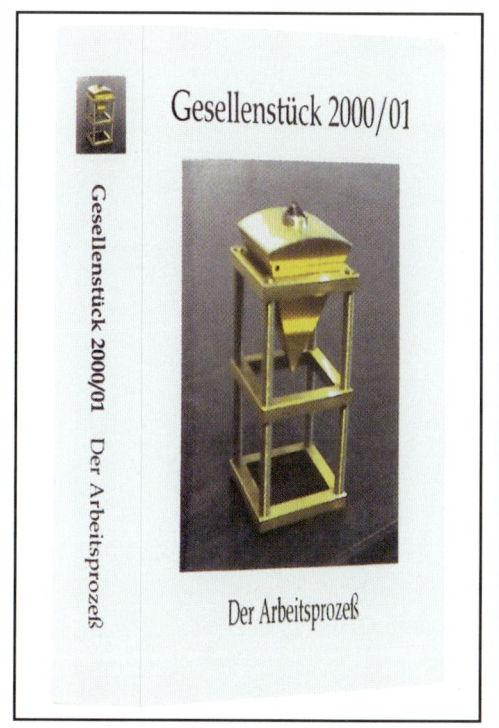

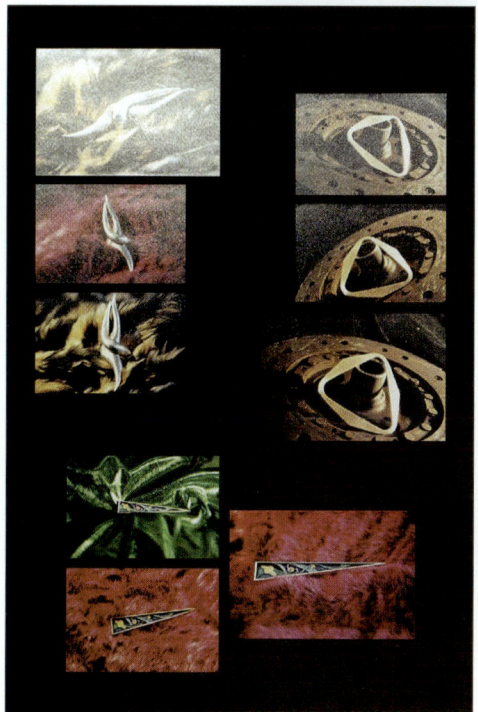

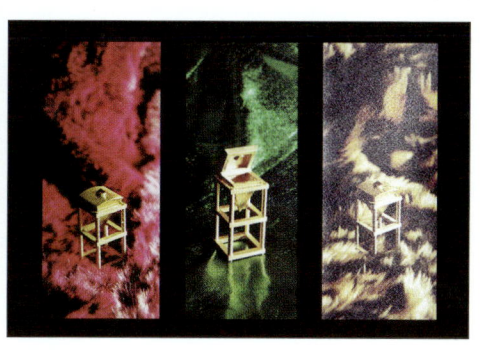

Arbeit 7

Arbeit 10

Arbeit 8

Arbeit 9

(07)

UNIVERSITÄT GESAMTHOCHSCHULE ESSEN / INDUSTRIEDESIGN

SINA FALKNER

Arbeit 11 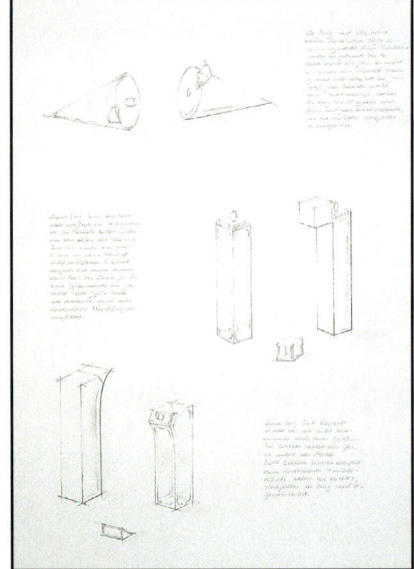　　　　　　　　　　Arbeit 12 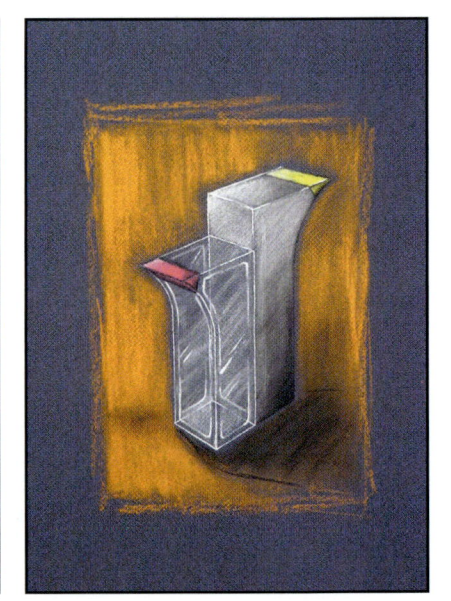　　　　　　　　　　Arbeit 13

1	Pastellkreide
2	Tusche, Ölpastellkreide
3	Kohle, Pastellkreide
4	Kohle, Bleistift
5 - 7	Bleistift
8	Video
9 + 10	Fotografien
11	Bleistift, Marker
12	Bleistift, Kohle
13	Pastellkreide
14 + 15	Marker
16	Marker, Buntstift

Arbeit 14 - 17

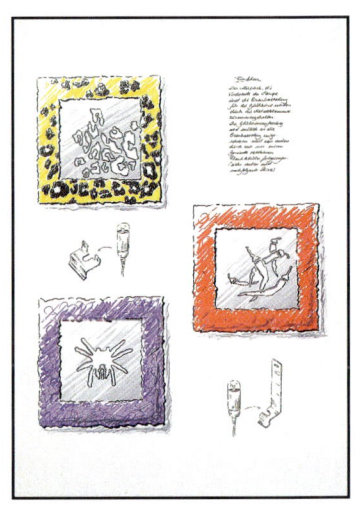

Arbeit 18 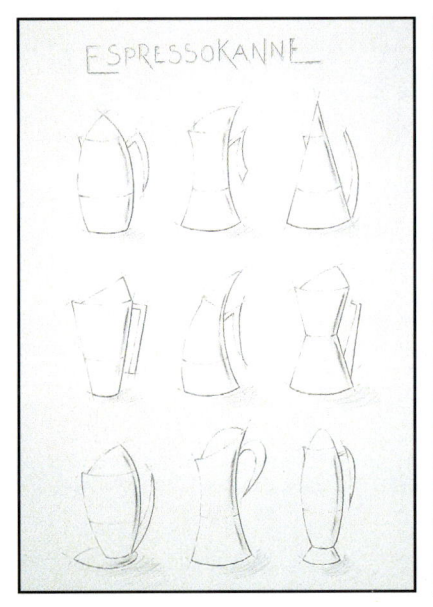　　　　　　　　　　Arbeit 19 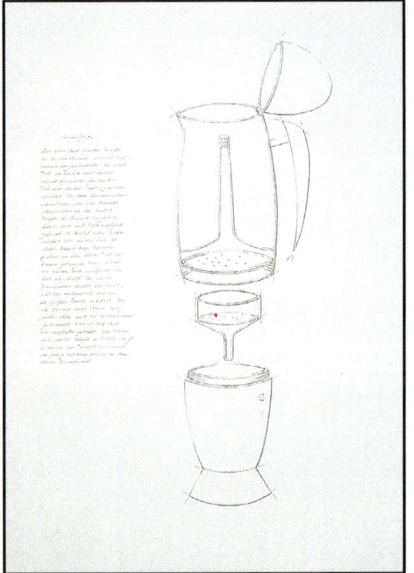　　　　　　　　　　Arbeit 20

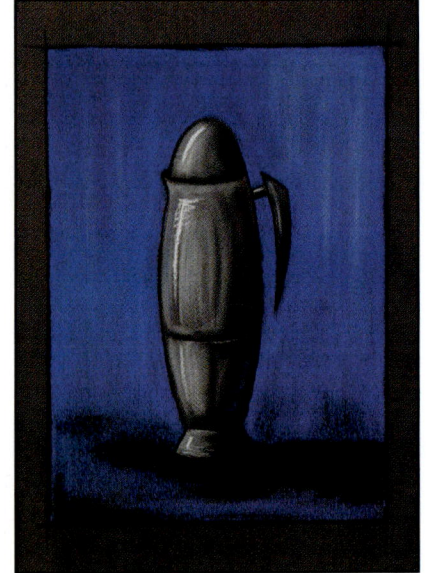

MYTHOS MAPPE / 2003 / SEITE 58

UNIVERSITÄT GESAMTHOCHSCHULE ESSEN / INDUSTRIEDESIGN

SINA FALKNER

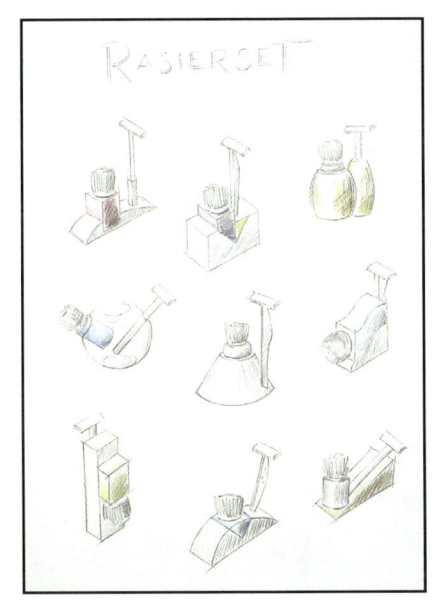

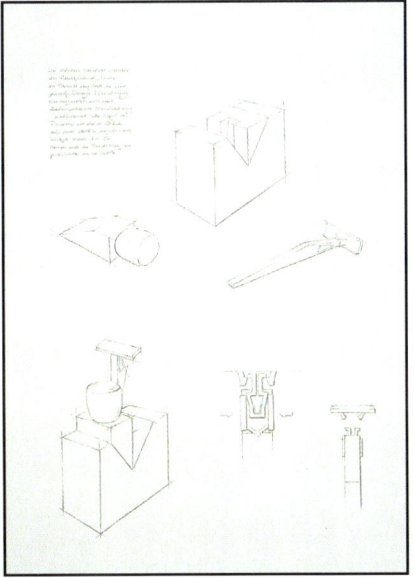

(07)

Arbeit 21

Arbeit 22

Arbeit 23

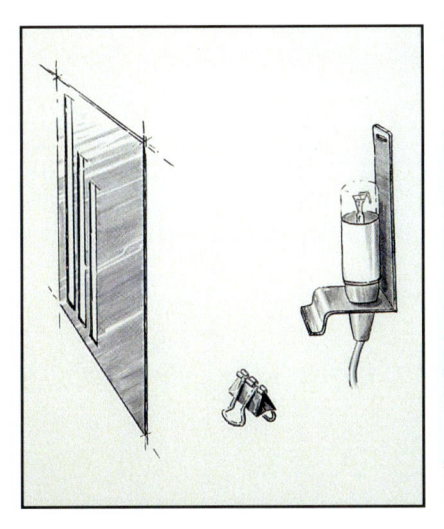

17	Fotografie
18	Kohle, Bleistift
19	Bleistift
20	Pastellkreide
21	Bleistift, Buntstift
22	Bleistift
23	Marker, Buntstift, Aquarell
24	Kohle, Bleistift
25	Bleistift
26	Marker, Buntstift, Aquarell

Arbeit 24

Arbeit 25

Arbeit 26

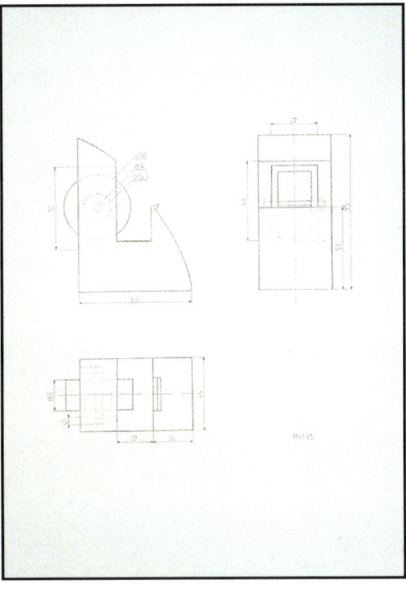

MYTHOS MAPPE / 2003 / SEITE 59

(08)

FACHHOCHSCHULE REUTLINGEN / TEXTILDESIGN

ANNE FELDTKELLER

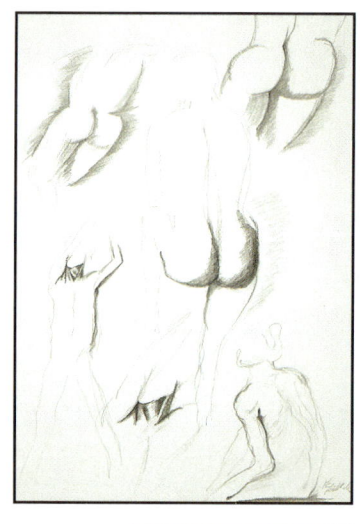

Arbeit 1

Arbeit 2

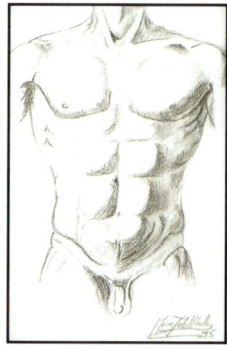

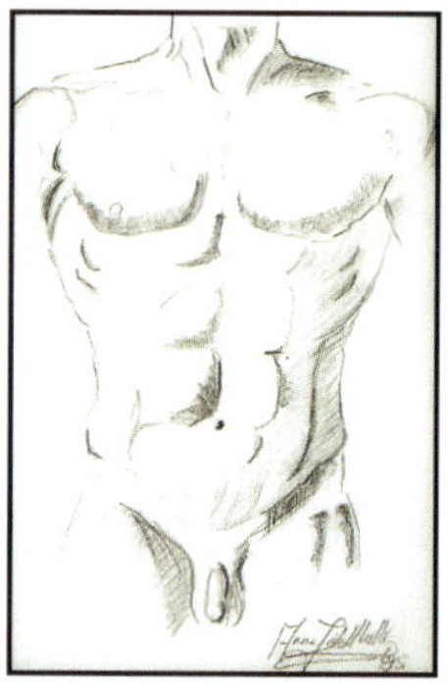

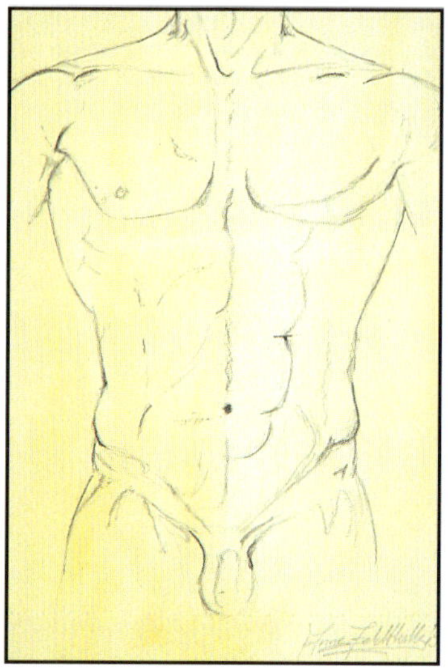

Arbeit 3

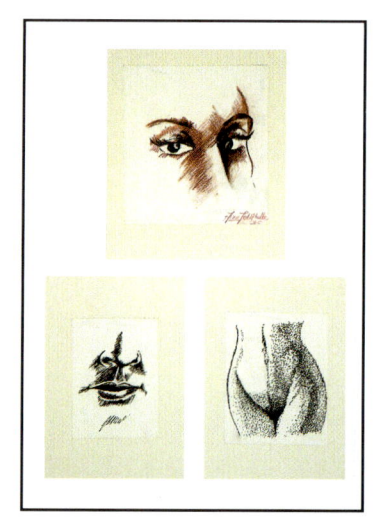

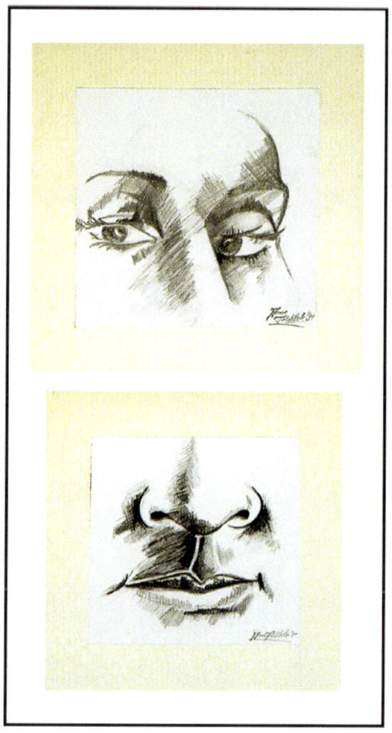

Arbeit 6

Arbeit 4

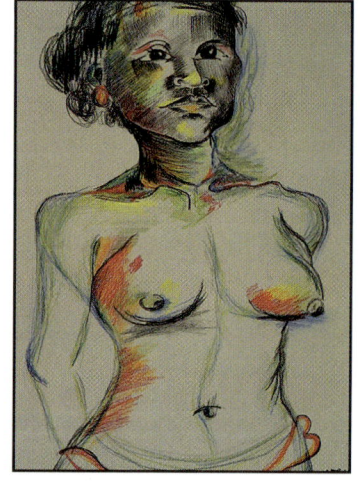

Arbeit 5

Arbeit 7

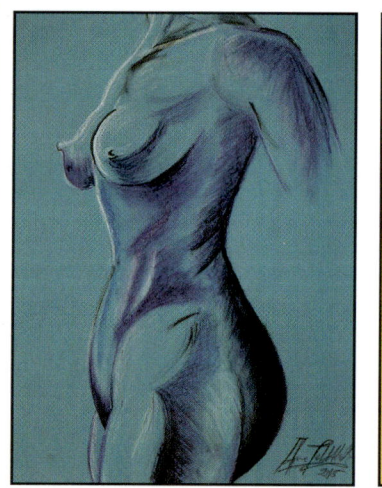

Arbeit 8

FACHHOCHSCHULE REUTLINGEN / TEXTILDESIGN
ANNE FELDTKELLER

ANNE FELDTKELLER
Fachhochschule Reutlingen, Textildesign

ALTER
26

E-MAIL
anne.feldtkeller@student.fh-reutlingen.de

ANZAHL DER ARBEITEN
36

HAUSARBEIT
keine

AUFNAHMEVERFAHREN
Eignungstest zur Überprüfung von Vorstellungsvermögen und Gestaltungstalent nach vorgegebener Zeit

VORBEREITUNG
Ausbildung im Bereich Schmuckdesign; Praktikum in der Textilindustrie; Teilnahme an Studien- und Mappenberatungsterminen; Arbeit an der Mappe über viele Monate

Arbeit 9

Arbeit 10

Arbeit 11

Arbeit 12

Arbeit 13

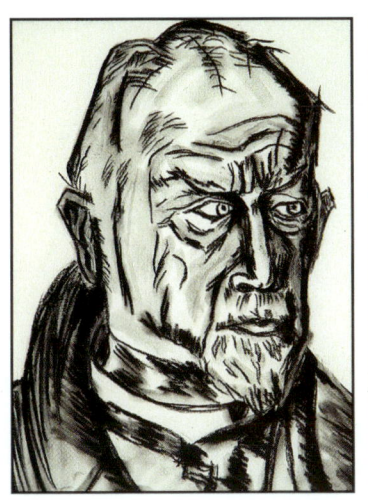

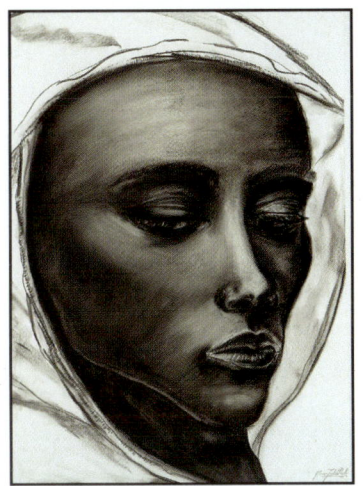

Arbeit 14

1 – 3	Bleistift
4	Farbstift, Tusche, Pointillismustechnik
5	Tusche
6	Holzfarbstift
7	Jaxonkreide
8	Kreide, Wischtechnik, Bleistift
9 – 11	Bleistift
12	Bleistift, Tusche
13 + 14	Kreide

(08)

FACHHOCHSCHULE REUTLINGEN / TEXTILDESIGN

ANNE FELDTKELLER

Arbeit 15 + 16

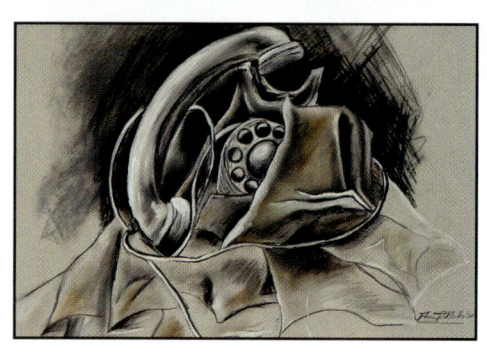

Arbeit 17

Arbeit 18

15	Kreide, Falten-, Wischtechnik	
16	Kreide, Farbstift	
17	Kreide, Falten- und Wischtechnik	
18	Aquarell	
19 + 20	Aquarell, Tusche	
21 - 23	Fotografien	
24	Aquarell	
25	Aquarell, Collage	
26	Aquarell, Tusche, Bleistift, Buntstift	
27	Tusche, Pointillismus- und Abklatschtechnik	
28	Reißtechnik, Buntstift	
29	Aquarell	
30	Aquarell	
31	Tusche, Pointillismus- und Abklatschtechnik	
32	Schnitt- und Reißtechnik, Temperafarbe	
33	Schnitt- und Reißtechnik, Temperafarbe, Druck	
34	Bleistift, Collage	
35	Bleistift	

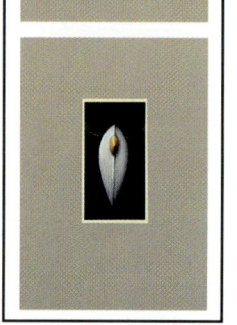

Arbeit 19

Arbeit 20

Arbeit 21

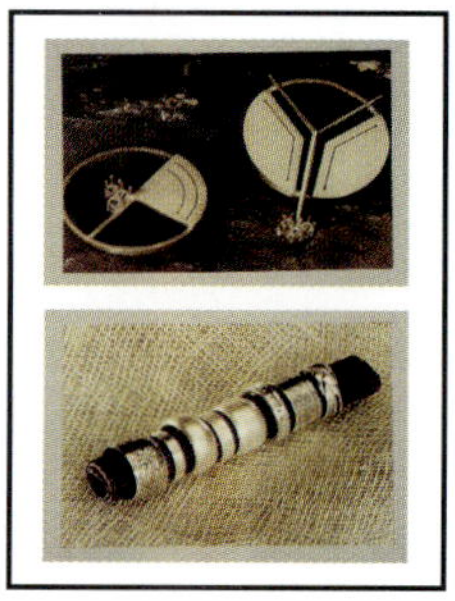

Arbeit 22

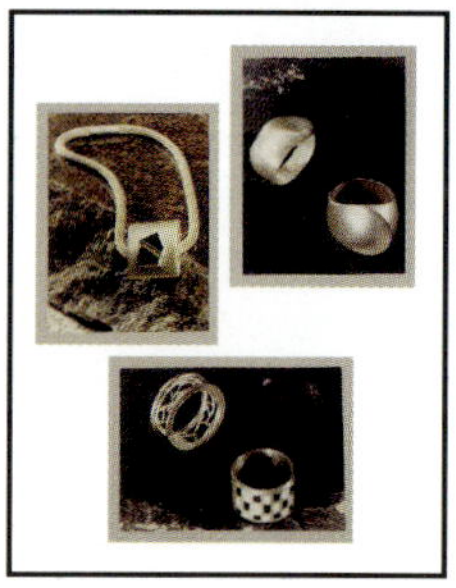

Arbeit 23

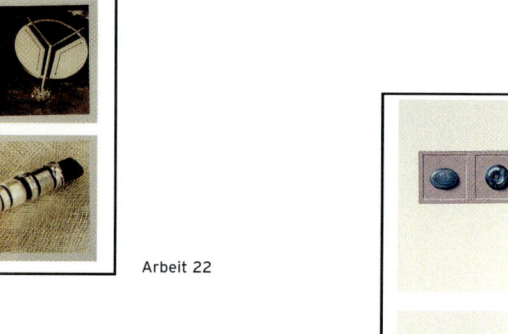

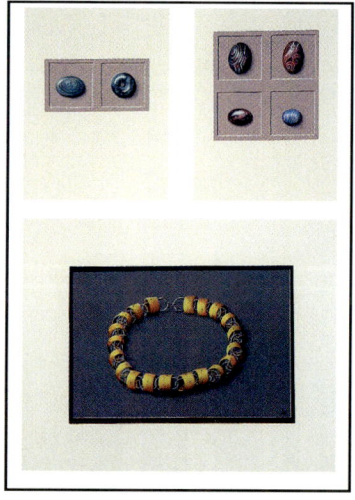

Arbeit 24    Arbeit 25

MYTHOS MAPPE / 2003 / SEITE 62

FACHHOCHSCHULE REUTLINGEN / TEXTILDESIGN
ANNE FELDTKELLER

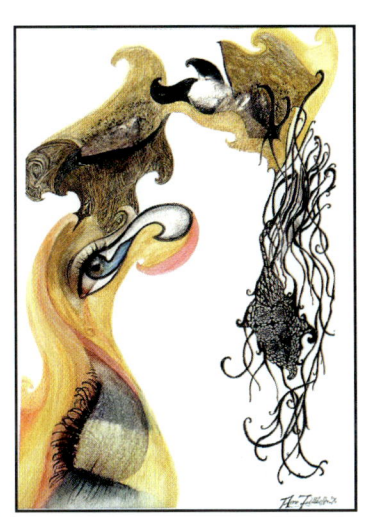

(08)

Arbeit 26

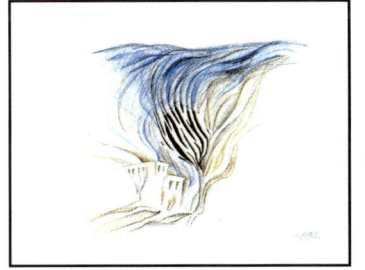

Arbeit 27

Arbeit 28 + 29

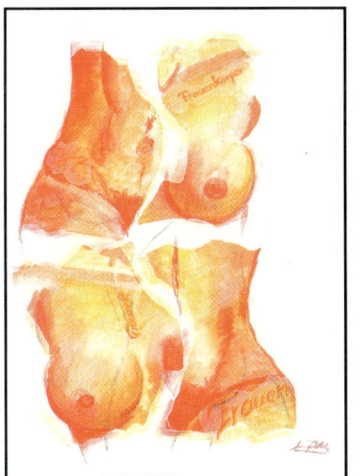

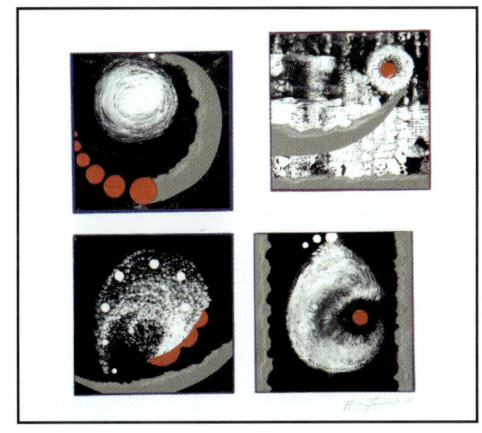

Arbeit 32   Arbeit 33

Arbeit 30   Arbeit 31

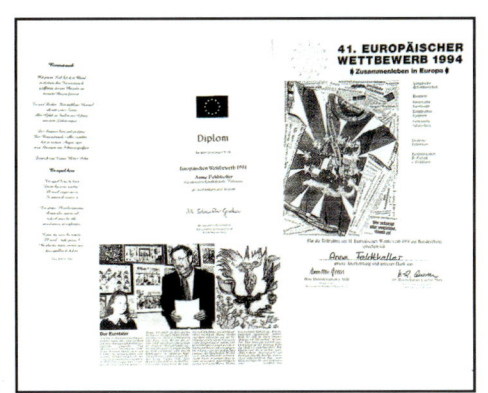

Arbeit 34   Arbeit 35

MYTHOS MAPPE / 2003 / SEITE 63

(09)

KUNSTHOCHSCHULE BERLIN / TEXTIL- UND FLÄCHENDESIGN

HANNAH FELLEHNER

Arbeit 1

Arbeit 2

Arbeit 3

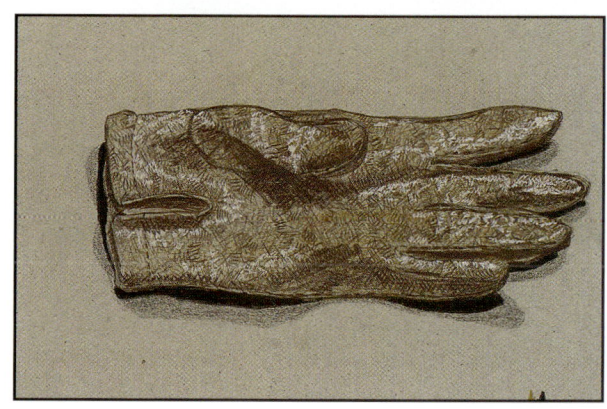

Arbeit 4

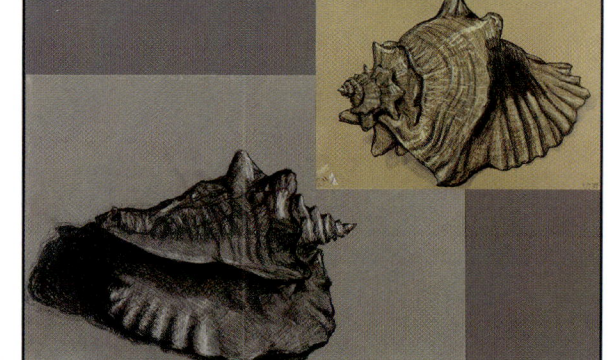

Arbeit 5

Arbeit 6

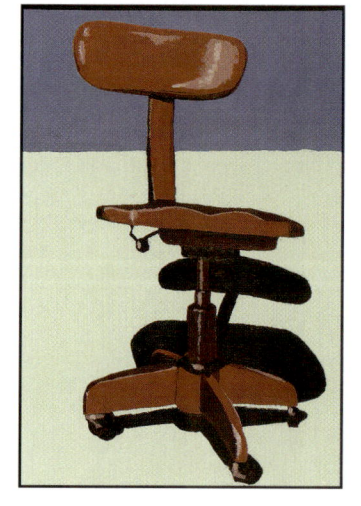

KUNSTHOCHSCHULE BERLIN / TEXTIL- UND FLÄCHENDESIGN

HANNAH FELLEHNER

(09)

HANNAH FELLEHNER
**Kunsthochschule Berlin,
Textil- und Flächendesign**

ALTER
25

E-MAIL
hna@gmx.de

ANZAHL DER ARBEITEN
ca. 30

HAUSARBEIT
Keine

AUFNAHMEVERFAHREN
Dreitägige Eignungsprüfung mit diversen studienbezogenen Aufgabenstellungen; persönliches Gespräch

VORBEREITUNG
Ausbildung zur Damenschneiderin; Besuch eines Aktzeichnen-Kurses; Naturstudien

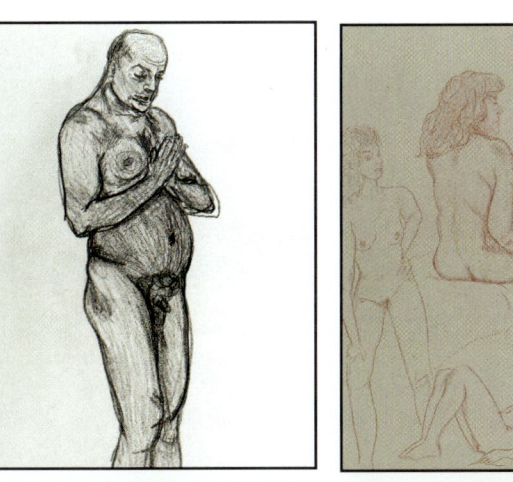

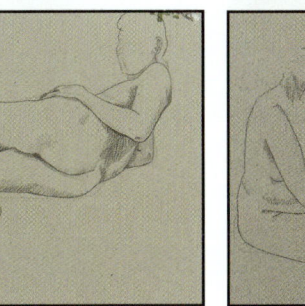

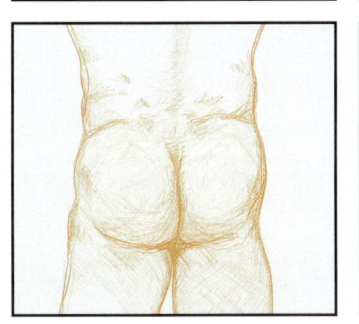

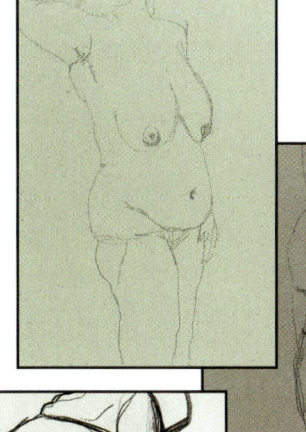

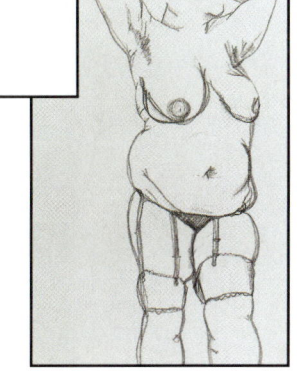

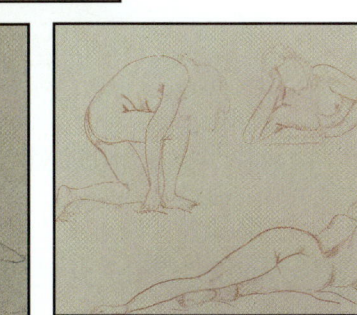

Arbeit 7

Arbeit 8

(09)

KUNSTHOCHSCHULE BERLIN / TEXTIL- UND FLÄCHENDESIGN

HANNAH FELLEHNER

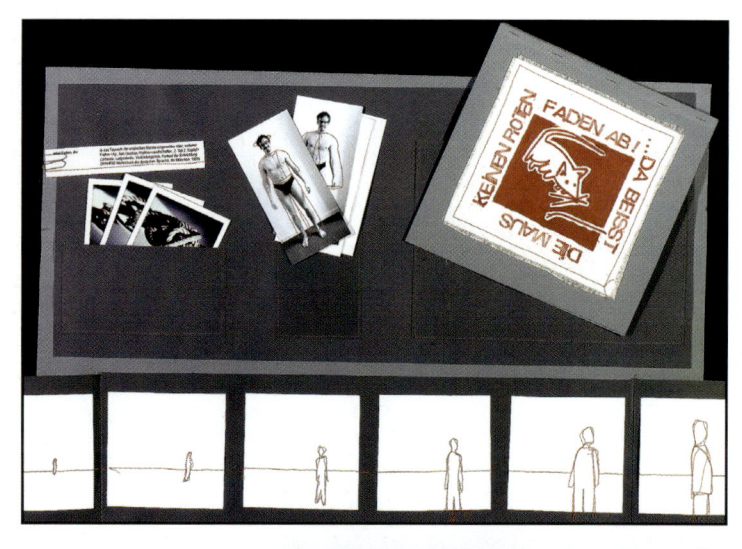

Arbeit 9

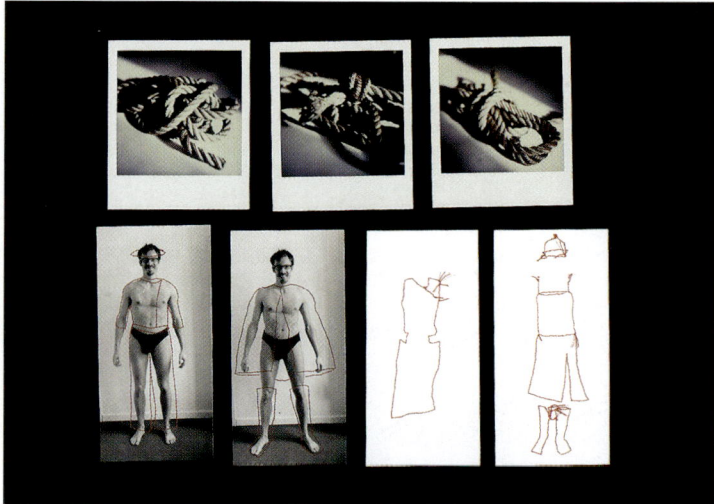

Arbeit 10

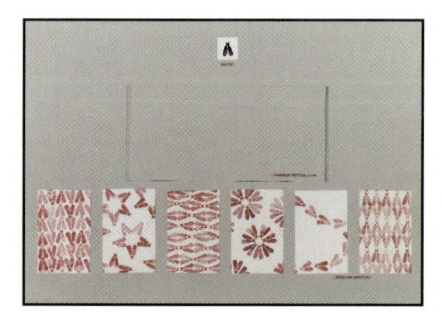

1	Buntstifte
2	Aquarell, Fineliner, Lackstift
3	Buntstift, Bleistift
4	Buntstift, Lackstift
5	Kohle
6	Acryl
7	Bleistift, Graphit
8	Buntstift, Bleistift, Graphit
9	Fotografien und Textilien übernäht
10	Stempeldruck auf Papier und Stoff
11	Fineliner, Copic-Stifte
12	Pappe
13	Diverse Stifte

KUNSTHOCHSCHULE BERLIN / TEXTIL- UND FLÄCHENDESIGN

HANNAH FELLEHNER

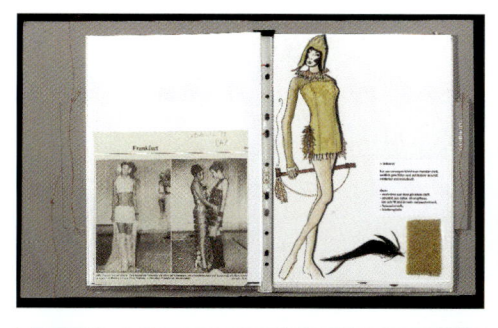

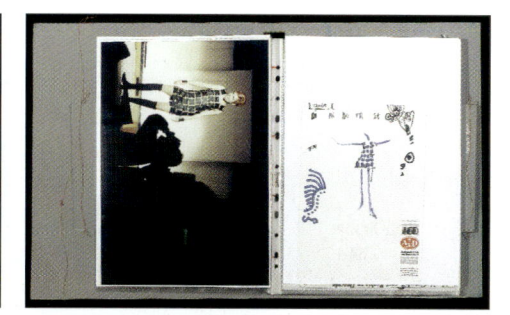

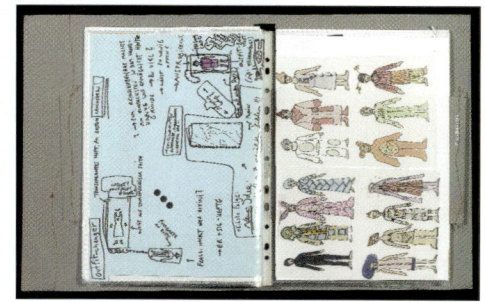

(09)

Arbeit 11

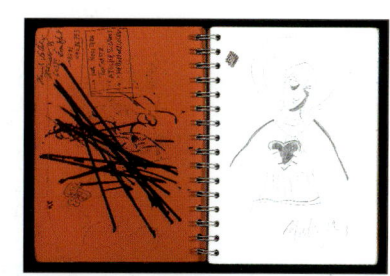

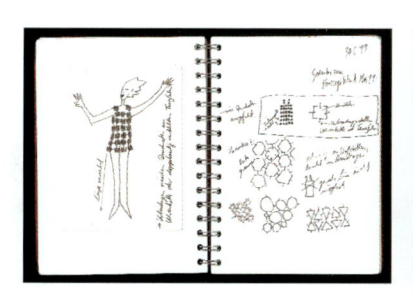

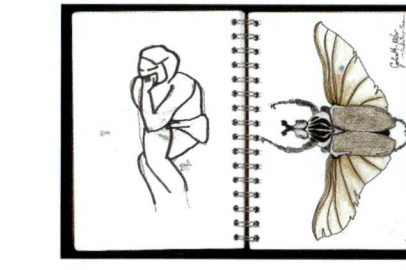

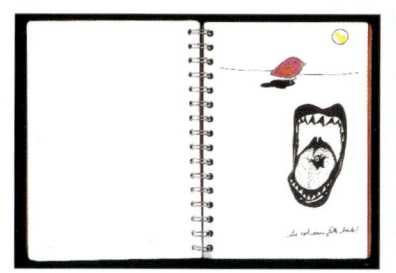

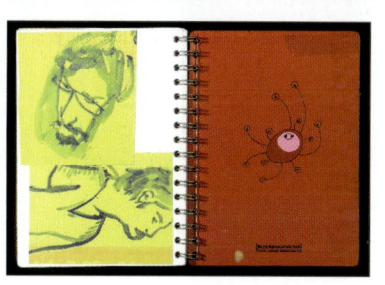

Arbeit 13

Arbeit 12

MYTHOS MAPPE / 2003 / SEITE 67

(10)

UNIVERSITÄT GESAMTHOCHSCHULE WUPPERTAL / INDUSTRIEDESIGN

GREGOR FELTEN

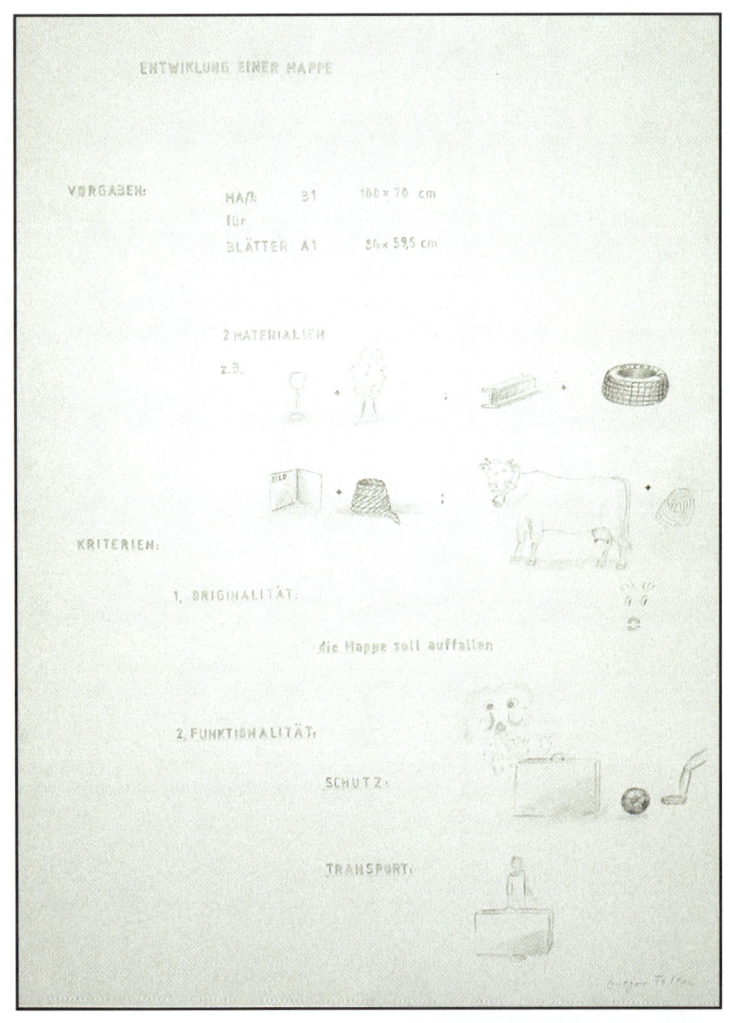

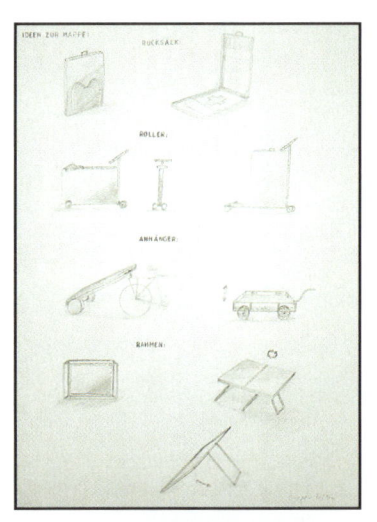

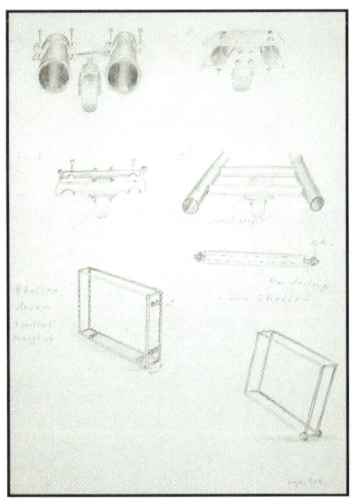

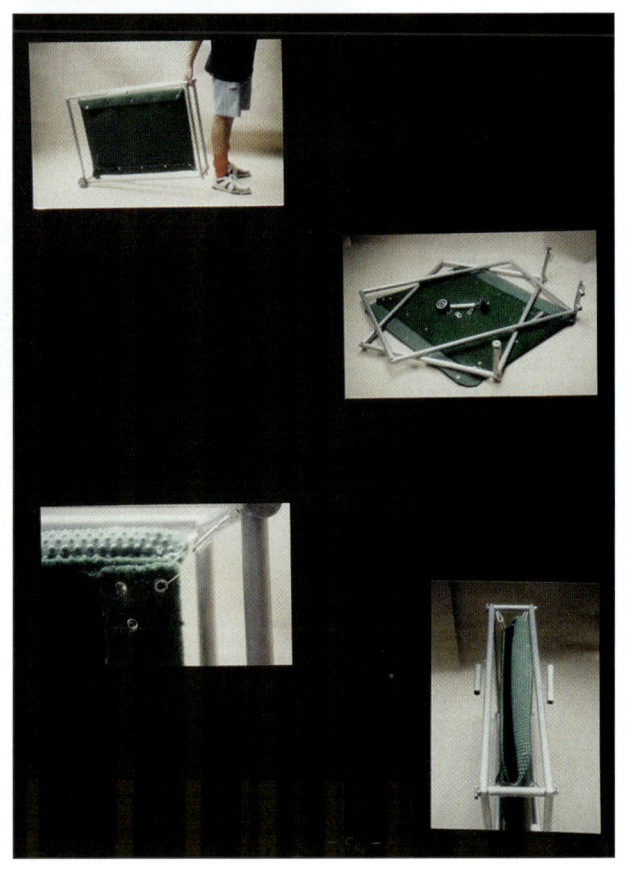

Arbeit 1

UNIVERSITÄT GESAMTHOCHSCHULE WUPPERTAL / INDUSTRIEDESIGN
GREGOR FELTEN

GREGOR FELTEN
Universität Gesamthochschule Wuppertal,
Industriedesign

ALTER
24

E-MAIL
gregorfelten@web.de

ANZAHL DER ARBEITEN
20

HAUSARBEIT
Konstruktion und Bau einer Bewerbungsmappe aus maximal 2 Materialien im Format DIN B1. In der Mappe sollten sich mindestens 20 Arbeiten/Blätter befinden, von denen sich 5 mit der Idee, Konzeption und Umsetzung der Mappe beschäftigen; Zeit 2 Monate

AUFNAHMEVERFAHREN
Präsentation der Mappe und ihres Inhaltes; persönliches Gespräch

VORBEREITUNG
Ausbildung zum Goldschmiedegesellen; 8-monatiger Zeichenkurs bei freischaffender Künstlerin; Praktikum im Design-Institut Köln; Ausstellungsbesuche; Teilnahme an Beratungsgesprächen; zahlreiche Gespräche mit Professoren und Studenten

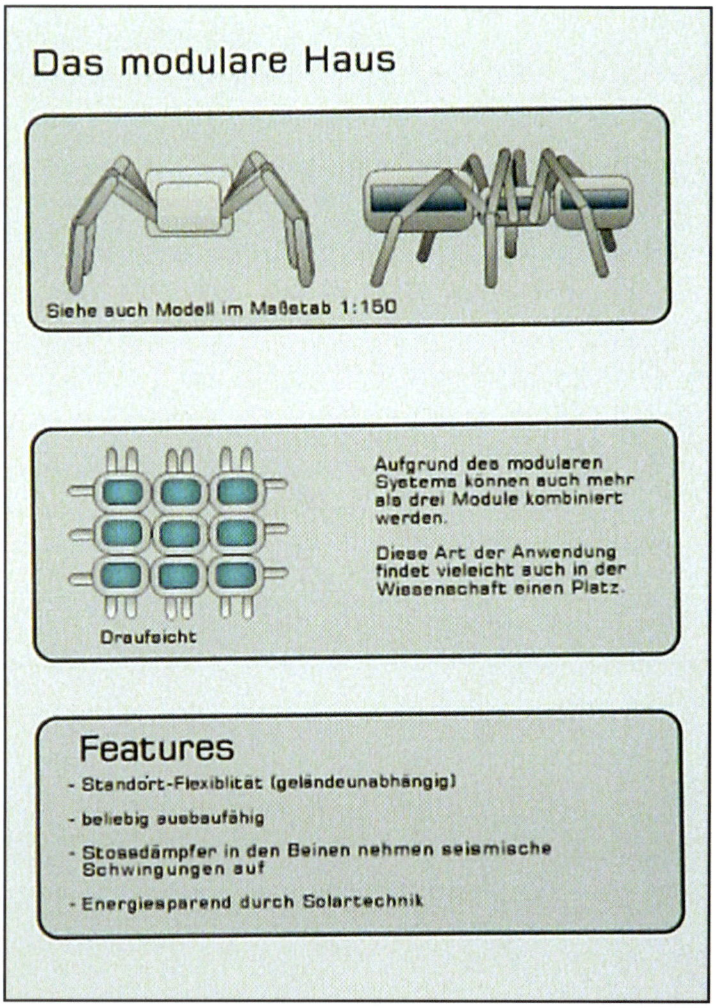

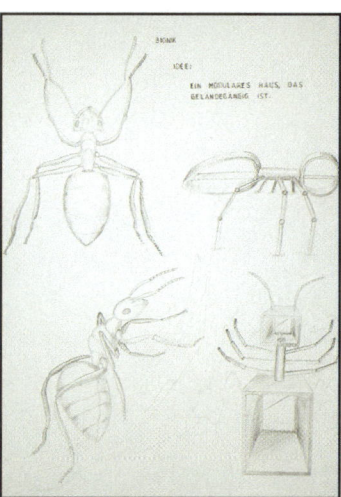

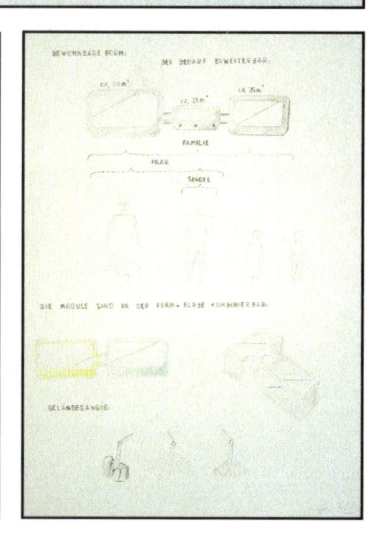

Arbeit 2

(10) UNIVERSITÄT GESAMTHOCHSCHULE WUPPERTAL / INDUSTRIEDESIGN
GREGOR FELTEN

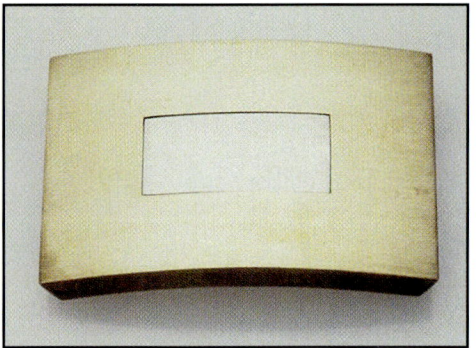

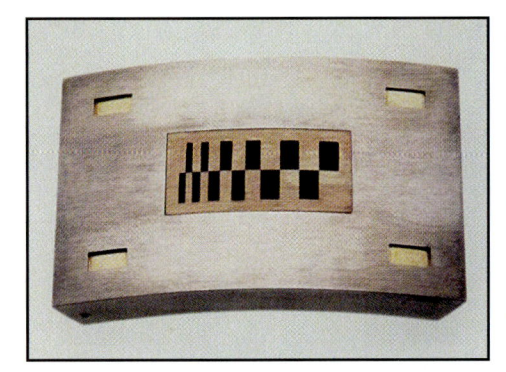

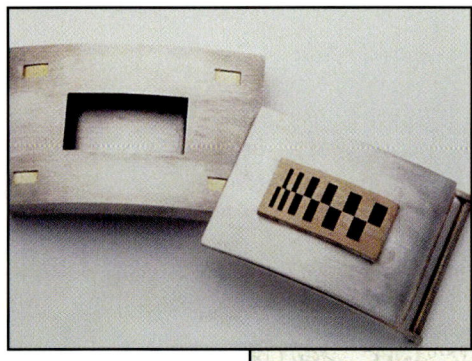

Arbeit 3

Arbeit 4

1 Hausarbeit
2 Ameisenhaus
3 Gürtelschnalle (Gesellenstück)
4 Anhänger
5 Obst und Nüsse
6 Totenkopf
7 Glas Wasser mit Farbtube
8 Stühle und Tische
9 Schweizer Klappmesser
10 Stühle

MYTHOS MAPPE / 2003 / SEITE 70

UNIVERSITÄT GESAMTHOCHSCHULE WUPPERTAL / INDUSTRIEDESIGN

GREGOR FELTEN

(10)

Arbeit 5

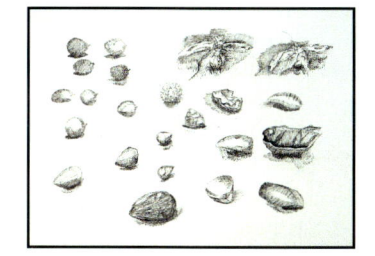

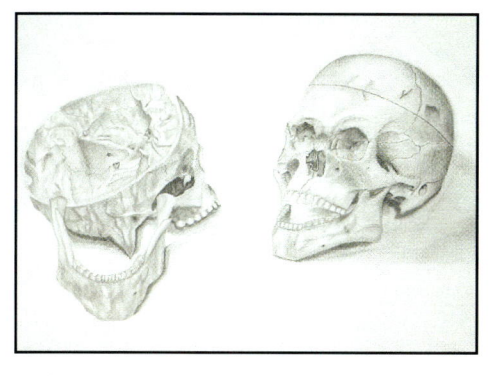

Arbeit 6

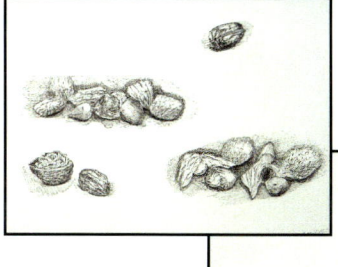

Arbeit 7

Arbeit 8

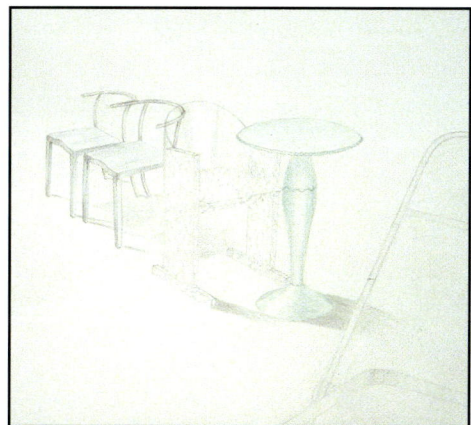

Arbeit 9

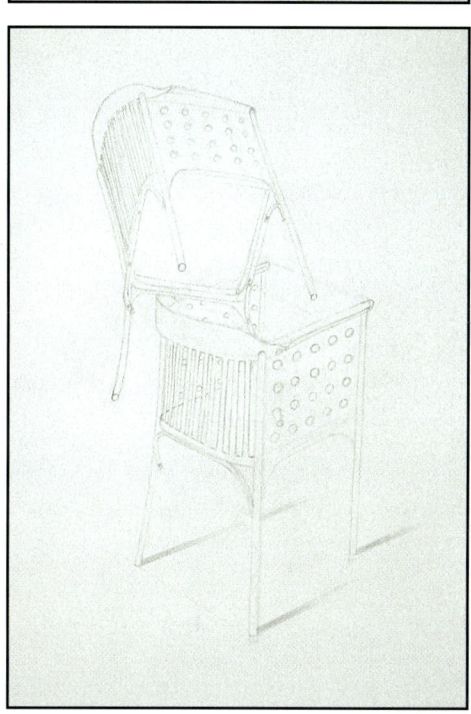

Arbeit 10

MYTHOS MAPPE / 2003 / SEITE 71

(11)

FACHHOCHSCHULE DORTMUND / GRAFIKDESIGN

CHRISTIAN GEBEL

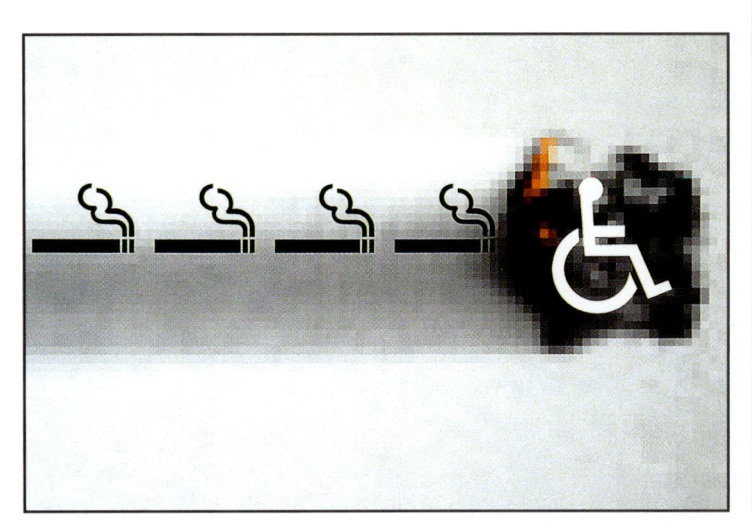

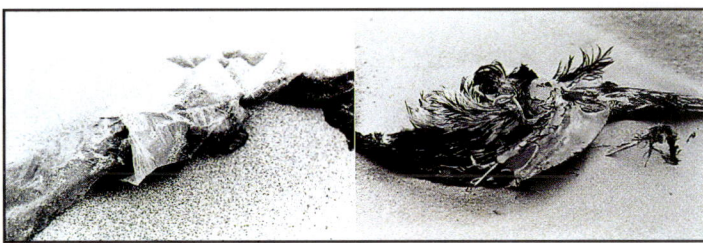

Arbeit 1

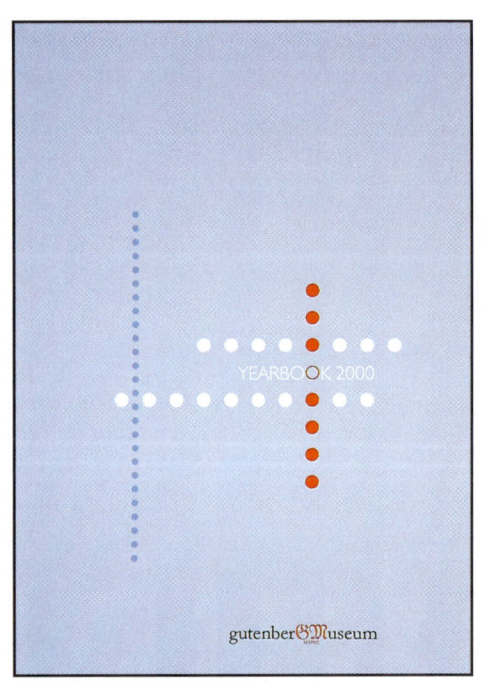

Arbeit 2

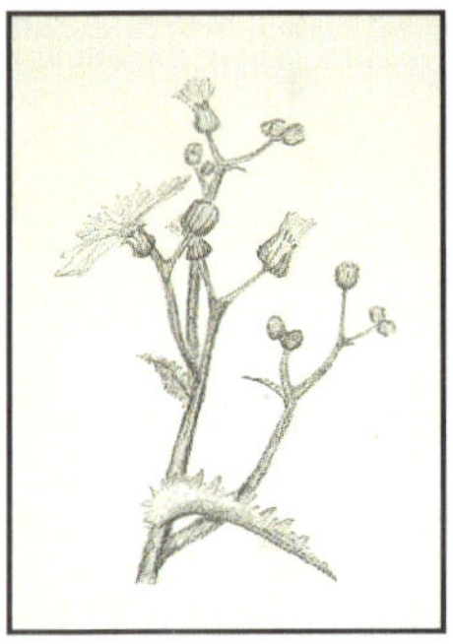

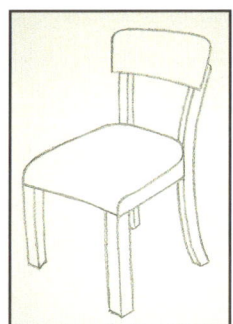

Arbeit 3

MYTHOS MAPPE / 2003 / SEITE 72

FACHHOCHSCHULE DORTMUND / GRAFIKDESIGN

CHRISTIAN GEBEL

(11)

CHRISTIAN GEBEL
Fachhochschule Dortmund, Grafikdesign

ALTER
26

E-MAIL
c.gebel@nonm.de

ANZAHL DER ARBEITEN
17

HAUSARBEIT
In Art und Umfang freie Arbeiten zum Thema „Kettenreaktion"

AUFNAHMEVERFAHREN
In Dortmund mit der Mappe abgelehnt, parallele Bewerbung in Aachen; dort mußten Mappe und Hausarbeit präsentiert werden, außerdem fand ein persönliches Gespräch statt; mit erfolgreicher Bewerbung in Aachen dann in Dortmund eingeschrieben

VORBEREITUNG
Besuch der Fachoberschule für Gestaltung (2 Jahre), inkl. Praktikum in Druckerei (1 Jahr); Besuch der Höheren Berufsfachschule für Gestaltung (2 Jahre); Abschluß als gestaltungstechnischer Assistent mit Schwerpunkt Medien und Kommunikation; einige Nebenjobs in Werbeagenturen, Verlagen und Druckereien; einige Gespräche mit Designstudenten; ansonsten keine besondere Vorbereitung auf Mappe und Präsentation

Arbeit 4

Arbeit 5

Arbeit 6

MYTHOS MAPPE / 2003 / SEITE 73

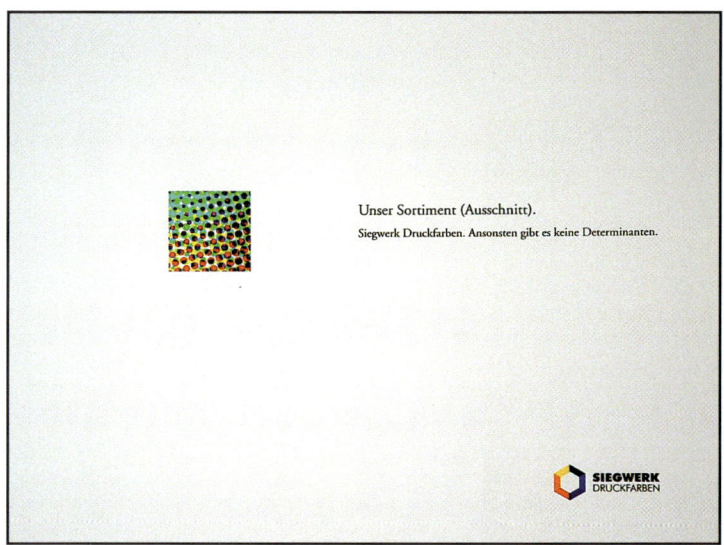

(11)

FACHHOCHSCHULE DORTMUND / GRAFIKDESIGN

CHRISTIAN GEBEL

Arbeit 7

Arbeit 8

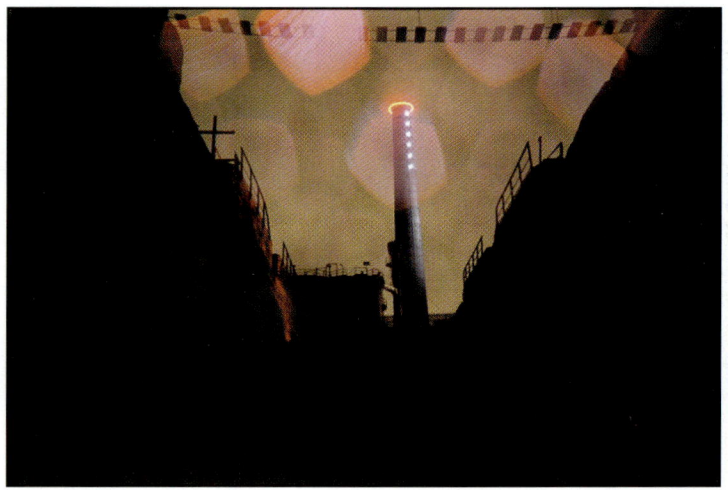

FACHHOCHSCHULE DORTMUND / GRAFIKDESIGN
CHRISTIAN GEBEL

(11)

Arbeit 9

1	Fotografie, Kohle, Photoshop
2	Illustrationsprogramm
3	Graphit
4	Fotografie
5 + 6	Fotografie, Satzprogramm
7	Photoshop, Satzprogramm
8	Fotografie
9	Illustrationsprogramm
10	Fremdfotografie, Satzprogramm
11	Fotografie

Arbeit 10 + 11

MYTHOS MAPPE / 2003 / SEITE 75

(12)

UNIVERSITÄT GESAMTHOCHSCHULE ESSEN / INDUSTRIEDESIGN

MIRKO MANUEL GÖTZEN

Arbeit 1

Arbeit 2

Arbeit 3

Arbeit 4

Arbeit 5

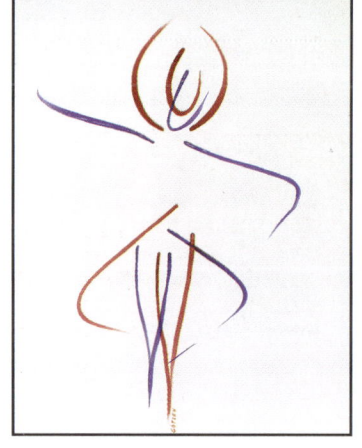

Arbeit 6

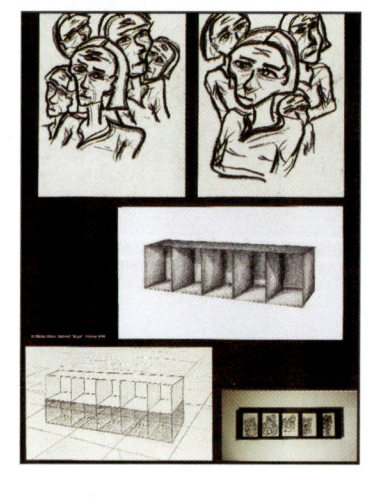

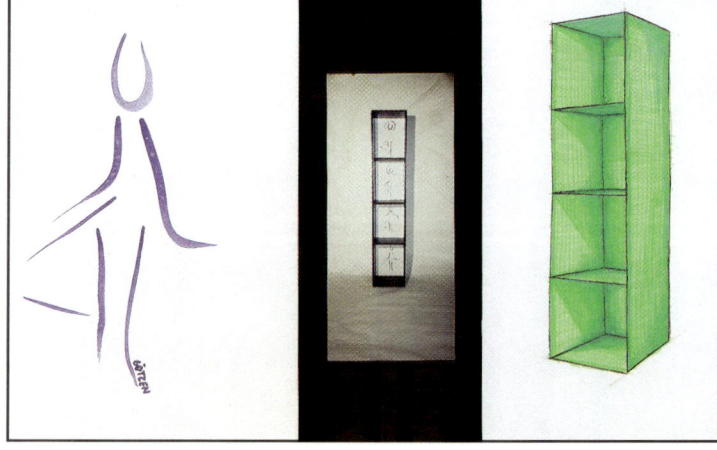

Arbeit 7

Arbeit 8

UNIVERSITÄT GESAMTHOCHSCHULE ESSEN / INDUSTRIEDESIGN

MIRKO MANUEL GÖTZEN

(12)

MIRKO MANUEL GÖTZEN
Universität Gesamthochschule Essen, Industriedesign

ALTER
21

E-MAIL
mirko.goetzen@gmx.de

ANZAHL DER ARBEITEN
28

HAUSARBEIT
keine

AUFNAHMEVERFAHREN
Dreitägige Prüfung (Umgang mit Farben, Formen und Flächen; Entwurfsaufgabe; Intelligenztests)

VORBEREITUNG
Praktikum in Schlosserei (3 Monate); Arbeit an der Mappe über einen Zeitraum von einem Jahr

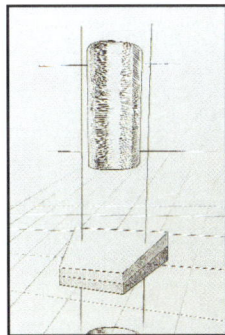

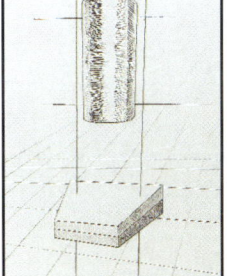

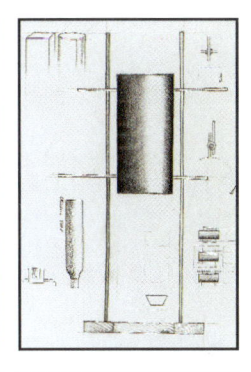

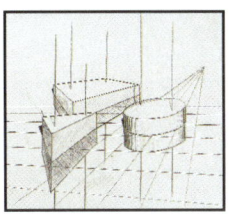

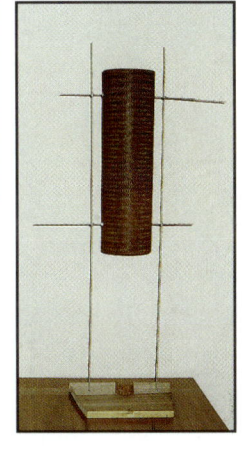

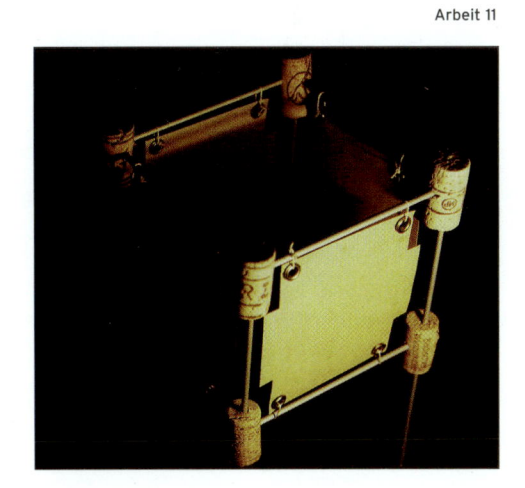

Arbeit 9

Arbeit 10

Arbeit 11

Arbeit 12

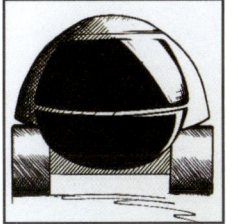

Arbeit 13

MYTHOS MAPPE / 2003 / SEITE 77

(12)

UNIVERSITÄT GESAMTHOCHSCHULE ESSEN / INDUSTRIEDESIGN
MIRKO MANUEL GÖTZEN

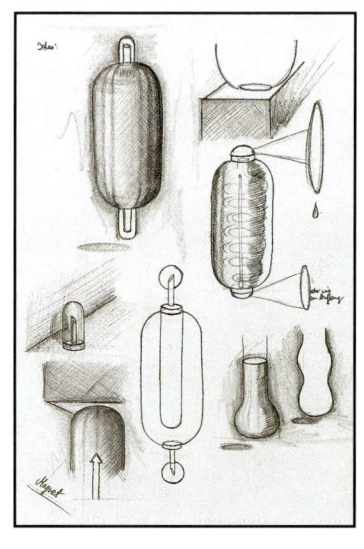

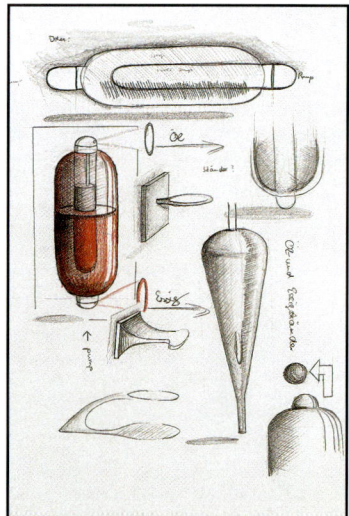

Arbeit 14

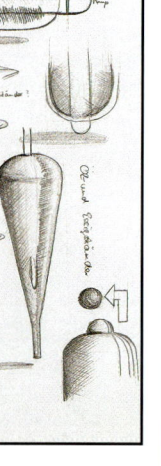

Arbeit 15

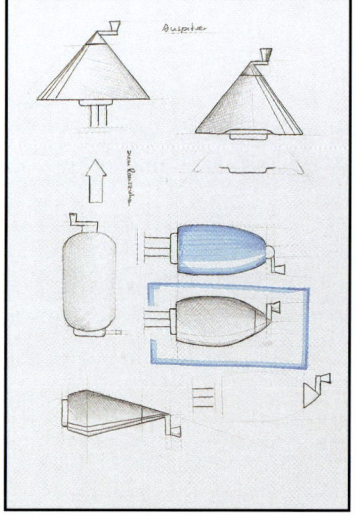

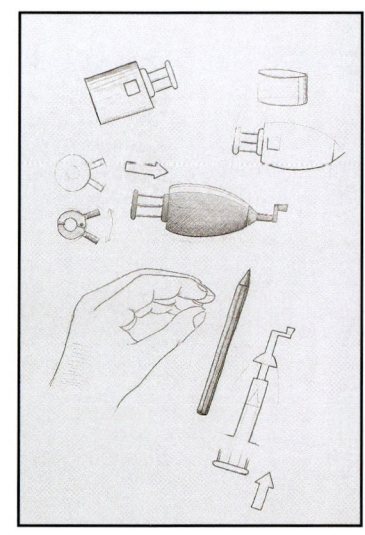

Arbeit 16

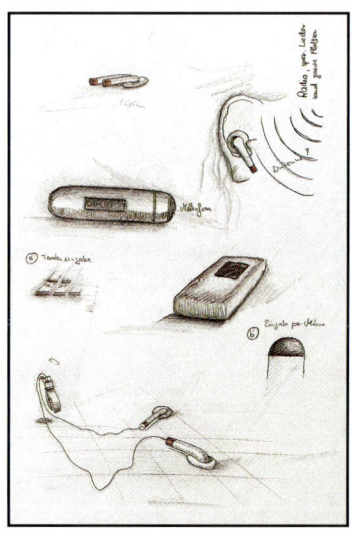

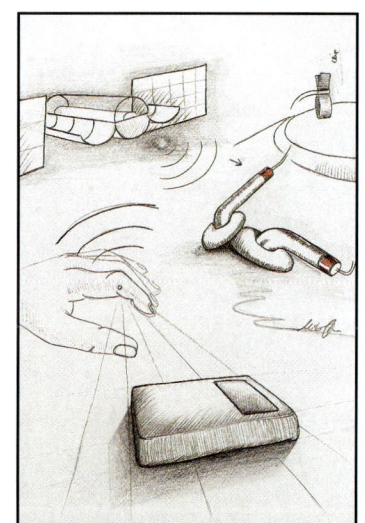

Arbeit 17

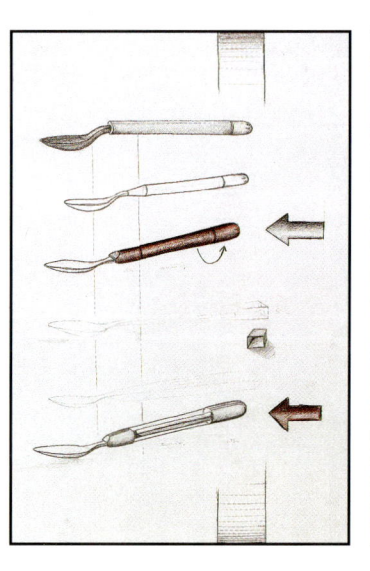

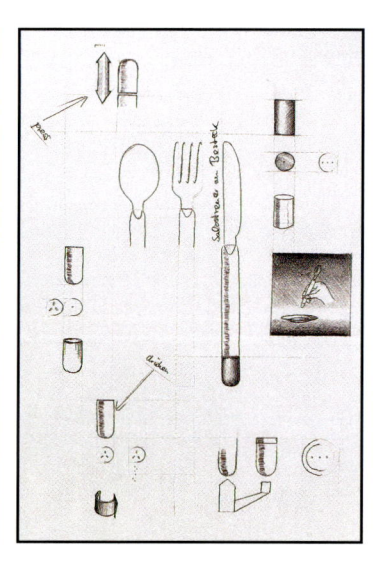

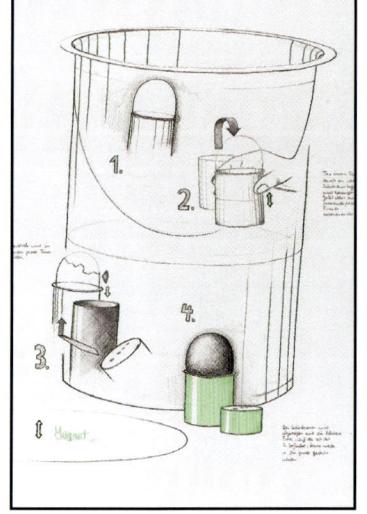

Arbeit 18

UNIVERSITÄT GESAMTHOCHSCHULE ESSEN / INDUSTRIEDESIGN

MIRKO MANUEL GÖTZEN

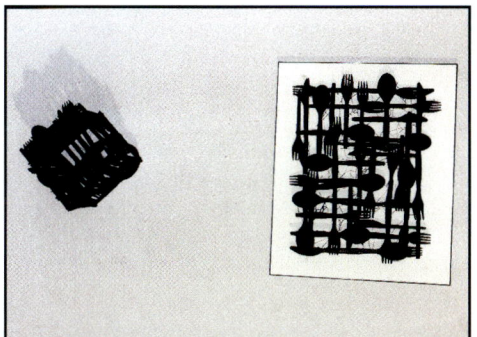

(12)

Arbeit 19

Arbeit 20

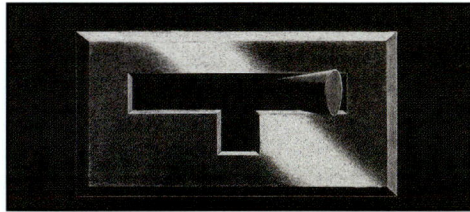

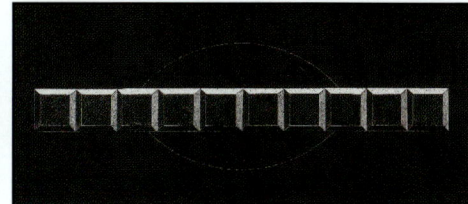

Arbeit 21

1	Farbe auf Plexiglas
2	Acryl
3 + 4	Wachsstifte, Acryl
5 + 6	Wachsstifte, Kratztechnik
7 + 8	Entwurf Regal
9 - 11	Lampenstudien
12 + 13	Autostudien
14	Essig- + Oel-Spender
15	Miniaturanspitzer
16	Satelliten-Kopfhörer
17	Studie Besteck
18	Entwurf Eierbecher
19	Plastik: Besteck
20	Studie Glas
21	Häßlichkeitswarnsystem
22	Marketingsystem / Entwurf Logo

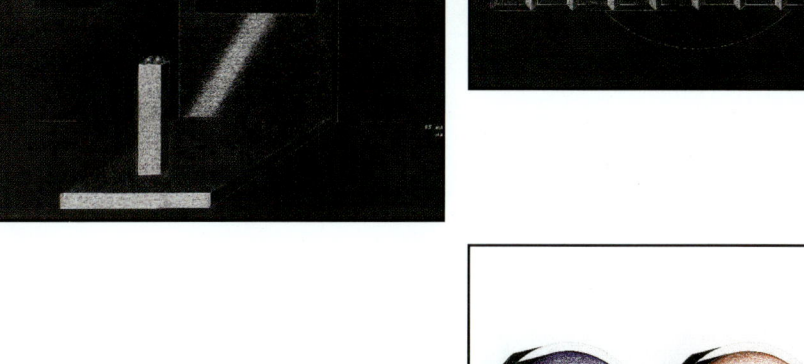

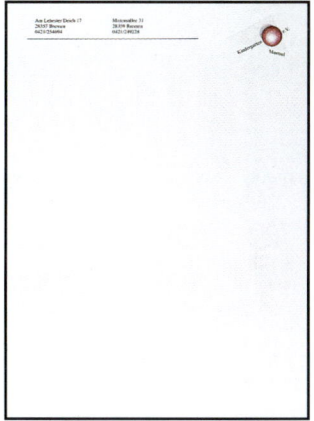

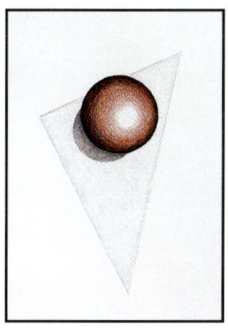

Arbeit 22

MYTHOS MAPPE / 2003 / SEITE 79

(13)

UNIVERSITÄT GESAMTHOCHSCHULE ESSEN / INDUSTRIEDESIGN

ALEXANDER GRIESHAMMER

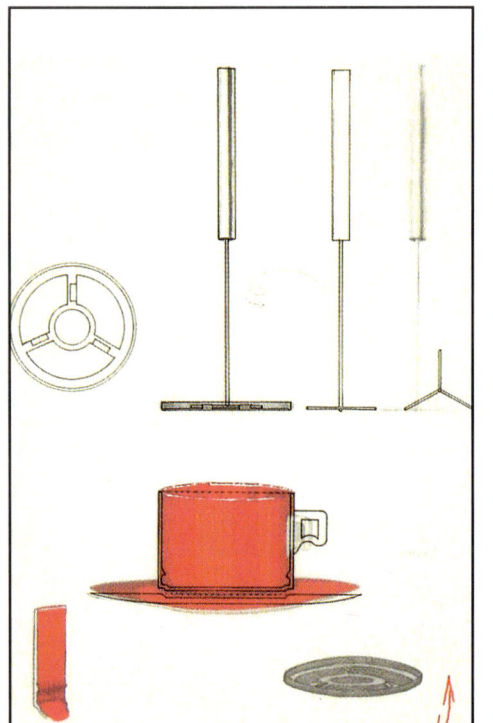

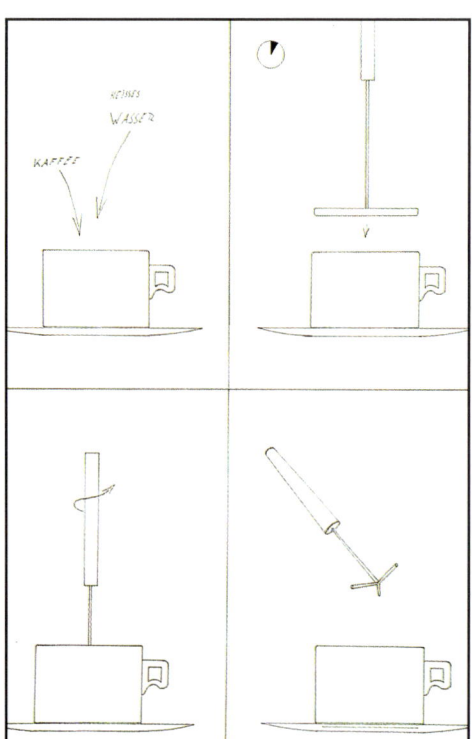

Arbeit 1

Arbeit 2

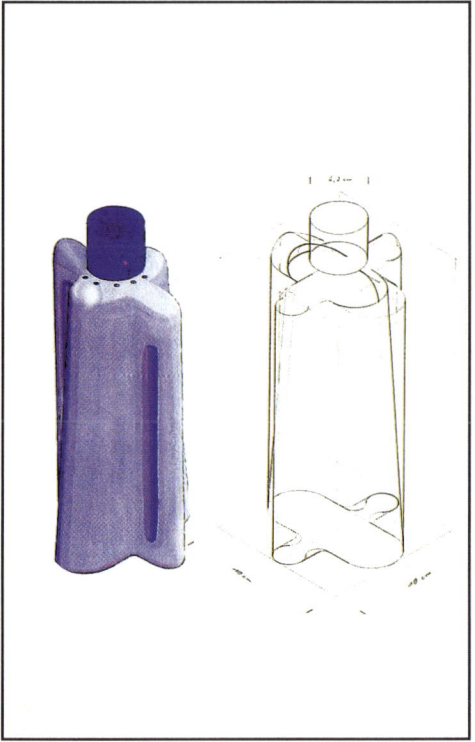

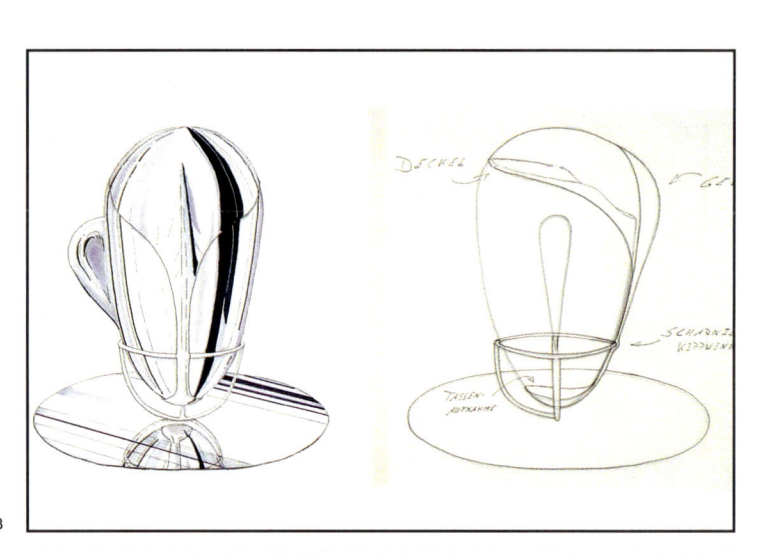

Arbeit 3

Arbeit 4

UNIVERSITÄT GESAMTHOCHSCHULE ESSEN / INDUSTRIEDESIGN

ALEXANDER GRIESHAMMER

(13)

ALEXANDER GRIESHAMMER
Universität Gesamthochschule Essen, Industriedesign

ALTER
25

E-MAIL
a_grieshammer@hotmail.com

ANZAHL DER ARBEITEN
25

HAUSARBEIT
keine

AUFNAHMEVERFAHREN
Dreitägige Prüfung (Bleistiftzeichnungen auf Zeit aus dem Gedächtnis; Modellbau einer Skulptur aus Papier und Draht; Entwurfsaufgabe; Intelligenztests; Test für Farbempfinden und Farbkomposition)

VORBEREITUNG
Mappenkurs bei einem Professor, der gezielt auf künstlerische Studiengänge vorbereitet; Vorpraktika in Kunststoff-, Holz- und Metallgestaltung (jeweils 2 Monate)

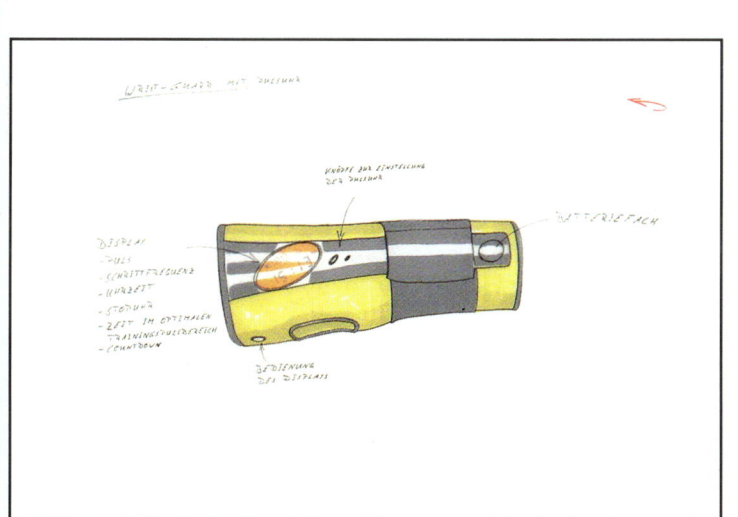

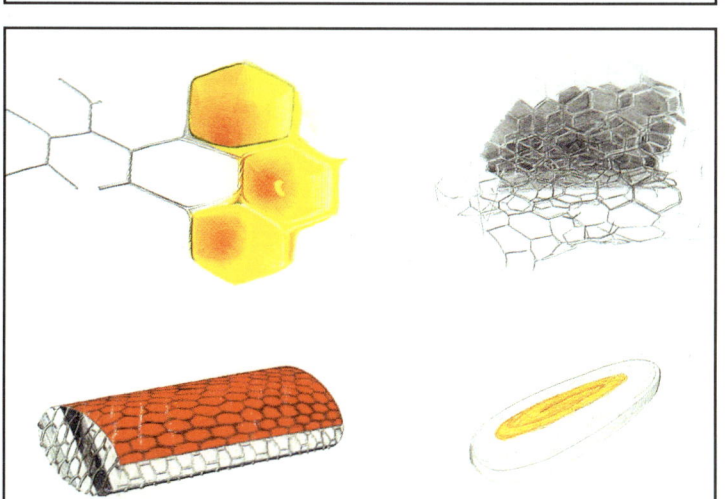

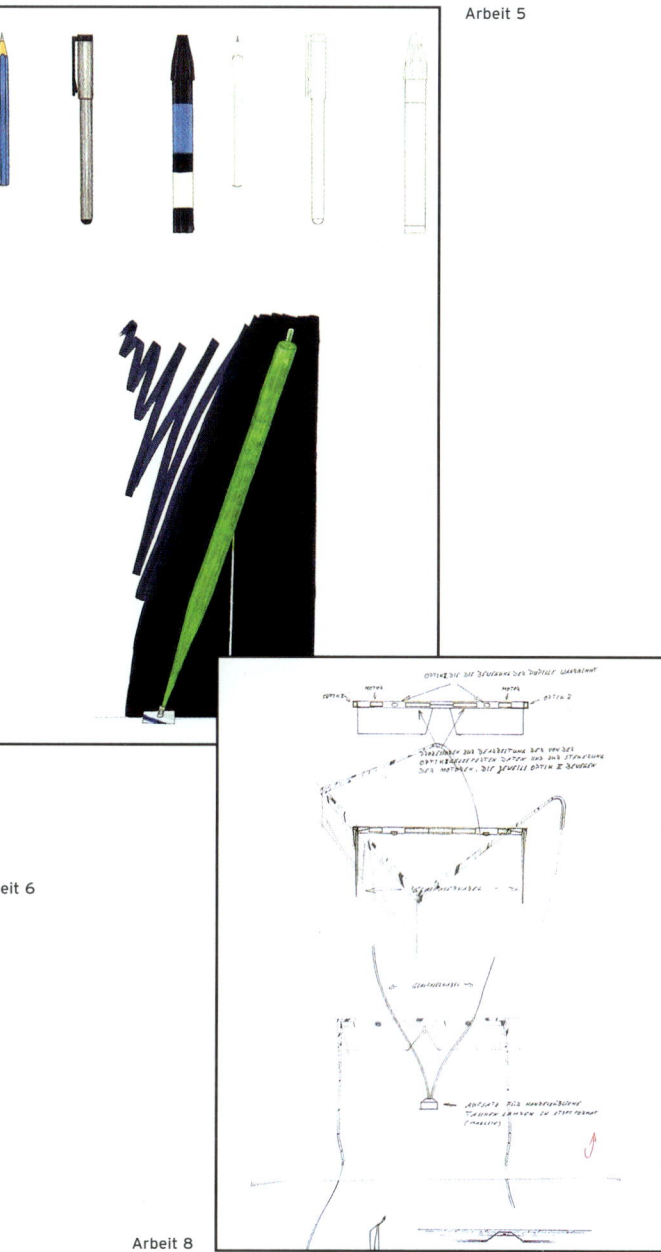

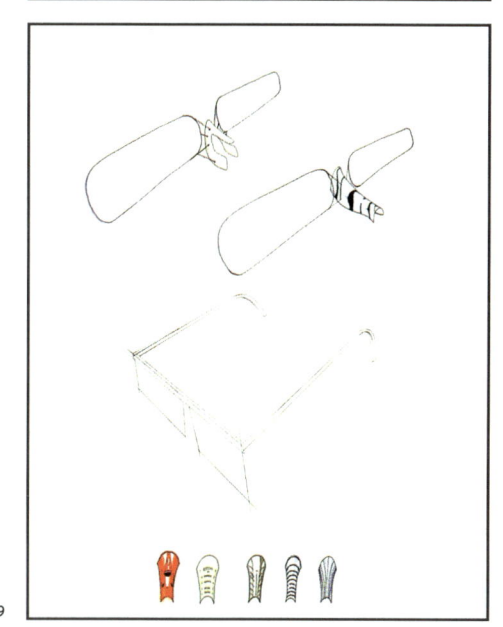

Arbeit 5

Arbeit 6

Arbeit 8

Arbeit 7

Arbeit 9

(13)

UNIVERSITÄT GESAMTHOCHSCHULE ESSEN / INDUSTRIEDESIGN

ALEXANDER GRIESHAMMER

Arbeit 10

Arbeit 11

Arbeit 12

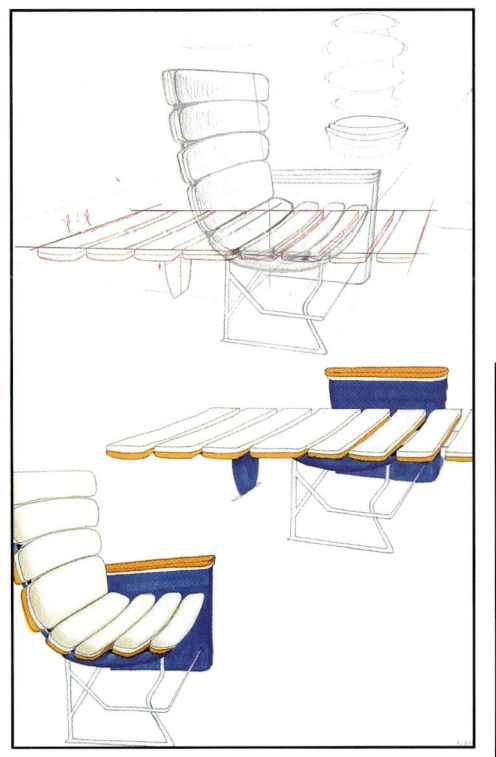

Arbeit 13

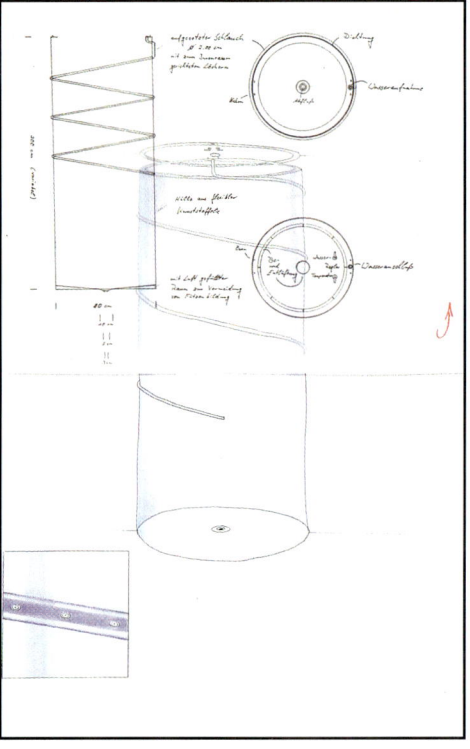

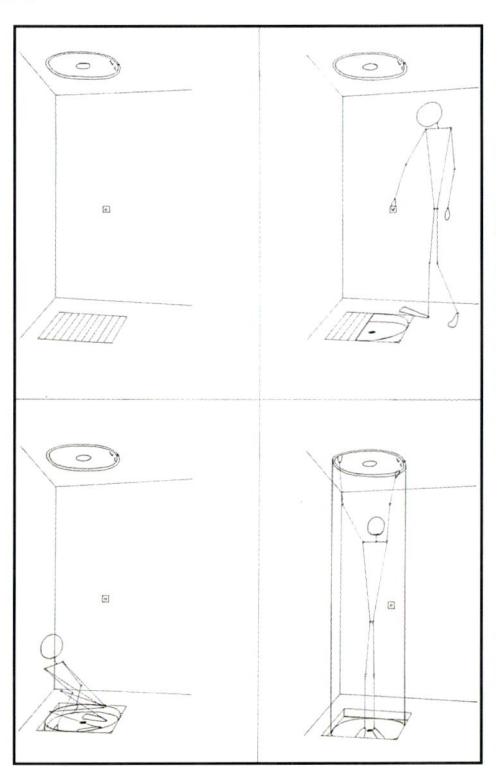

UNIVERSITÄT GESAMTHOCHSCHULE ESSEN / INDUSTRIEDESIGN
ALEXANDER GRIESHAMMER

(13)

Arbeit 14

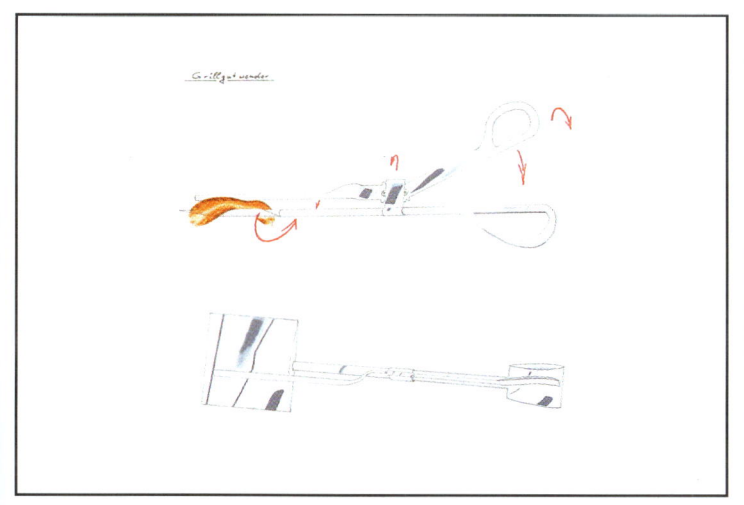

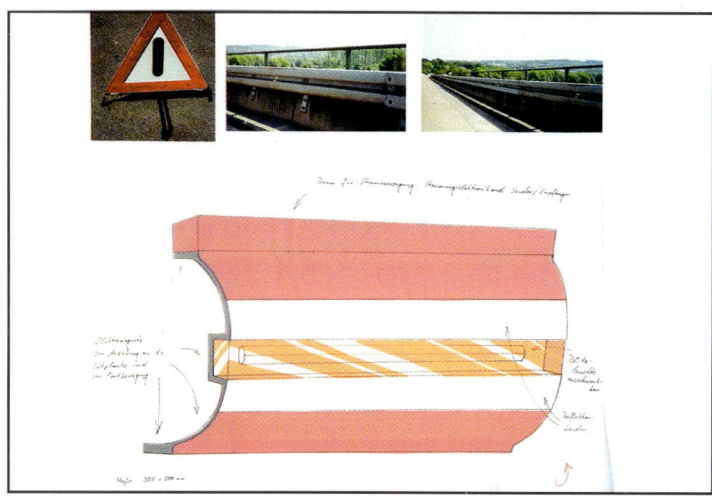

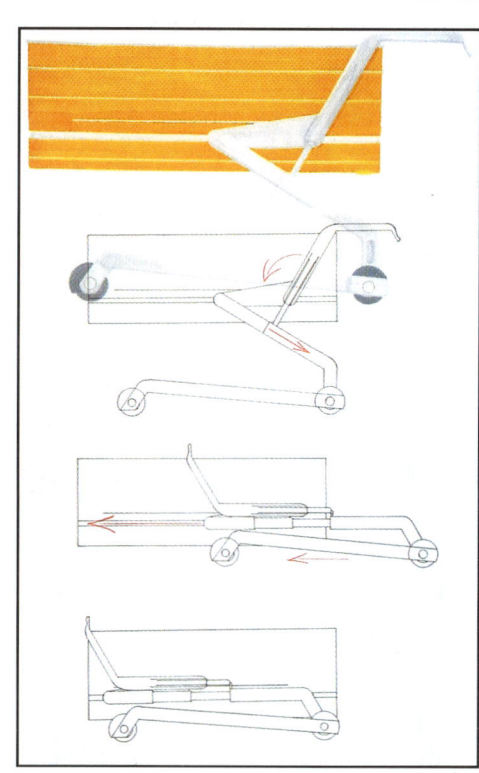

Arbeit 15

Arbeit 16

1	Mechanismus einer Kombination aus Tasse und Kaffeemaschine
2	Optimierung einer Kindertrinkflasche
3	Warmhaltetasse
4	Milchkanne
5	Marker, Stift als Stele
6	Pulsuhr integriert in Handgelenkschutz
7	Brillenetui
8	Leuchte integriert in Brille
9	Vielseitige Alternativen zur herkömmlichen Brille
10	Wintersportkoffer
11	Weiterentwicklung eines Zollstocks
12	Liegesitz für Flugzeugbestuhlung mit Beinfreiheit
13	Faltbare und im Boden versenkbare Dusche
14	Vereinfachung des Grillvorgangs; hier Wenden des Grillguts
15	Automatisches Warngerät
16	Faltbarer Einkaufswagen

MYTHOS MAPPE / 2003 / SEITE 83

(14) UNIVERSITÄT GESAMTHOCHSCHULE ESSEN / KOMMUNIKATIONSDESIGN

CORINNE JULIA GRÜBER

Arbeit 1

UNIVERSITÄT GESAMTHOCHSCHULE ESSEN / KOMMUNIKATIONSDESIGN

CORINNE JULIA GRÜBER

(14)

CORINNE JULIA GRÜBER
Universität Gesamthochschule Essen, Kommunikationsdesign

ALTER
23

E-MAIL
micocosmos@hotmail.com

ANZAHL DER ARBEITEN
7 (insg. ca. 60 Fotografien)

HAUSARBEIT
**Arbeiten zum Thema „Beziehungen";
Zeit 3 Monate**

AUFNAHMEVERFAHREN
Zweitägige Eignungsprüfung; 1. Tag: 2 Fotothemen; 2. Tag: Zeichenaufgaben und Collagen; abschließend Fachgespräch

VORBEREITUNG
Ausbildung zur Fotografin; Fotoassistenz (1 Jahr); ansonsten keinerlei Vorbereitung

Arbeit 2

Arbeit 3

(14)

UNIVERSITÄT GESAMTHOCHSCHULE ESSEN / KOMMUNIKATIONSDESIGN

CORINNE JULIA GRÜBER

Arbeit 4

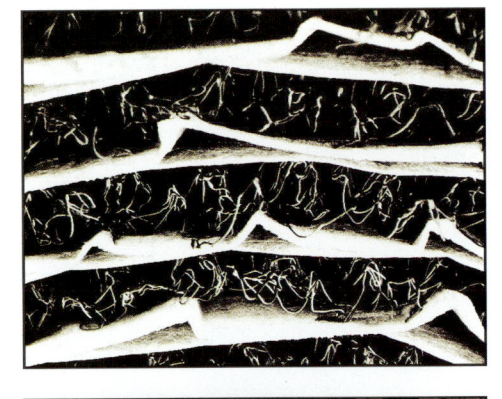

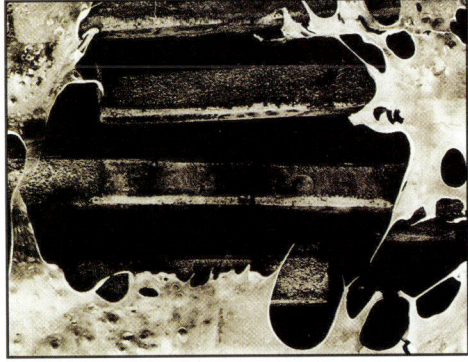

1	Mappe
2	Futureground
3	Die Entfaltung
4	Grafische Details
5	X-Mess
6	Yara
7	Mareen

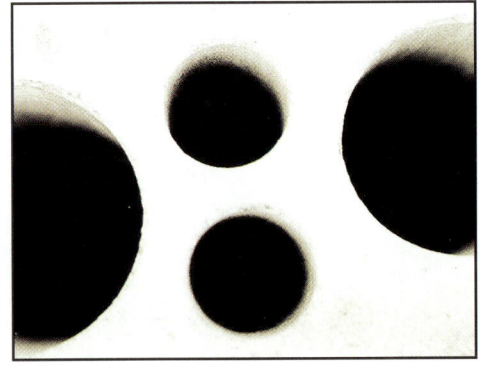

UNIVERSITÄT GESAMTHOCHSCHULE ESSEN / KOMMUNIKATIONSDESIGN

CORINNE JULIA GRÜBER

(14)

Arbeit 5

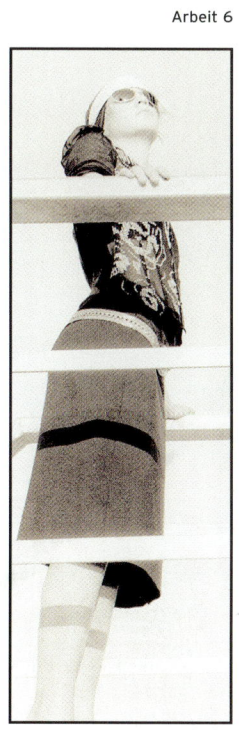

Arbeit 6

Arbeit 7

(15)

FACHHOCHSCHULE REUTLINGEN / TEXTILDESIGN

ELLA HABERLACH

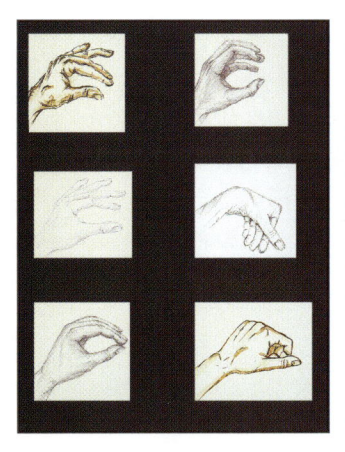

Arbeit 1 - 4

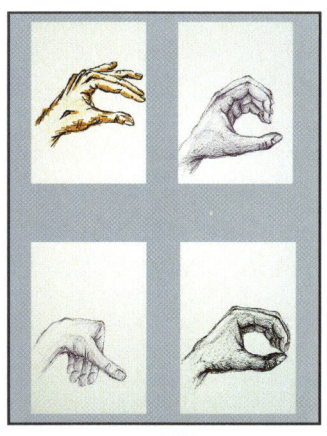

Arbeit 5 - 7

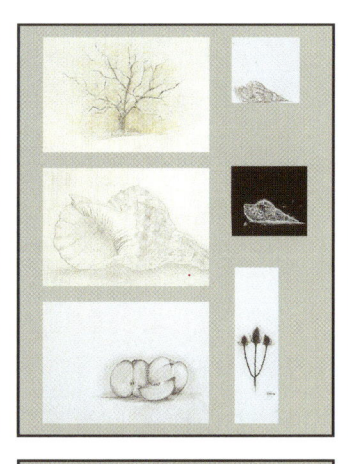

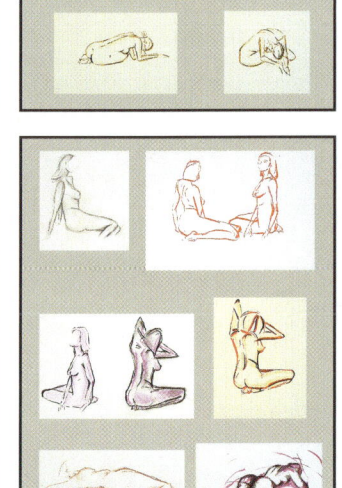

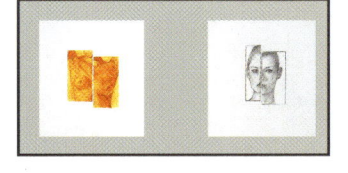

Arbeit 8

Arbeit 9 - 11

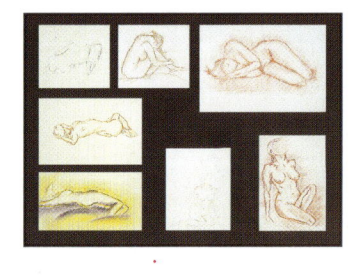

Arbeit 12 + 13

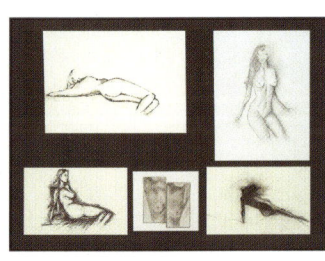

Arbeit 14

Arbeit 15 + 16

MYTHOS MAPPE / 2003 / SEITE 88

FACHHOCHSCHULE REUTLINGEN / TEXTILDESIGN
ELLA HABERLACH

(15)

ELLA HABERLACH
Fachhochschule Reutlingen, Textildesign

ALTER
21

E-MAIL
ella.haberlach@student.fh-reutlingen.de

ANZAHL DER ARBEITEN
43

HAUSARBEIT
keine

AUFNAHMEVERFAHREN
Eignungstest zur Überprüfung von Vorstellungsvermögen und Gestaltungstalent nach vorgegebener Zeit

VORBEREITUNG
Fachpraktikum in einem Brautmoden-Studio; Teilnahme an Studien- und Mappenberatungsterminen; Arbeit an der Mappe über viele Monate

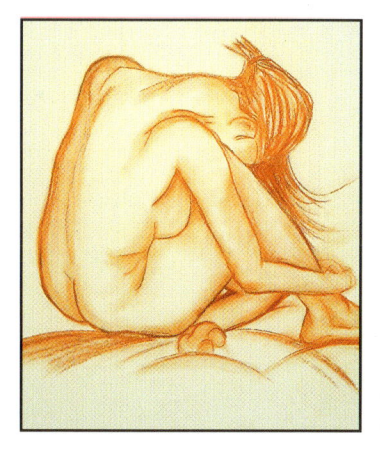

Arbeit 17 + 18

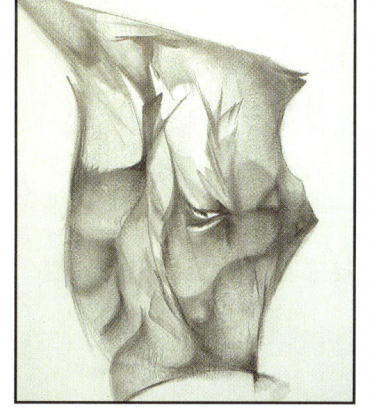

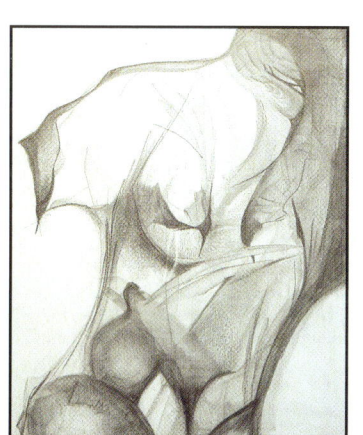

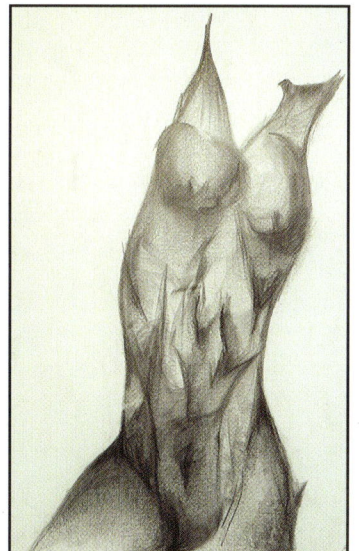

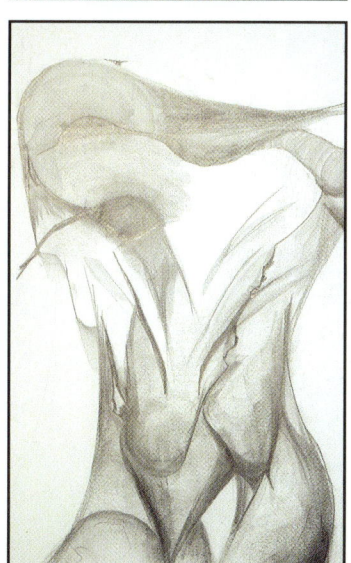

Arbeit 19 - 22

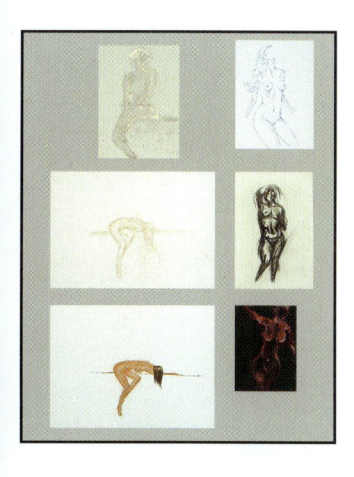

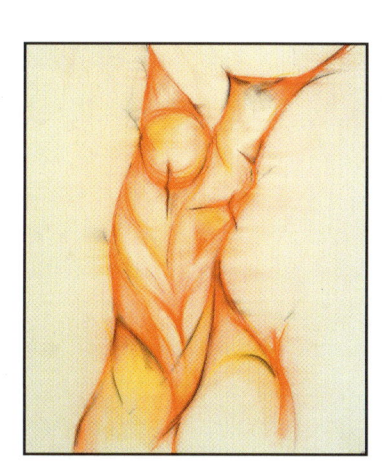

Arbeit 23

(15)

FACHHOCHSCHULE REUTLINGEN / TEXTILDESIGN

ELLA HABERLACH

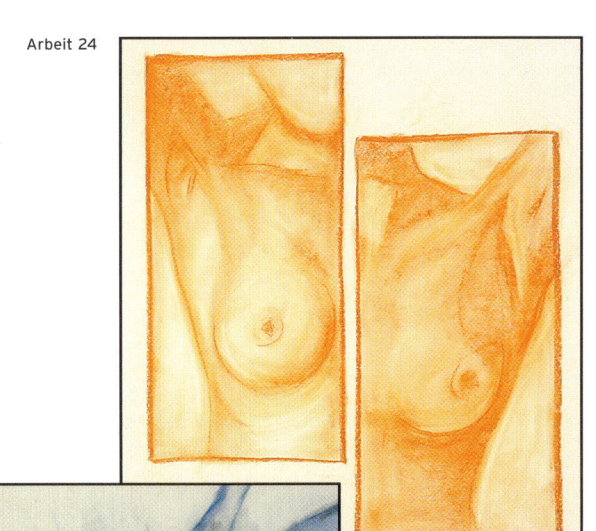

Arbeit 24

Arbeit 25

Arbeit 26

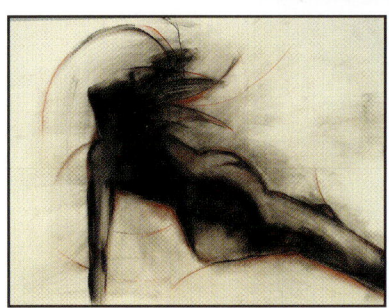

Arbeit 27

Arbeit 28

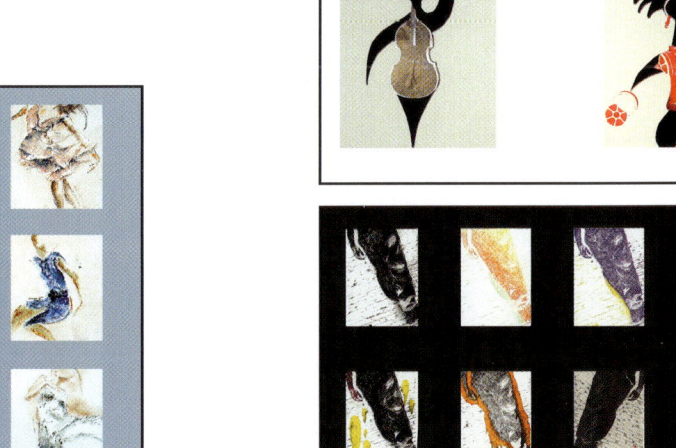

Arbeit 29

Arbeit 30

Arbeit 31

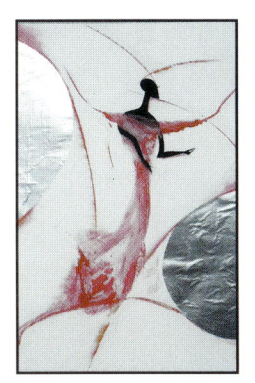

FACHHOCHSCHULE REUTLINGEN / TEXTILDESIGN
ELLA HABERLACH

(15)

Arbeit 32    Arbeit 33

Arbeit 34 - 36

1 - 13	Diverse Techniken: Kugelschreiber, Filzstift, Fineliner, Rötel, Pastell, Buntstift, Bleistift, Tusche, Acryl
14	Pastelltechnik
15 + 16	Spachtelmasse, Quarzsand, Acrylfarbe
17	Pastell
18	Pointillismus, Edding
19 - 22	Graphit
23	Pastellkreide
24	Pastell
25	Gipsbinden, Acryl
26 + 27	Pastell
28	Collage
29	Filzstift, Pastell
30	Kaltnadelradierung (Druck)
31	Bleistift
32	Stoff, Papier, Pastell, Aquarell
33	Spachtelmasse, Pastell, Aquarell
34 - 36	Acryl
37	Acryl mit Spachtel aufgetragen
38	Acryl mit Spachtel aufgetragen
39	Acryl
40	Spachtelmasse, Aquarell, Acryl

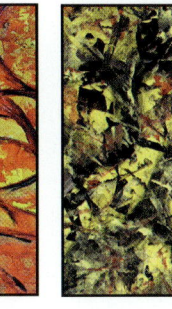

Arbeit 37    Arbeit 39   Arbeit 40   Arbeit 38

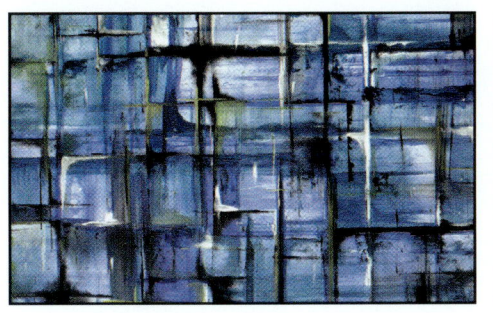

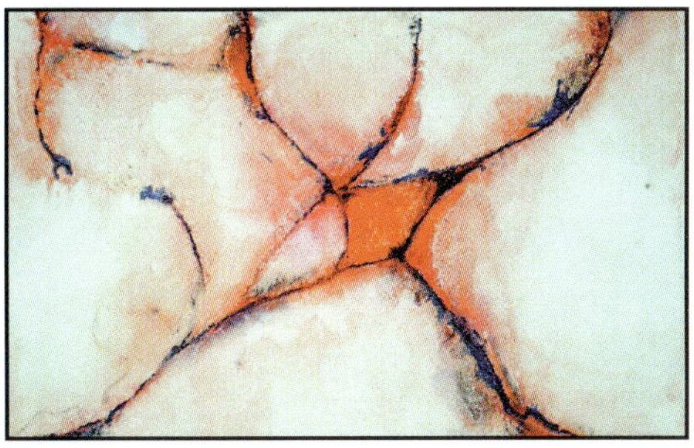

(16)

FACHHOCHSCHULE DÜSSELDORF / KOMMUNIKATIONSDESIGN

SILKE HESELER

Arbeit 1

Arbeit 2

Arbeit 3

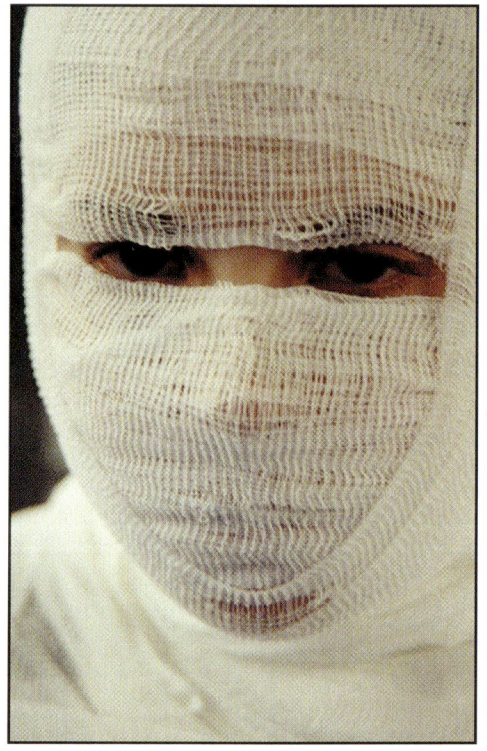

MYTHOS MAPPE / 2003 / SEITE 92

FACHHOCHSCHULE DÜSSELDORF / KOMMUNIKATIONSDESIGN
SILKE HESELER

SILKE HESELER
Fachhochschule Düsseldorf,
Kommunikationsdesign

ALTER
23

E-MAIL
silke.heseler@gmx.de

ANZAHL DER ARBEITEN
13 Bildserien

HAUSARBEIT
Arbeiten zum Thema „Kettenreaktion";
Umsetzung auf vier verschiedenen Wegen;
Zeit ca. 3 Wochen

AUFNAHMEVERFAHREN
Parallele Bewerbungen an mehreren Uni's
und FH's; u.a. in Aachen; dort mußten Mappe
und Hausarbeit präsentiert werden, außerdem fand ein persönliches Gespräch statt;
mit erfolgreicher Bewerbung in Aachen dann
in Düsseldorf eingeschrieben

VORBEREITUNG
Ausbildung zur Fotografin in Portrait- und
Werbestudio; Praktikum in Werbeagentur
(2 Monate); Teilnahme an Infoveranstaltungen an den Schulen; Arbeit an der Mappe
über mehrere Monate

Arbeit 4

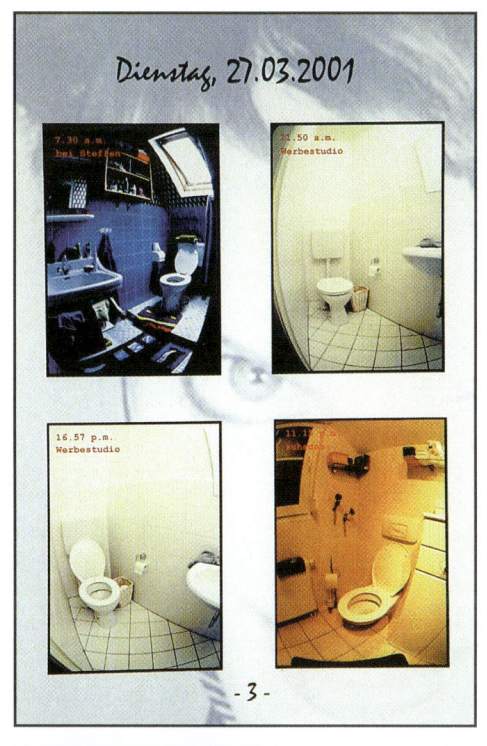

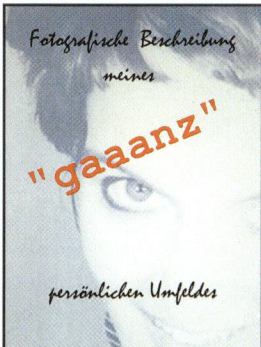

Jean Baudrillard:

„Durch die virtuellen Maschinen und die neuen Technologien jedoch bin ich keineswegs entfremdet. Sie bilden mit mir einen integrierten Schaltkreis. Groß- und Microcomputer, Fernsehen und Video und selbst der Fotoapparat sind wie Kontaktlinsen, durchsichtige Prothesen, die derart in den Körper integriert sind, dass sie fast schon genetisch zu ihm gehören,...."

Arbeit 5

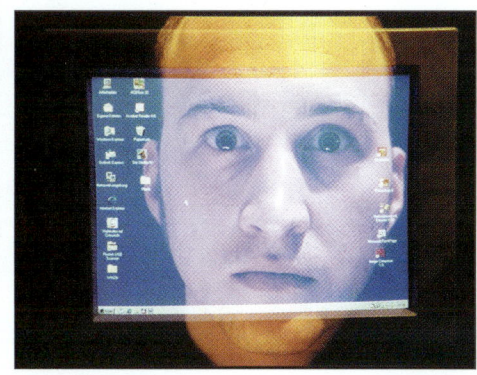

(16)

FACHHOCHSCHULE DÜSSELDORF / KOMMUNIKATIONSDESIGN

SILKE HESELER

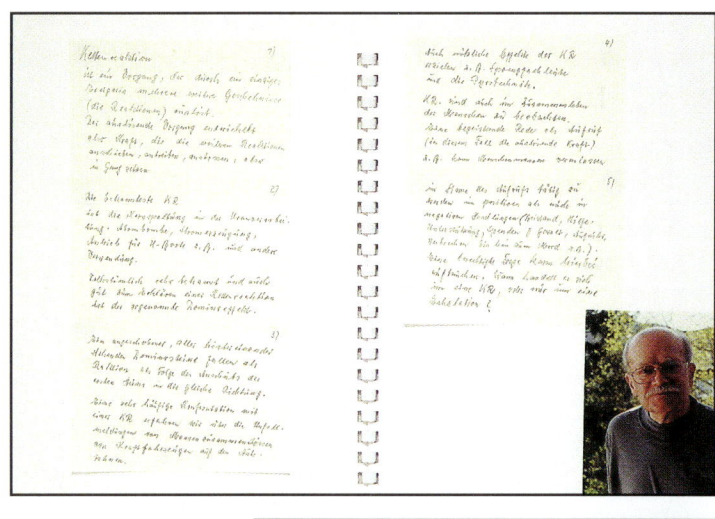

Arbeit 6

Arbeit 7

1 Klon-Otto (interaktive CD-Rom)
2 Das ist sie! (Video: Der Weg der Mappe zur Uni)
3 Rasender Stillstand
4 Beschreibung des persönlichen Umfeldes
5 Mensch und Maschine
6 Kettenreaktion
7 Alles Stuhl?
8 Die Juhnkes
9 Alles Schrott?
10 Einfach nur Angst
11 Ist das stille Örtchen wirklich so still?

FACHHOCHSCHULE DÜSSELDORF / KOMMUNIKATIONSDESIGN

SILKE HESELER

Arbeit 9

Arbeit 8

Arbeit 10

Arbeit 11

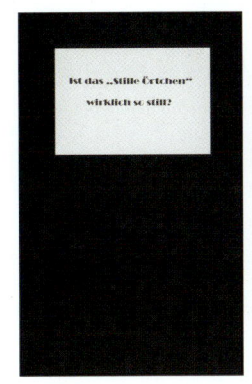

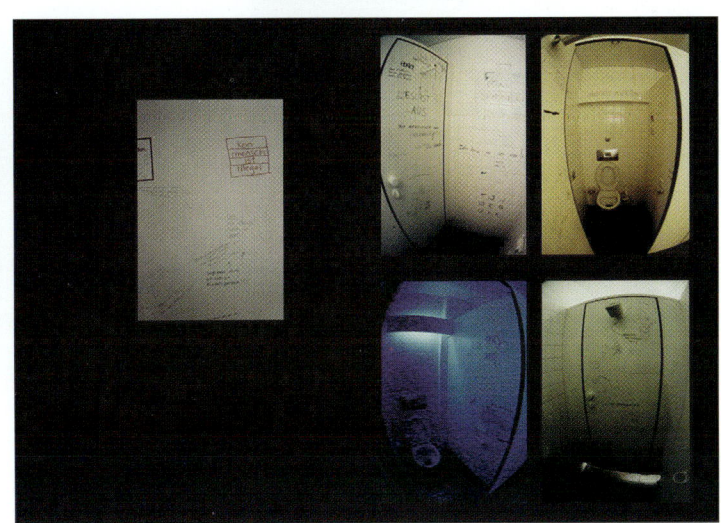

(17)

UNIVERSITÄT GESAMTHOCHSCHULE ESSEN / INDUSTRIEDESIGN

NADINE HOLTGRÄWE

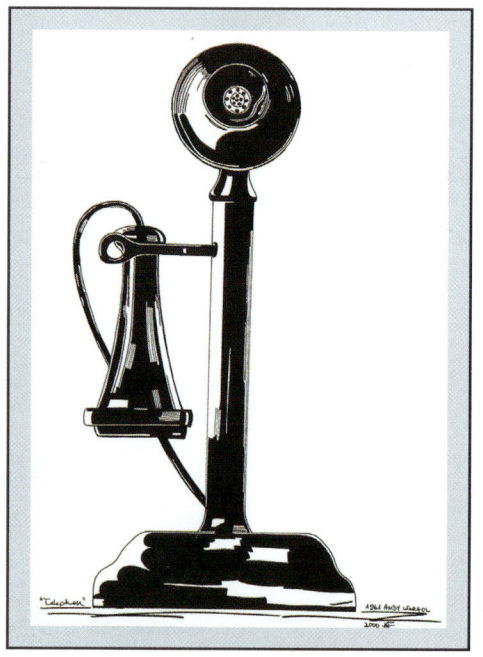

Arbeit 1

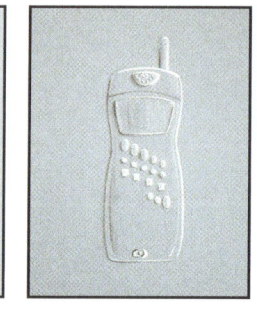

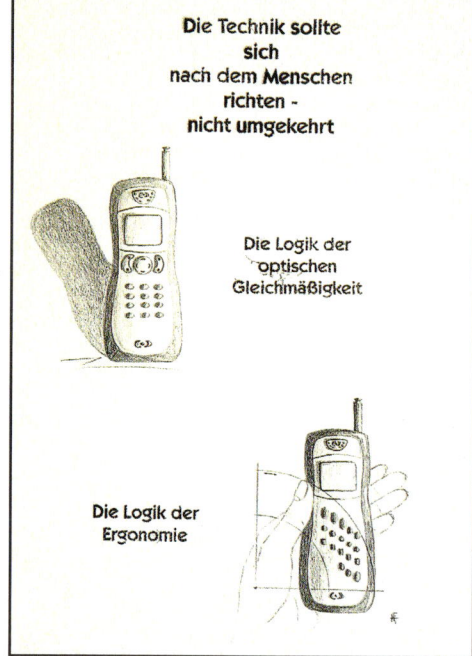

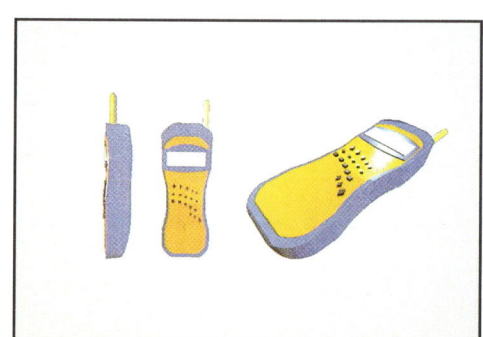

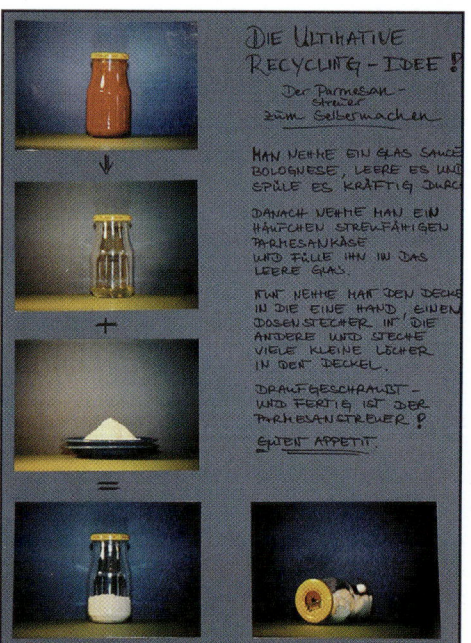

Arbeit 2

Arbeit 3

UNIVERSITÄT GESAMTHOCHSCHULE ESSEN / INDUSTRIEDESIGN

NADINE HOLTGRÄWE

(17)

NADINE HOLTGRÄWE
Universität Gesamthochschule Essen, Industriedesign

ALTER
26

E-MAIL
nadine.ms@gmx.de

ANZAHL DER ARBEITEN
28

HAUSARBEIT
keine

AUFNAHMEVERFAHREN
Dreitägige Prüfung (Zeichenaufgaben in Bezug auf Darstellungsvermögen und Aufnahmefähigkeit; Entwurf, Konstruktion und Gestaltung eines bestimmten Gegenstandes; Aufgaben im Hinblick auf technisches Verständnis, Farbkompositionen)

VORBEREITUNG
Ausbildung zur Tischlerin; zusätzlich Orientierungspraktikum in der Tischlerei der FH für Design in Münster; Zeichenkurs; Kontaktaufnahme zu Design-Professoren und -Studenten; Mappenberatungstermine; viel gezeichnet; Arbeit an der Mappe ca. 2 Monate

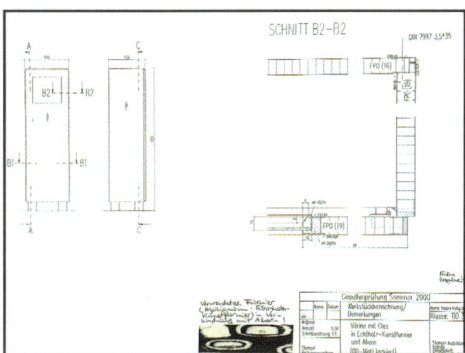

Arbeit 4

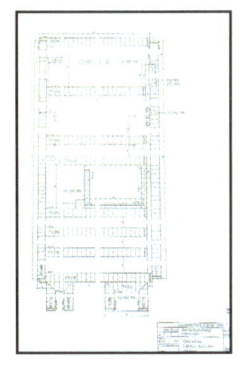

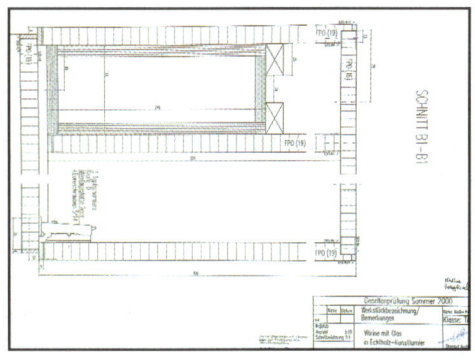

Arbeit 5 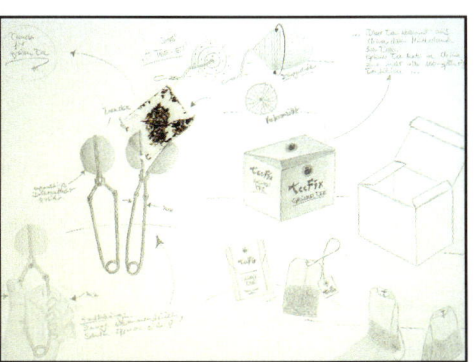 | Arbeit 6  | Arbeit 7

(17)

UNIVERSITÄT GESAMTHOCHSCHULE ESSEN / INDUSTRIEDESIGN

NADINE HOLTGRÄWE

Arbeit 8 - 11

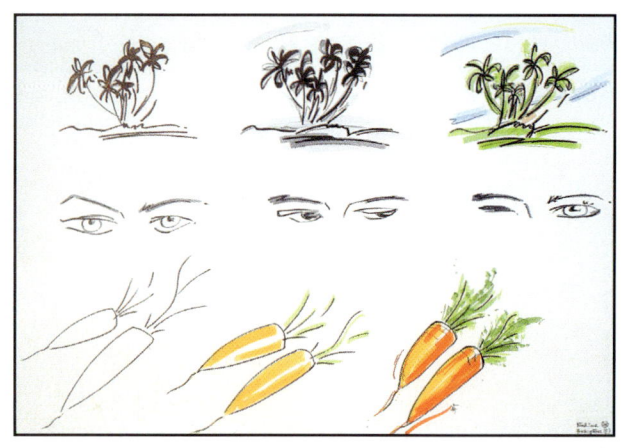

1	Telefonstudien
2	Recycling-Idee
3	Parmesanstreuer
4	Schrank (Gesellenstück)
5	Teenetz für groben Tee
6	How to make tea
7	Two-gether
8 - 11	ohne Titel
12	Aktstudien
13	Streuerstudie
14	Glasstudie
15	Henkelstudie

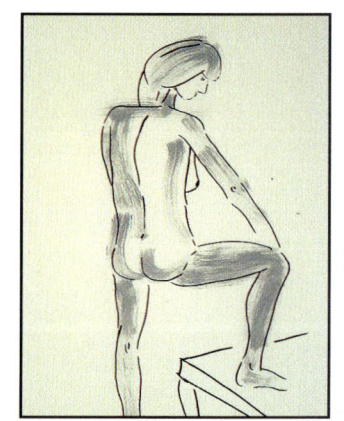

Arbeit 12

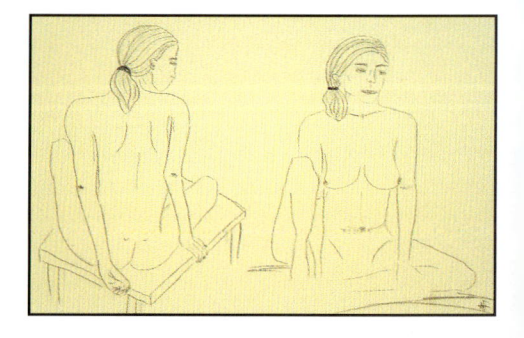

UNIVERSITÄT GESAMTHOCHSCHULE ESSEN / INDUSTRIEDESIGN

NADINE HOLTGRÄWE

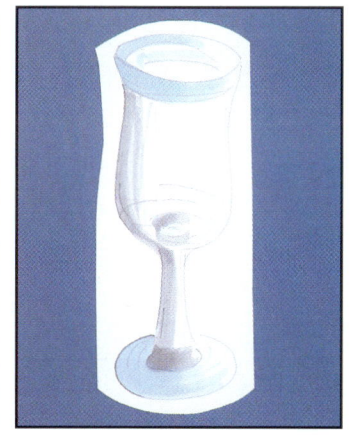

(17)

Arbeit 13 + 14

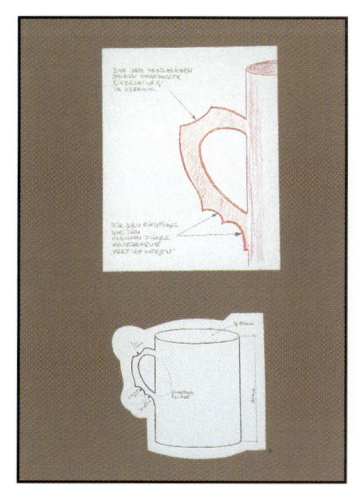

Arbeit 15

(18)

KUNSTHOCHSCHULE BERLIN / PRODUKTDESIGN

STEPHANIE HOMA

Arbeit 1

Arbeit 2

Arbeit 3

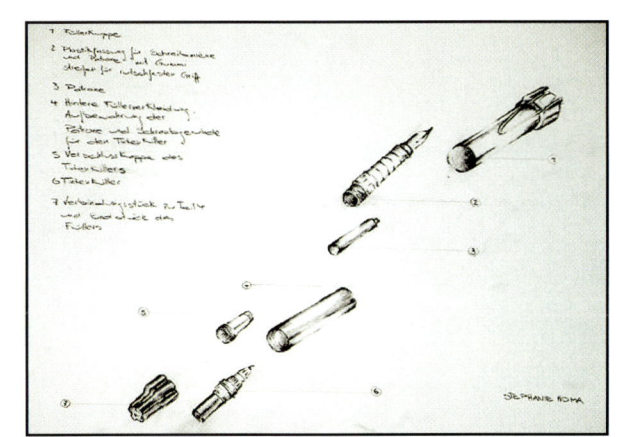

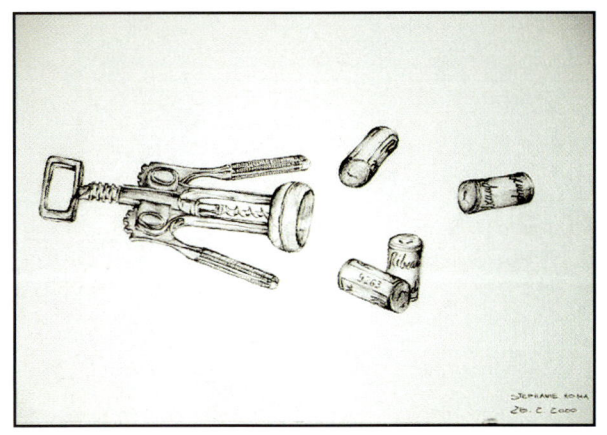

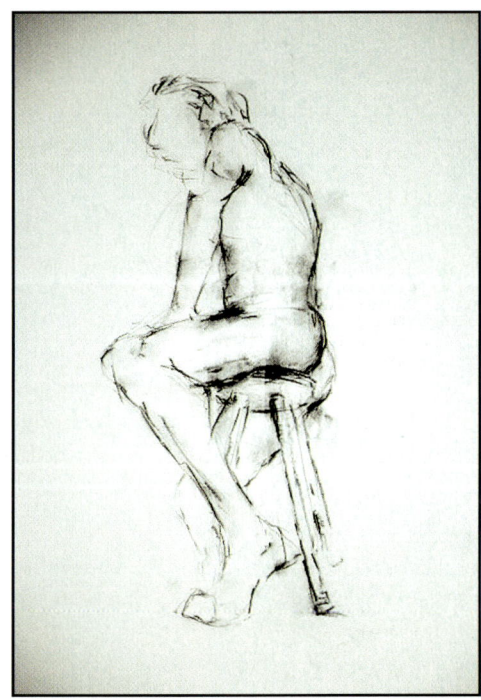

Arbeit 4

Arbeit 5

MYTHOS MAPPE / 2003 / SEITE 100

KUNSTHOCHSCHULE BERLIN / PRODUKTDESIGN
STEPHANIE HOMA

(18)

STEPHANIE HOMA
**Kunsthochschule Berlin,
Produktdesign**

ALTER
20

E-MAIL
fam.homa@gmx.net

ANZAHL DER ARBEITEN
20

HAUSARBEIT
keine

AUFNAHMEVERFAHREN
**Dreitägige Prüfung mit insgesamt
8 Aufgabenstellungen; jeweils
ca. 3 Stunden Zeit; zwischendurch immer
wieder Selektion der Bewerber**

VORBEREITUNG
**Studium Industriedesign (1 Semester);
Teilnahme an einem Zeichenzirkel
(6 Monate); intensives Selbststudium;
Arbeit an der Mappe ca. 6 Monate**

Arbeit 6

Arbeit 7

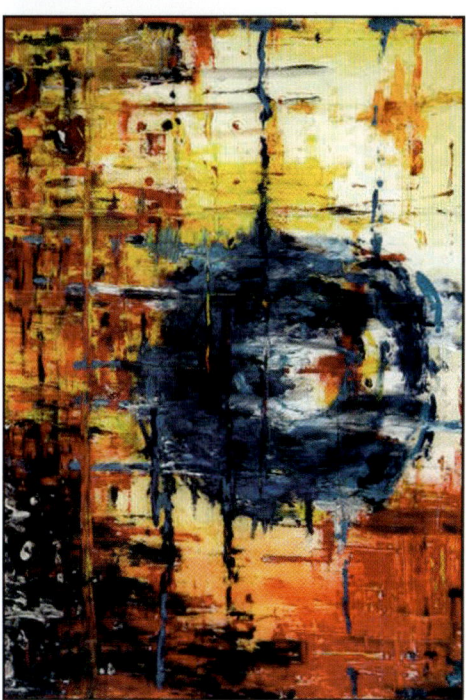

Arbeit 8

(18)

KUNSTHOCHSCHULE BERLIN / PRODUKTDESIGN

STEPHANIE HOMA

Arbeit 9

Arbeit 10

Arbeit 11

1 - 7	Bleistift
8	Öl
9 + 10	Bleistift
11	Bleistift, Gouache
12	Copymarker
13	Öl
14	Bleistift

KUNSTHOCHSCHULE BERLIN / PRODUKTDESIGN
STEPHANIE HOMA

(18)

Arbeit 12

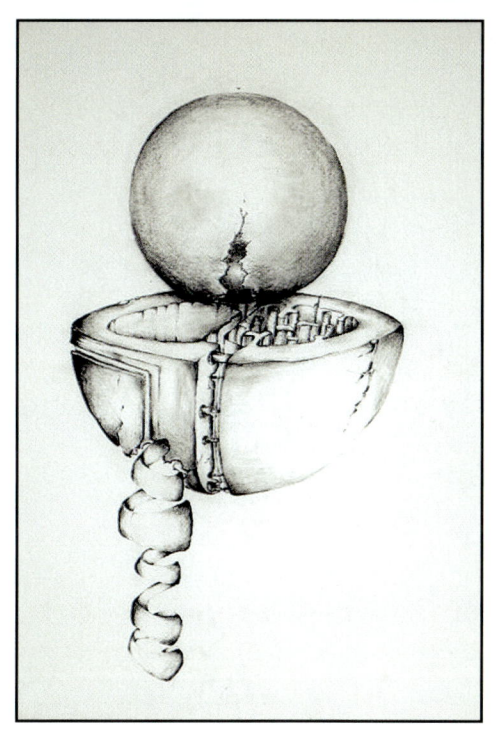

Arbeit 13

Arbeit 14

(19)

STAATLICHE FACHAKADEMIE MÜNCHEN / FOTODESIGN

FLORIAN KESTING

Arbeit 1

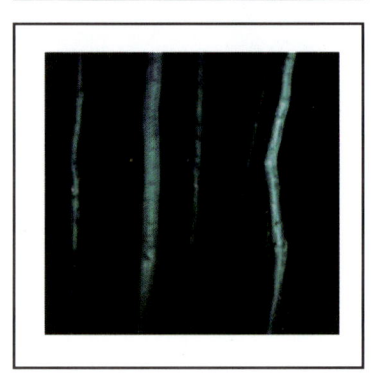

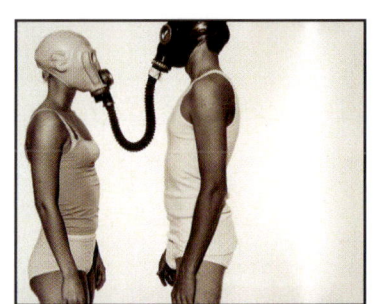

Arbeit 2

MYTHOS MAPPE / 2003 / SEITE 104

STAATLICHE FACHAKADEMIE MÜNCHEN / FOTODESIGN
FLORIAN KESTING

(19)

FLORIAN KESTING
Staatliche Fachakademie München, Fotodesign

ALTER
22

E-MAIL
flokes@hotmail.com

ANZAHL DER ARBEITEN
27

HAUSARBEIT
Fotografische Arbeiten (4) zum Thema „Immer wieder Sonntags" (wurde erst gestellt, nachdem die Mappe bereits angenommen war)

AUFNAHMEVERFAHREN
Präsentation der Hausarbeit; allgemeine Fragen zum Thema Fotgrafie

VORBEREITUNG
Praktikum bei Fotodesigner (1 Jahr); Arbeit an der Mappe ca. 9 Monate

Arbeit 3

Arbeit 4

MYTHOS MAPPE / 2003 / SEITE 105

(19)

STAATLICHE FACHAKADEMIE MÜNCHEN / FOTODESIGN
FLORIAN KESTING

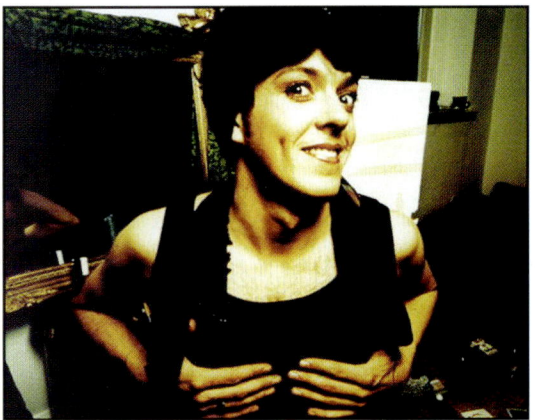

Arbeit 5

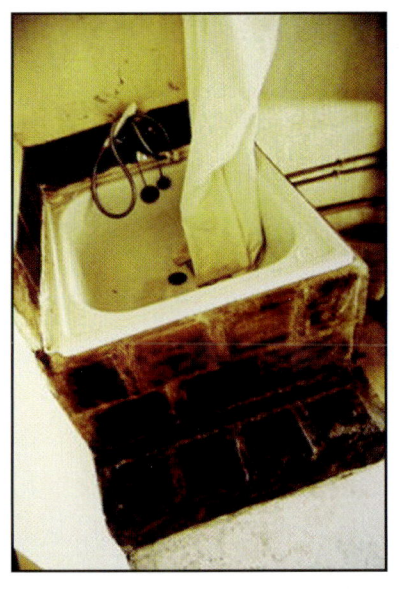

Arbeit 6

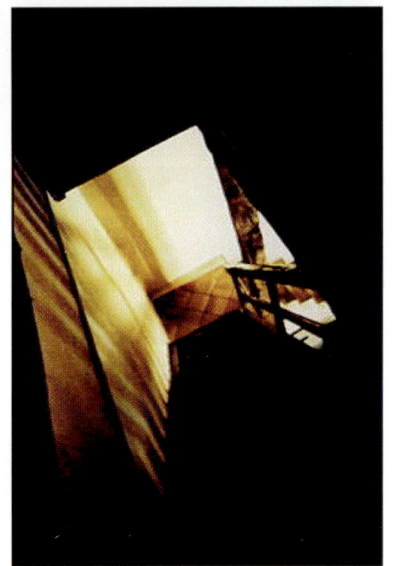

MYTHOS MAPPE / 2003 / SEITE 106

STAATLICHE FACHAKADEMIE MÜNCHEN / FOTODESIGN

FLORIAN KESTING

(19)

Arbeit 7

Arbeit 8

1 Im Wald
2 Gasmasken
3 Mensch – Schatten
4 Hand
5 Selbstportrait
6 In einem Haus
7 Der Erdgeist im Rapsfeld
8 Portrait

(20)

UNIVERSITÄT GESAMTHOCHSCHULE ESSEN / INDUSTRIEDESIGN

SONJA KIND

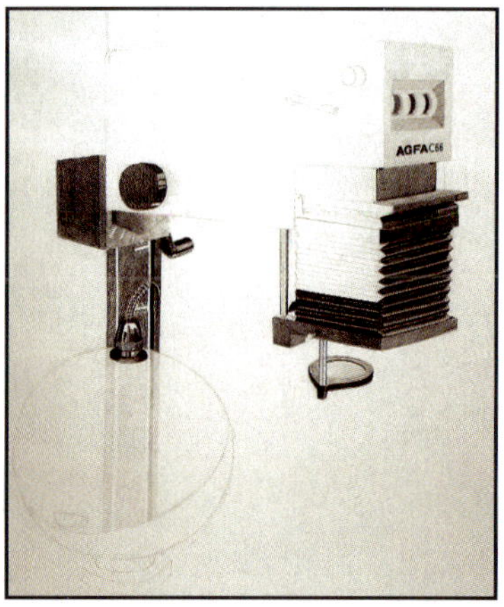

Arbeit 1

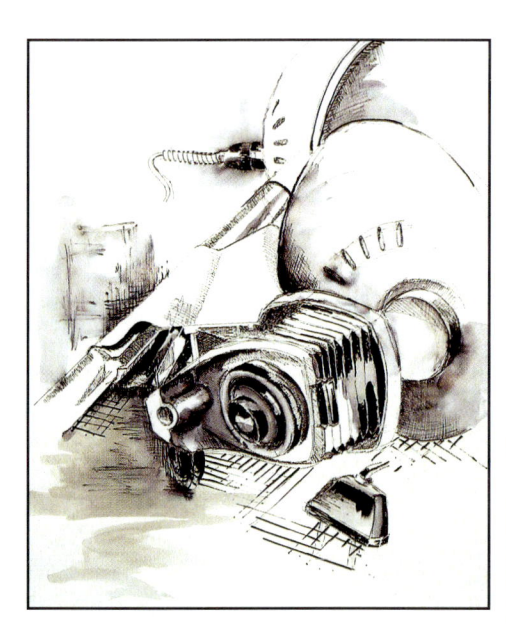

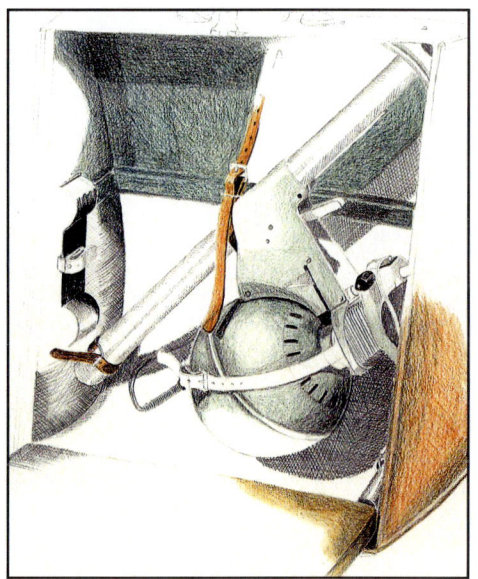

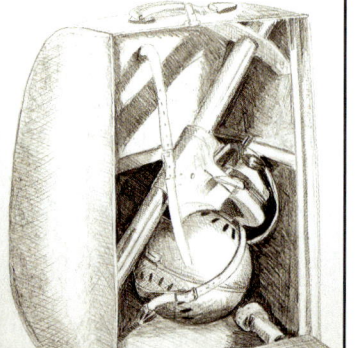

Arbeit 3

Arbeit 5 + 6

Arbeit 2

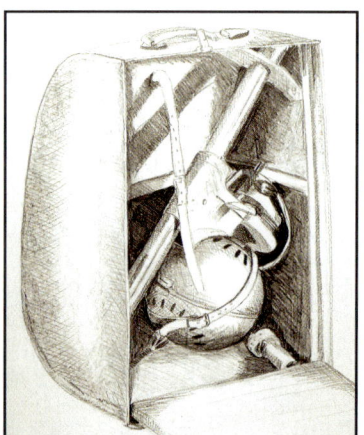

Arbeit 4

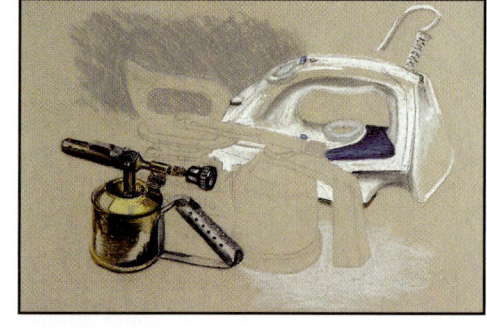

Arbeit 7 + 8

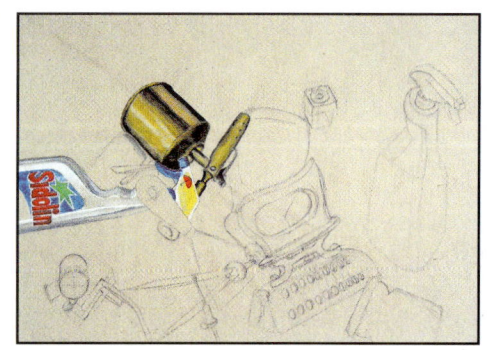

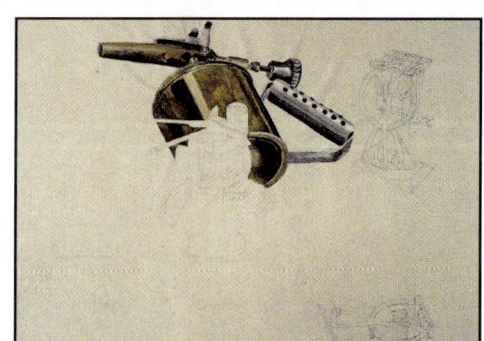

UNIVERSITÄT GESAMTHOCHSCHULE ESSEN / INDUSTRIEDESIGN

SONJA KIND

(20)

SONJA KIND
Universität Gesamthochschule Essen, Industriedesign

ALTER
21

E-MAIL
sonjakind@web.de

ANZAHL DER ARBEITEN
27

HAUSARBEIT
keine

AUFNAHMEVERFAHREN
Dreitägige Prüfung (Umgang mit Farben, Formen und Flächen; Entwurfsaufgabe; Intelligenztests)

VORBEREITUNG
Vorstudium für Kunst und Design in den Jugendkunstgruppen Leverkusen; 4 Monate Lehrzeit als Zahntechnikerin wurden als Vorpraktikum anerkannt; Mappenkurs bei einer Künstlerin (1 Jahr), dort habe ich auch meine Mappe angefertigt

Arbeit 9

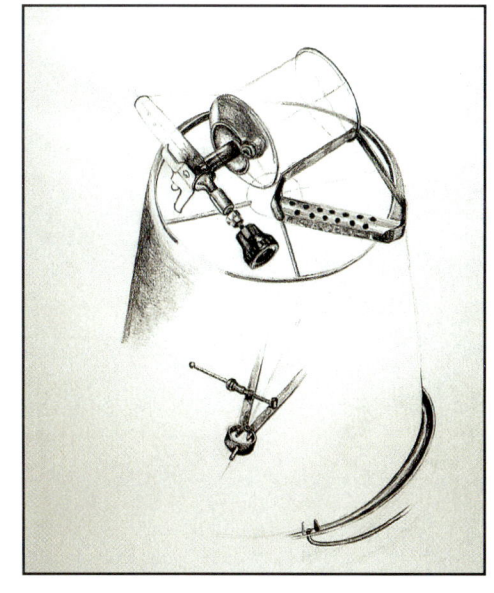

Arbeit 10

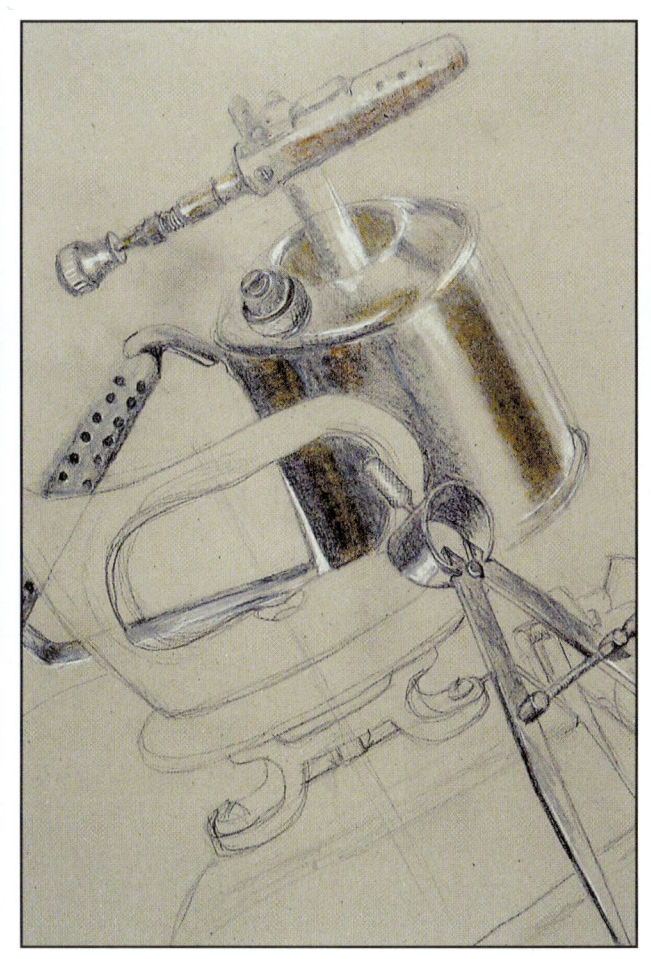

Arbeit 11

Arbeit 12

Arbeit 13

(20) UNIVERSITÄT GESAMTHOCHSCHULE ESSEN / INDUSTRIEDESIGN

SONJA KIND

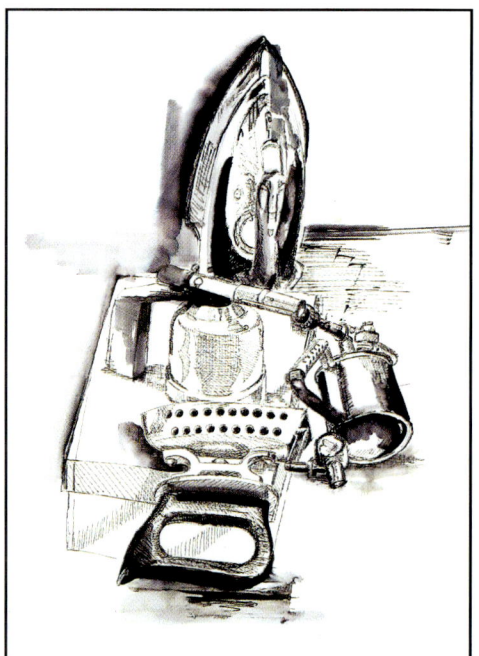

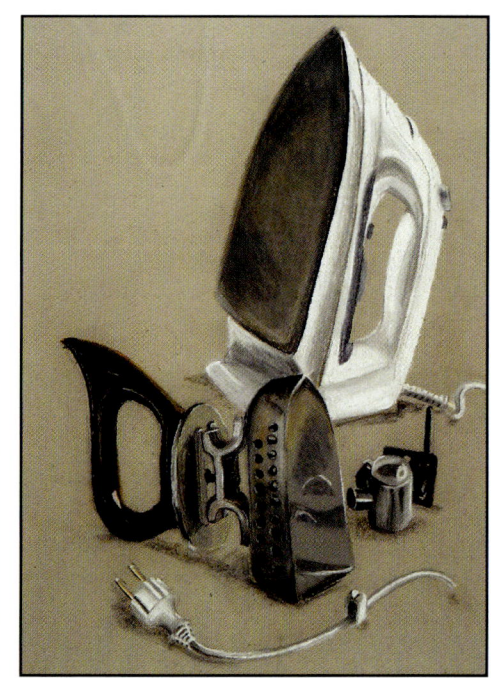

Arbeit 14-16

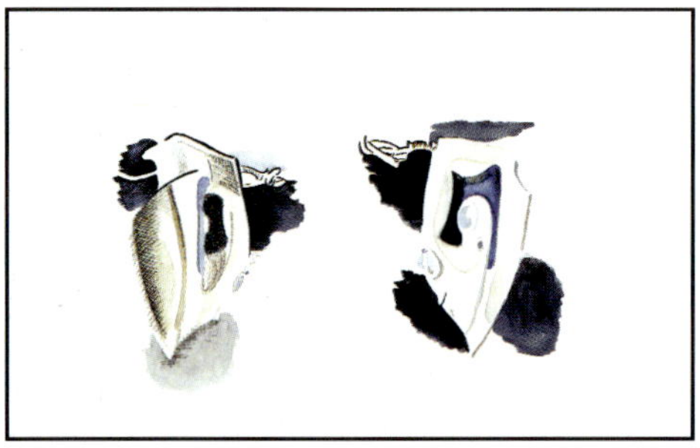

Arbeit 17

Arbeit 18

Arbeit 19 + 20

UNIVERSITÄT GESAMTHOCHSCHULE ESSEN / INDUSTRIEDESIGN
SONJA KIND

(20)

1	Tusche
2	Bleistift, Buntstift
3 + 4	Bleistift
5	Kreide
6	Bleistift, Tusche
7 + 8	Bleistift, Kreide
9 + 10	Bleistift
11 - 13	Kreide
14 - 15	Aquarell
16	Kreide
17	Aquarell
18	Tusche
19 + 20	Tusche, Marker
21 - 23	Fotografien
24 - 26	Bleistift

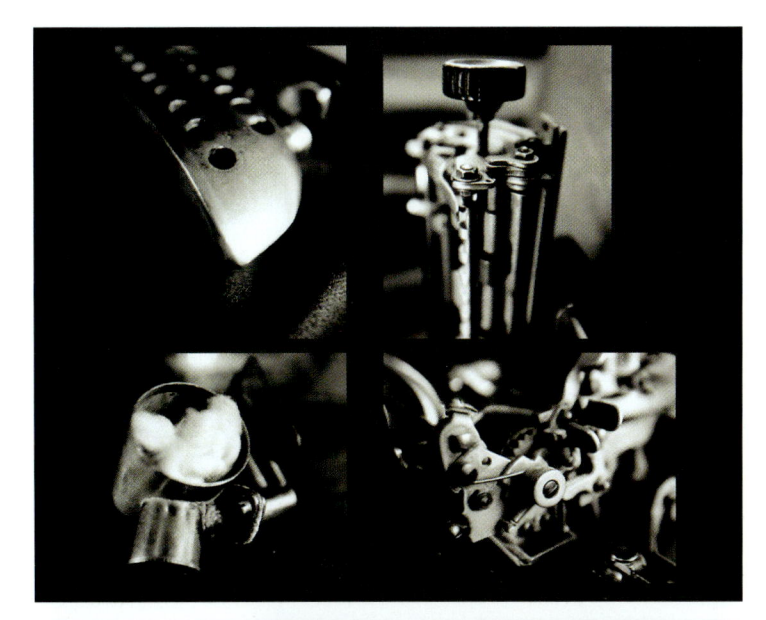

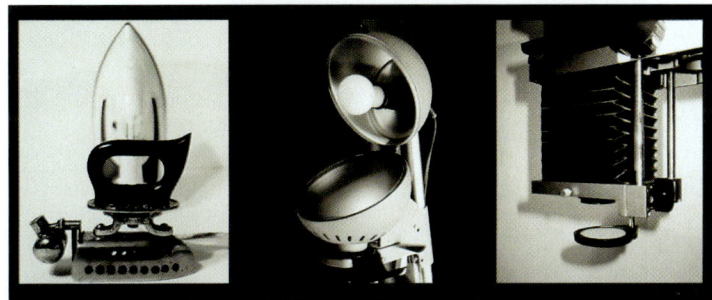

Arbeit 24

Arbeit 21 - 23

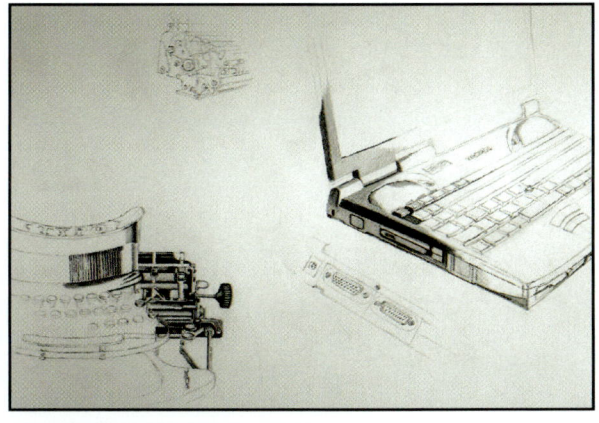

Arbeit 25 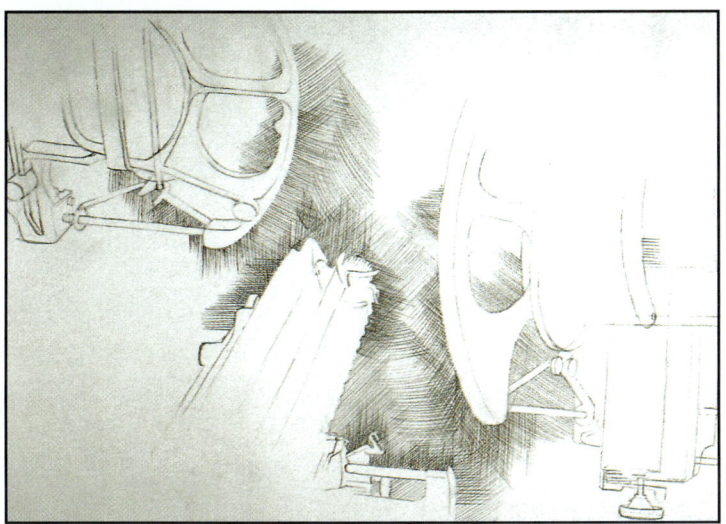   Arbeit 26

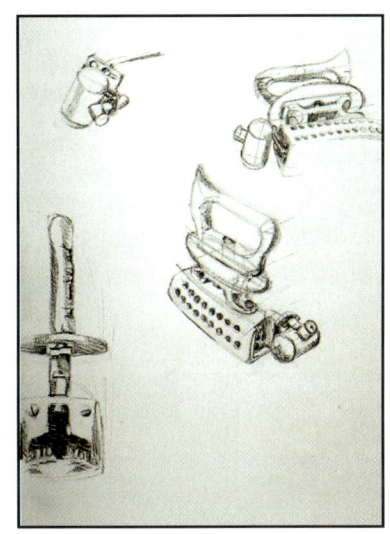

(21) UNIVERSITÄT GESAMTHOCHSCHULE WUPPERTAL / KOMMUNIKATIONSDESIGN
CHRISTIAN KÖHLER

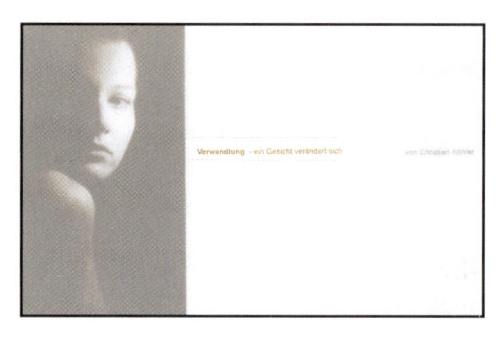

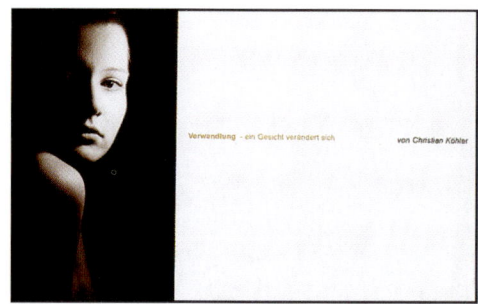

Arbeit 1

Arbeit 2

UNIVERSITÄT GESAMTHOCHSCHULE WUPPERTAL / KOMMUNIKATIONSDESIGN
CHRISTIAN KÖHLER

(21)

CHRISTIAN KÖHLER
Universität Gesamthochschule Wuppertal, Kommunikationsdesign

ALTER
23

E-MAIL
ceejays@web.de

ANZAHL DER ARBEITEN
10

HAUSARBEIT
Zwei eigenständige Arbeiten zum Thema „Heimat"; Nachweis der eigenen Kritikfähigkeit durch Auswahl von jeweils einem guten und einem schlechten Beispiel zu vorgegebenen Themen mit Begründung

AUFNAHMEVERFAHREN
Stellungnahme zu den eingereichten Arbeiten; persönliches Gespräch

VORBEREITUNG
Regelmäßige Beratungsgespräche durch einen Professor; rund 9 Monate Arbeit an der Mappe

Arbeit 3

Arbeit 4

(21) UNIVERSITÄT GESAMTHOCHSCHULE WUPPERTAL / KOMMUNIKATIONSDESIGN
CHRISTIAN KÖHLER

Arbeit 5

Arbeit 6

1   Begleitheft: Präsentation der vollständigen Bildserien
2 - 8   Fotografien: Umsetzung des selbstgestellten Themas
    „Verwandlung" mit ein und demselben Model
9   Hausarbeit

MYTHOS MAPPE / 2003 / SEITE 114

UNIVERSITÄT GESAMTHOCHSCHULE WUPPERTAL / KOMMUNIKATIONSDESIGN
CHRISTIAN KÖHLER

(21)

Arbeit 7

Arbeit 8

HEIMAT

Arbeit 9

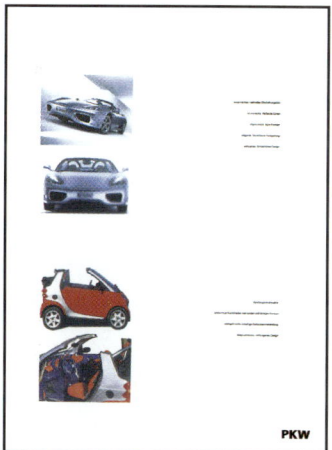

STELLENANZEIGE

PKW

TITELSEITE

(22)

FACHHOCHSCHULE WIESBADEN / KOMMUNIKATIONSDESIGN

PETER KOHL

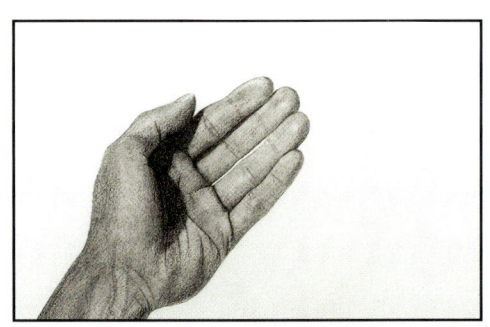

Arbeit 1-3

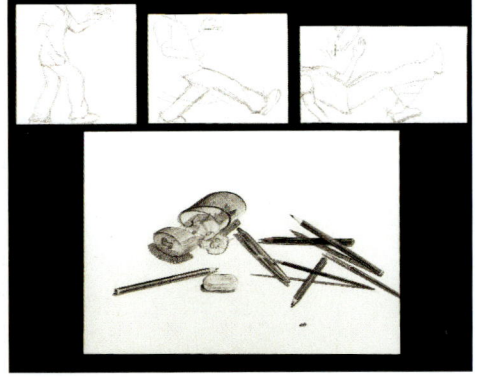

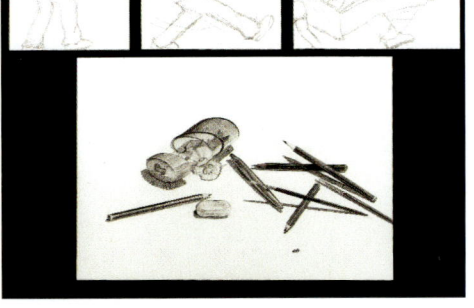

Arbeit 4

Arbeit 5

Arbeit 7

Arbeit 8 + 9

Arbeit 6

MYTHOS MAPPE / 2003 / SEITE 116

FACHHOCHSCHULE WIESBADEN / KOMMUNIKATIONSDESIGN
PETER KOHL

(22)

PETER KOHL
Fachhochschule Wiesbaden, Kommunikationsdesign

ALTER
21

E-MAIL
wendeman@web.de

ANZAHL DER ARBEITEN
32 + 2 Skizzenbücher

HAUSARBEIT
Freie Arbeiten zum Thema „Herbst"

AUFNAHMEVERFAHREN
Fünffach gestaffeltes Auswahlverfahren über drei Tage: Aufgaben zu den Bereichen Kreativität, Farbwirkung, Illustration, Zeichnen und Fotografie mit jeweils engem Zeitrahmen. Zum Teil wurden zusätzlich Einzelgespräche mit den Bewerbern geführt.

VORBEREITUNG
Mappenvorbereitungskurs (3 Monate) und dann alles in die Mappe getan, von dem man mir sagte, ich soll es um Gottes Willen draußen lassen; viele Gespräche mit Studenten und über Studiengang/Professoren informiert; Vorbesprechung an der FH besucht; Copics gekauft; Arbeit an der Mappe ca. 3-4 Monate

Arbeit 10

Arbeit 11

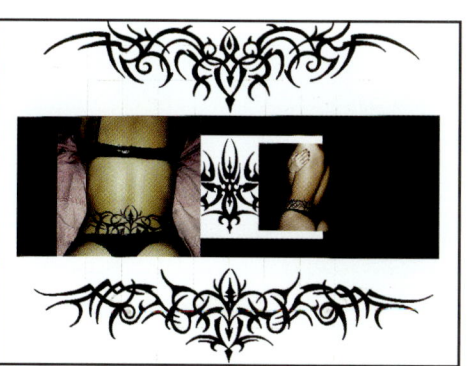

Arbeit 12

Arbeit 13

Arbeit 14

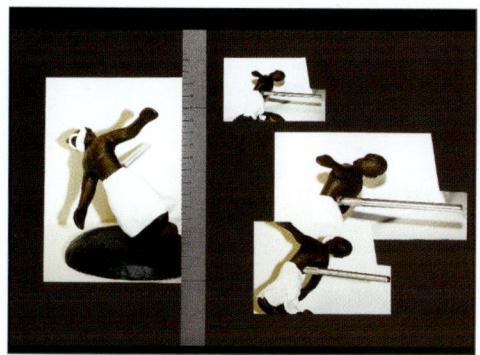

Arbeit 15 + 16

(22)

FACHHOCHSCHULE WIESBADEN / KOMMUNIKATIONSDESIGN

PETER KOHL

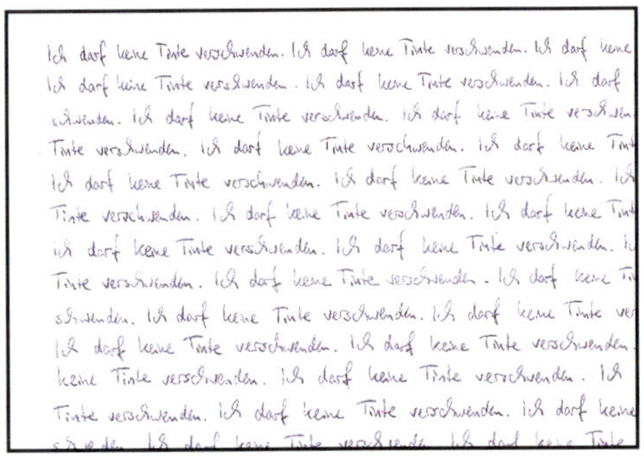

Arbeiten 17 + 18

1	Bleistift
2	Fotografie
3	Bleistift
4	Bleistift, Buntstift
5	Bleistift
6	Bleistift, Buntstift, Tusche, Fotografie
7	Fotografie, Kamelfiguren: Kerzenwachs, Acryl
8 + 9	Bleistift, Buntstift, Tusche
10	Quadratur des Kreises: Filzschreiber
11	Bleistift
12	Ölpastellkreide
13	Bleistift, Filzschreiber, Edding
14	Fotografie, Skulptur: Kerzenwachs / Acryl
15	Fotografie, Skulptur: Kerzenwachs
16	Bleistift
17	Tinte
18 - 20	Marker
21 - 23	Wasserfarbe
24	Acryl
25	Gescannte Polaroids, Aquarell
26	Fotografie
27	Fotocollage, Acryl, Aquarell, Herbstblätter
28	Aquarell, Acryl
29	Wasserfarbe
30	Bleistift

Arbeiten 19 + 20

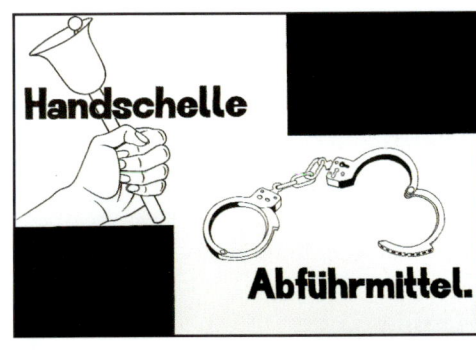

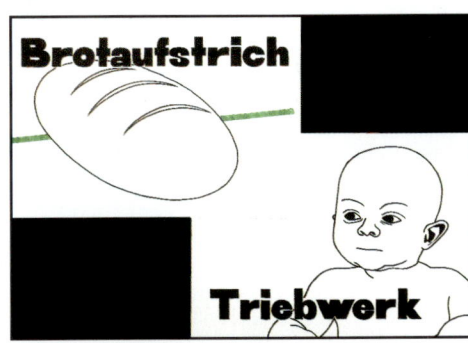

Arbeiten 21-23

MYTHOS MAPPE / 2003 / SEITE 118

FACHHOCHSCHULE WIESBADEN / KOMMUNIKATIONSDESIGN

PETER KOHL

(22)

Arbeit 24

Arbeit 25

Arbeit 26

Arbeiten 27-29

Arbeit 30

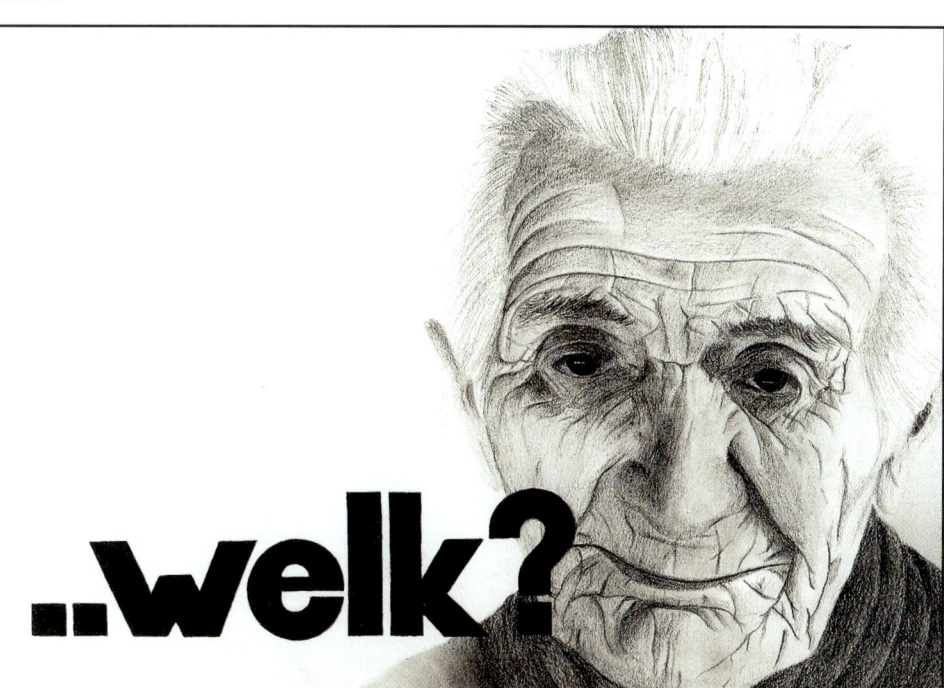

MYTHOS MAPPE / 2003 / SEITE 119

(23)

FACHHOCHSCHULE WÜRZBURG-SCHWEINFURT / KOMMUNIKATIONSDESIGN

ANDREA KORNHER

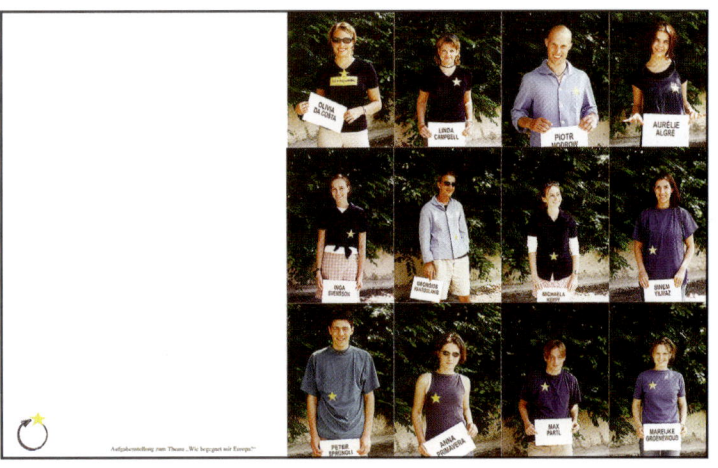

Arbeit 1

Arbeit 2

Arbeit 3 + 4

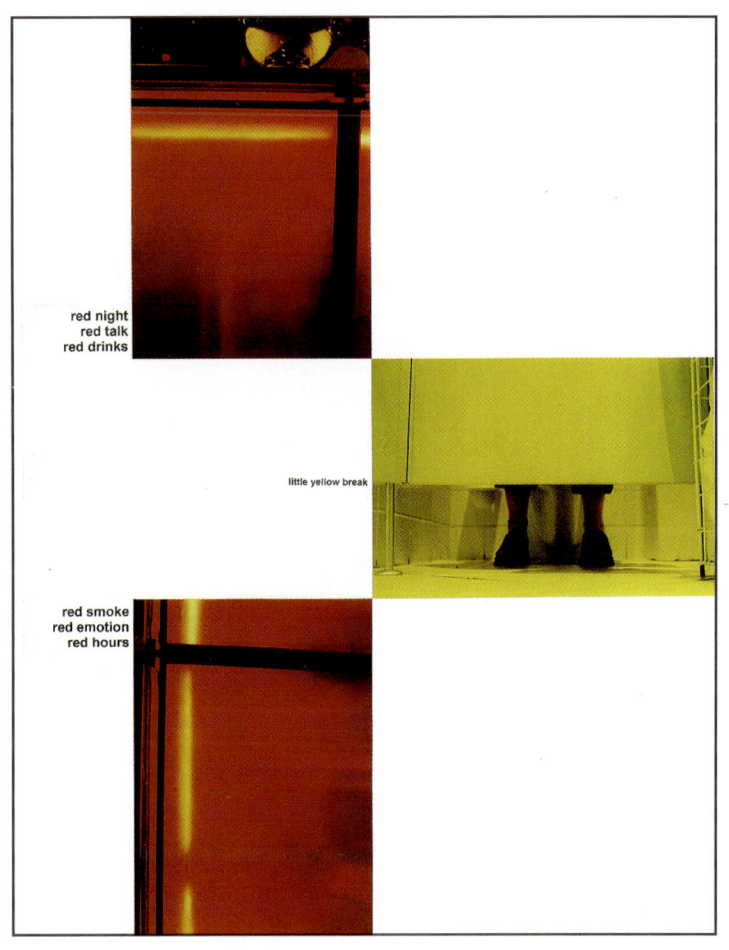

1 - 4	Hausarbeit
5	Subway
6	Auf der Suche nach dem Horizont
7	Schokoladenseite; Cover
8	Der Geschmack
9	Das Kunstobjekt
10	Die Droge
11	Die Sünde
12	Die Verfeinerung
13	Das Getränk

FACHHOCHSCHULE WÜRZBURG-SCHWEINFURT / KOMMUNIKATIONSDESIGN

ANDREA KORNHER

ANDREA KORNHER
Fachhochschule Würzburg-Schweinfurt, Kommunikationsdesign

ALTER
22

E-MAIL
andrea.kornher@gmx.de

ANZAHL DER ARBEITEN
8 (zzgl. Hausarbeit)

HAUSARBEIT
Fotoarbeiten zu den Themen „Kneipenszene", „Was ist für mich Europa?" sowie „Tisch - eine Komposition" (Arrangement von Flasche Rotwein, zwei Gläsern und Weißbrot auf einem Tisch, dazu ein weiterer Gegenstand eigener Wahl, der über die beiden - virtuellen - Personen eine Aussage trifft); Zeit 6 Monate

AUFNAHMEVERFAHREN
Praktische Prüfung mit zwei Aufgaben: Entwurf eines Plakates als Collage aus vorgegebenem Text und Farbflächen; Erfinden einer möglichst originellen Geschichte, wobei die Wörter dazu chronologisch aus einem vorgegebenen Text entnommen werden sollten; Zeit 6 Stunden

VORBEREITUNG
Besuch einer Freien Kunstschule (7 Monate); Praktikum in einem Fotostudio (6 Monate); Arbeit an der Mappe rund 4 Monate

Arbeit 5 + 6

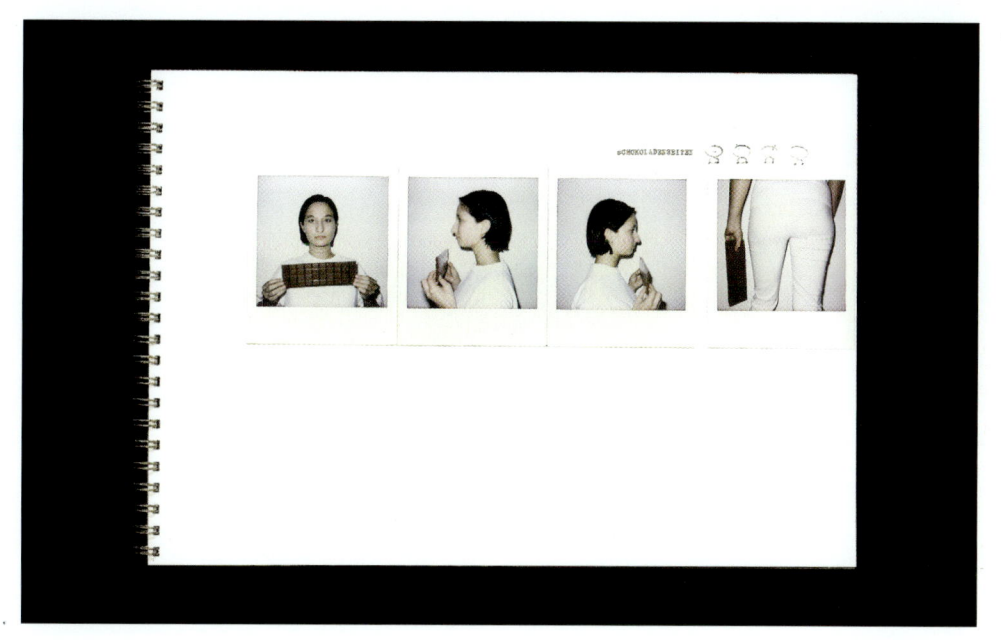

Arbeit 7

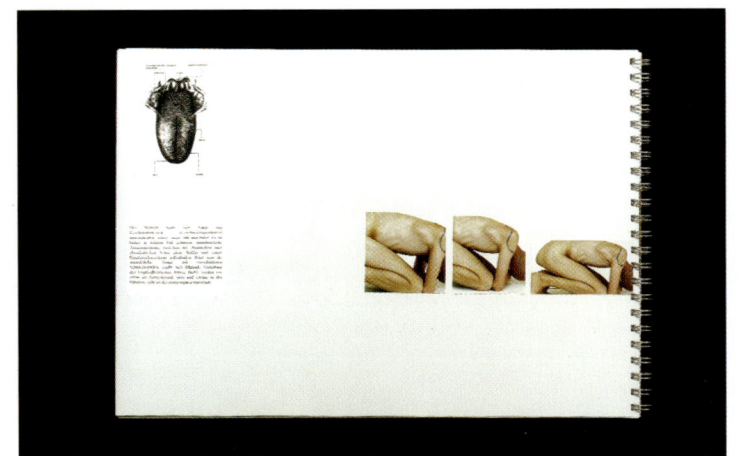

(23) FACHHOCHSCHULE WÜRZBURG-SCHWEINFURT / KOMMUNIKATIONSDESIGN

ANDREA KORNHER

Arbeit 8

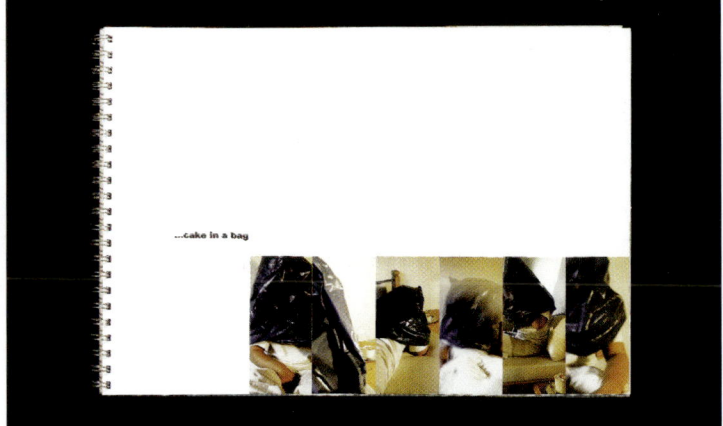

Arbeit 9

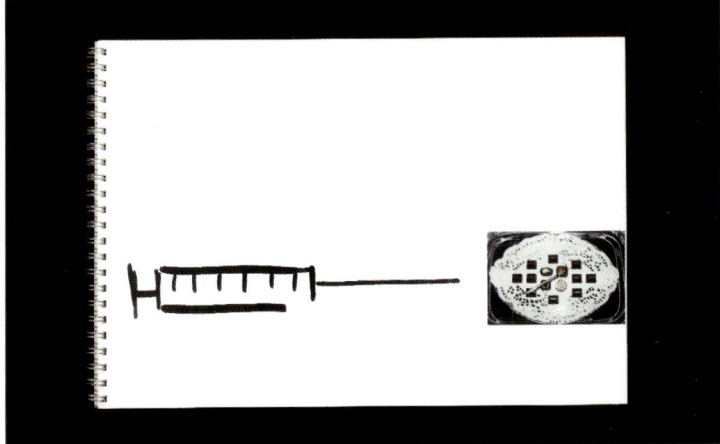

Arbeit 10

FACHHOCHSCHULE WÜRZBURG-SCHWEINFURT / KOMMUNIKATIONSDESIGN

ANDREA KORNHER

(23)

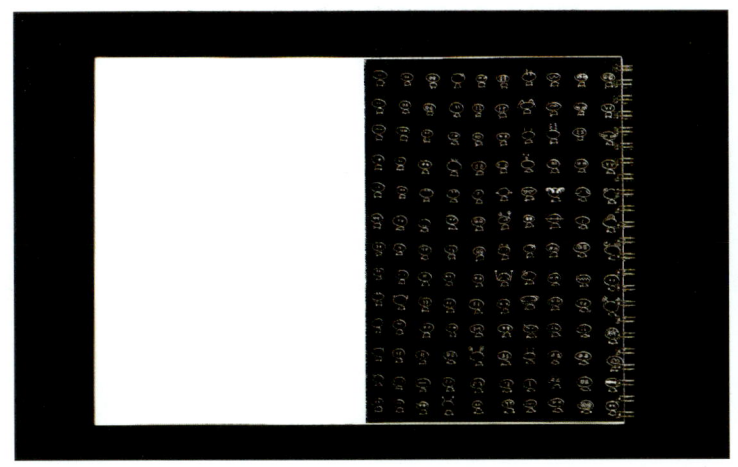

Arbeit 11

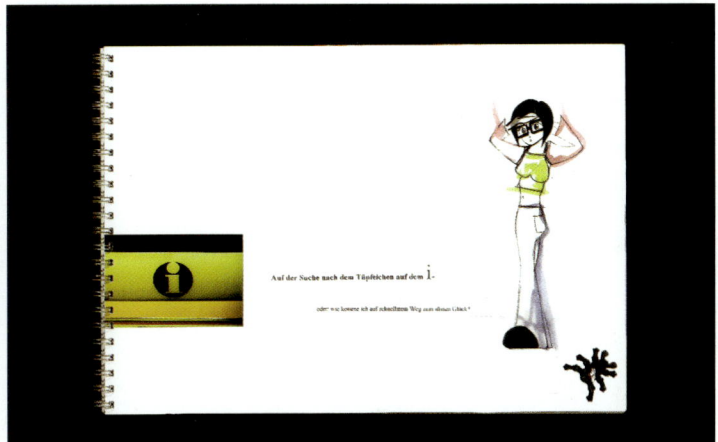

Arbeit 12

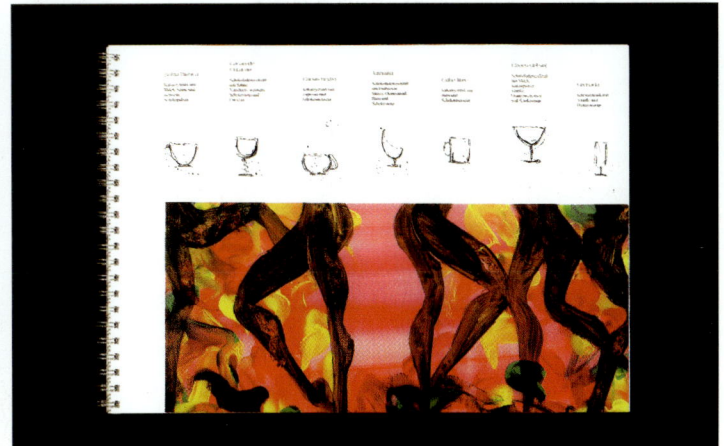

Arbeit 13

(24) UNIVERSITÄT GESAMTHOCHSCHULE ESSEN / INDUSTRIEDESIGN

ANDREAS KOWALEWSKI

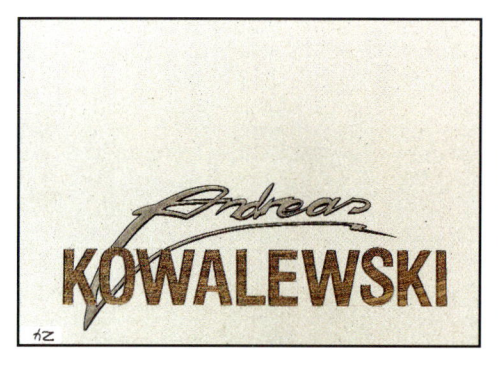

Arbeit 1

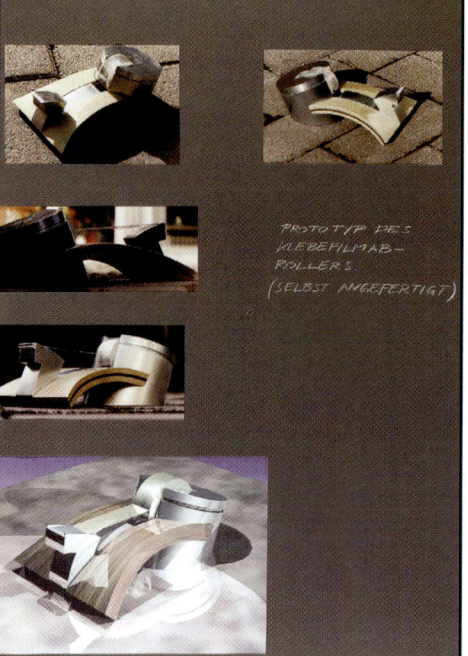

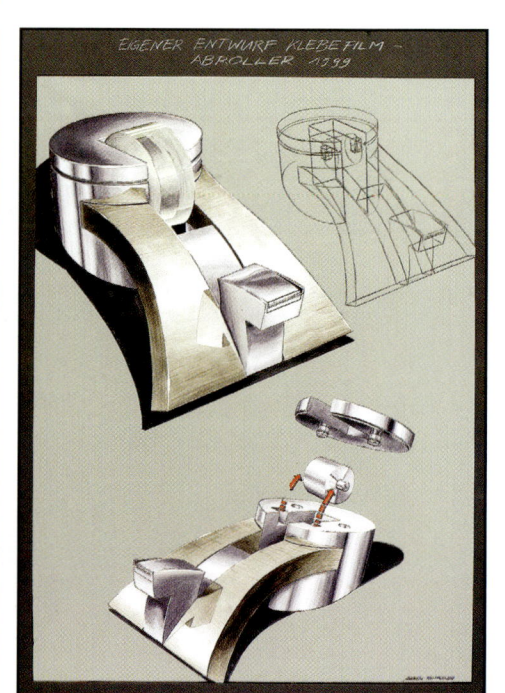

Arbeit 2

Arbeit 3

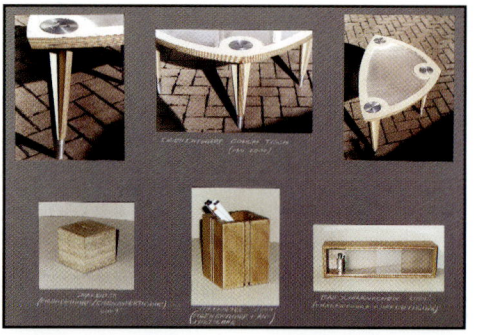

Arbeit 5

Arbeit 4

Arbeit 6

Arbeit 7

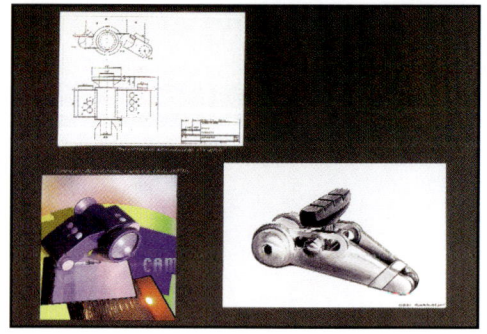

1	Deckblatt Mappe
2	Bettskizzen, Phantasiebild
3 - 4	Möbelkonstruktionen
5	Klebefilmabroller
6	Plastik
7	Entwurf Kamera, Fahrradbremse
8	Selbstportrait, Zeichenstudie
9	Portraits
10	Glasstudie, Entwurf Comic
11	Designstudie Auto
12	Auftragszeichnungen

UNIVERSITÄT GESAMTHOCHSCHULE ESSEN / INDUSTRIEDESIGN

ANDREAS KOWALEWSKI

(24)

ANDREAS KOWALEWSKI
Universität Gesamthochschule Essen,
Industriedesign

ALTER
25

E-MAIL
chili-design@gmx.de

ANZAHL DER ARBEITEN
23

HAUSARBEIT
keine

AUFNAHMEVERFAHREN
Dreitägige Prüfung (Umgang mit Farben, Formen und Flächen; Entwurfsaufgabe; Intelligenztests)

VORBEREITUNG
Ausbildung zum Tischler; Ausbildung zum technischen Assistenten für Produktgestaltung; Praktikum in einem Industrial-Design Büro (3 Monate); sonst keine Vorbereitung

Arbeit 8

Arbeit 9

Arbeit 10

Arbeit 11

Arbeit 12

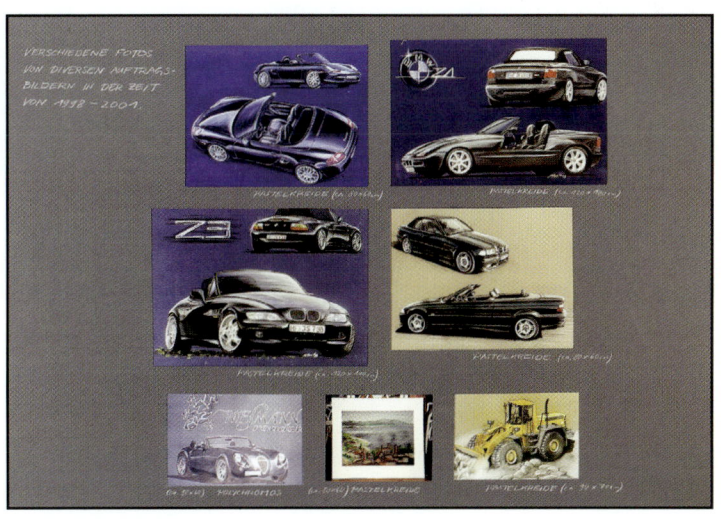

MYTHOS MAPPE / 2003 / SEITE 125

(25)

FACHHOCHSCHULE DORTMUND / RAUM- UND OBJEKTDESIGN

AKSINJA KUTSCHERA

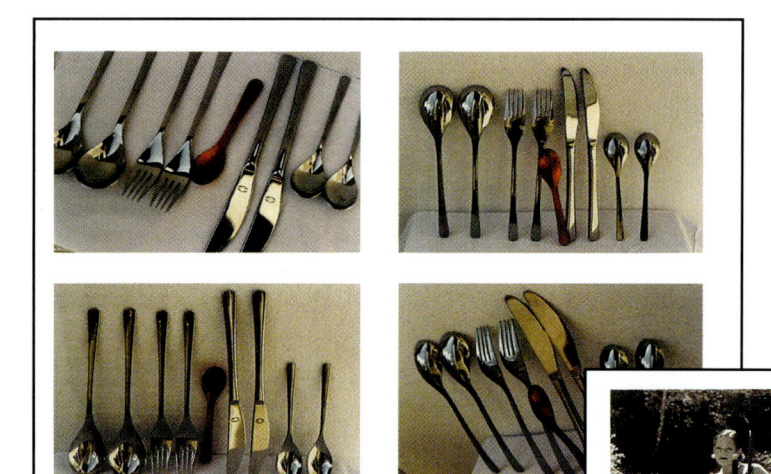

Arbeit 1

Arbeit 2

Arbeit 3 - 8

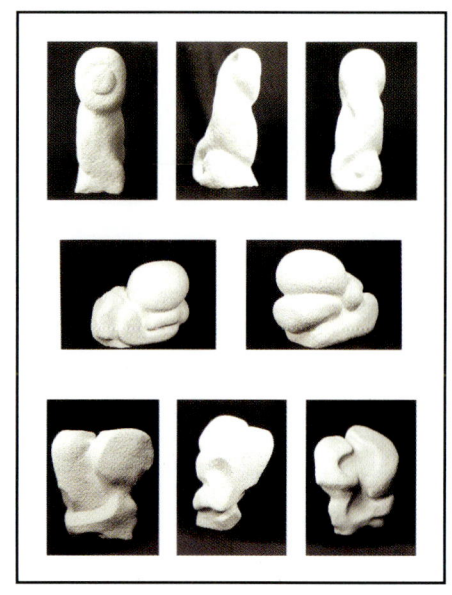

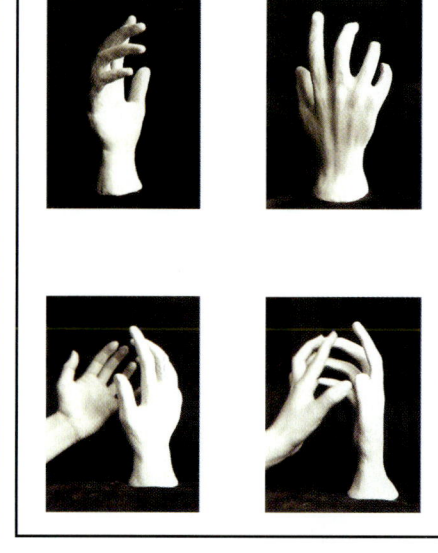

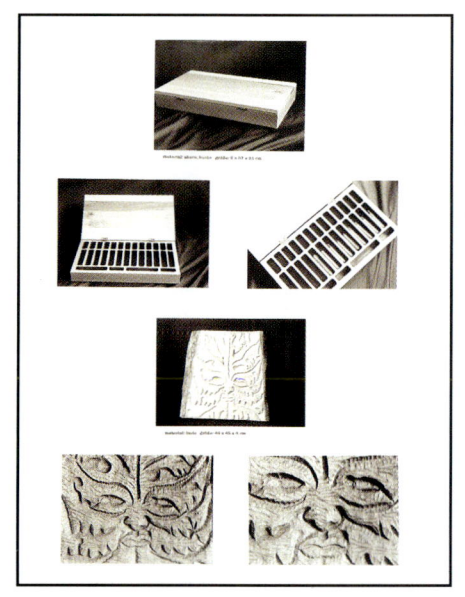

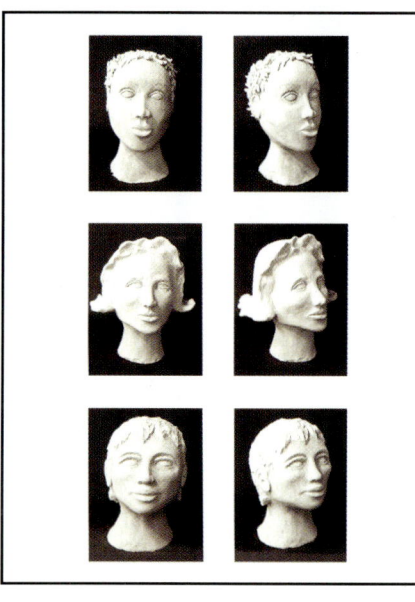

FACHHOCHSCHULE DORTMUND / RAUM- UND OBJEKTDESIGN

AKSINJA KUTSCHERA

(25)

AKSINJA KUTSCHERA
Fachhochschule Dortmund, Raum- und Objektdesign

ALTER
21

E-MAIL
aksi@gregattack.de

ANZAHL DER ARBEITEN
ca. 40

HAUSARBEIT
keine

AUFNAHMEVERFAHREN
Im Prinzip ja, dank guter Mappe aber nicht erforderlich

VORBEREITUNG
Praktikum in Schreinerei (3 Monate); Mappenkurs an der VHS; Beratungstermine an der Uni; Produktion sehr vieler Arbeiten über einen Zeitraum von 6 Monaten

Arbeit 9 - 12

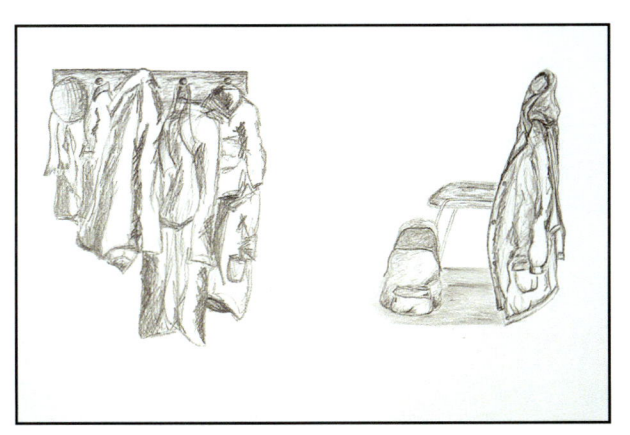

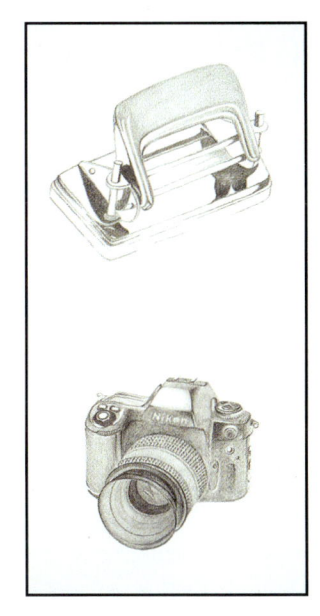

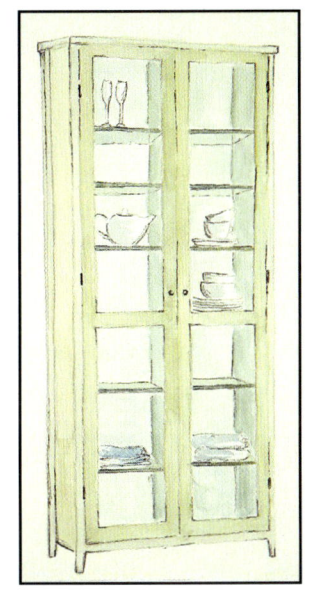

Arbeit 13 - 15

MYTHOS MAPPE / 2003 / SEITE 127

(25)

FACHHOCHSCHULE DORTMUND / RAUM- UND OBJEKTDESIGN

AKSINJA KUTSCHERA

Arbeit 16

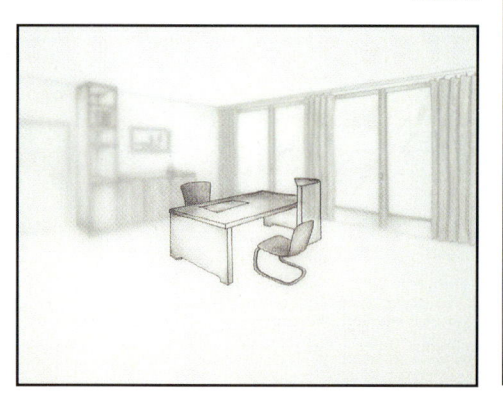

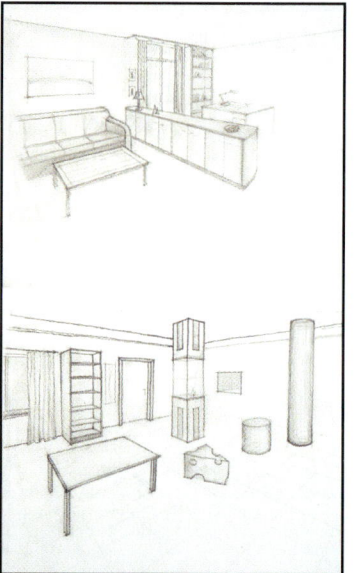

Arbeit 17

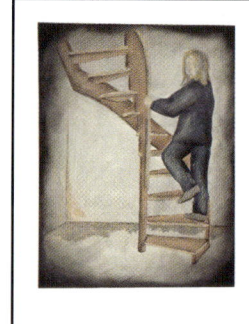

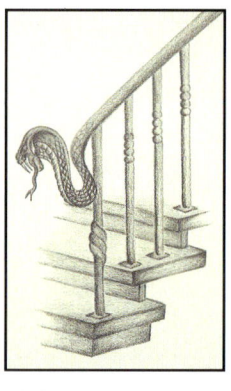

Arbeit 18 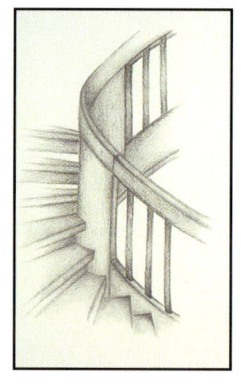 　　　Arbeit 19 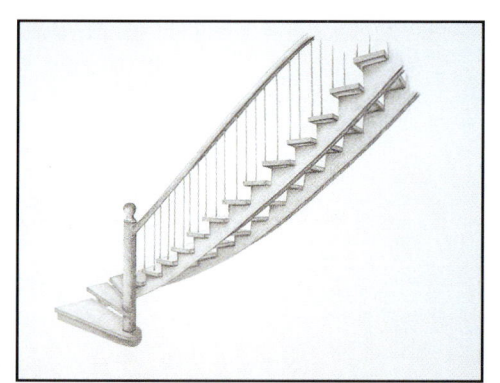　　　Arbeit 20

Arbeit 21　　　Arbeit 22 　　　Arbeit 23

MYTHOS MAPPE / 2003 / SEITE 128

FACHHOCHSCHULE DORTMUND / RAUM- UND OBJEKTDESIGN

AKSINJA KUTSCHERA

(25)

Arbeit 24

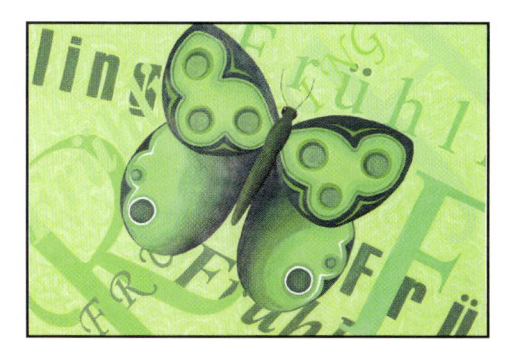

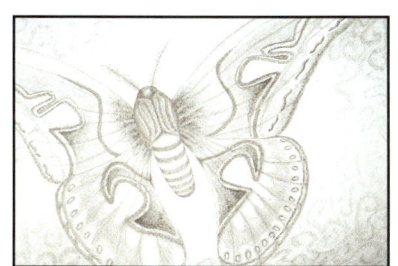

Arbeit 25

Arbeit 26

Arbeit 27

Arbeit 28    Arbeit 29

FACHHOCHSCHULE DORTMUND / RAUM- UND OBJEKTDESIGN

AKSINJA KUTSCHERA

1	Kleiner roter Löffel
2	Die Fremde
3	Fotografie, Plastik: Sandstein
4	Fotografie, Plastik: Ton
5	Fotografie, Plastik: Holz
6	Fotografie
7	Fotografie, Plastik: Ton
8	Fotografie, Plastik: Holzhocker
9	Kohle
10	Aquarell, Tusche
11	Bleistift
12	Aquarell, Tusche
13	Bleistift
14 + 15	Aquarell, Tusche
16	Bleistift
17	Aquarell, Tusche, Kohle
18 - 20	Bleistift
21	Bleistift, Fotokopie, Röntgenbild
22	Bleistift
23	Collage, Fotokopie
24	Acryl, Fotografie
25	Bleistift
26	Aquarell, Tusche
27	Acryl
28	Kreide
29	Pastellkreide
30	Villa Hügel
31	Rolltreppe
32	Rolltreppe, Kreiscollage
33	Tetraeder
34	Gesundheitsamt Dortmund

Arbeit 30

Arbeit 31

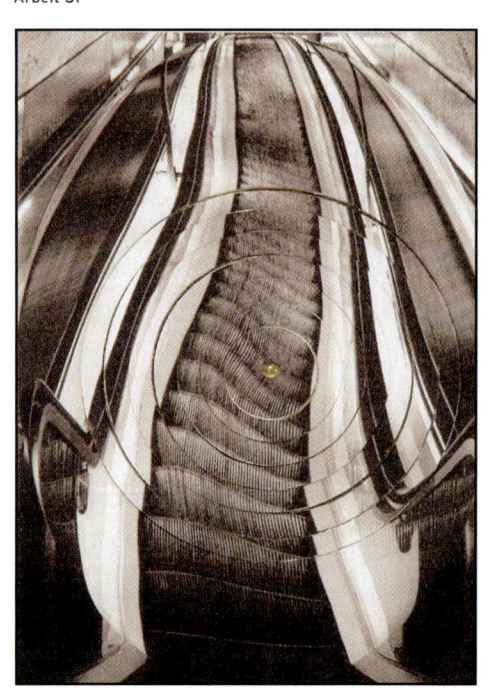

Arbeit 32

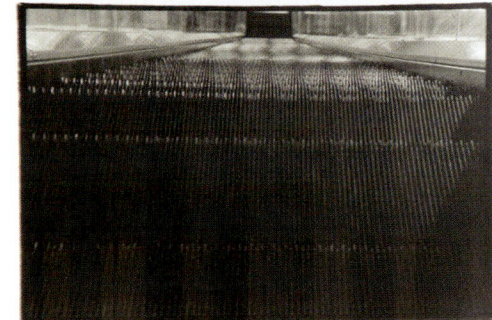

FACHHOCHSCHULE DORTMUND / RAUM- UND OBJEKTDESIGN

AKSINJA KUTSCHERA

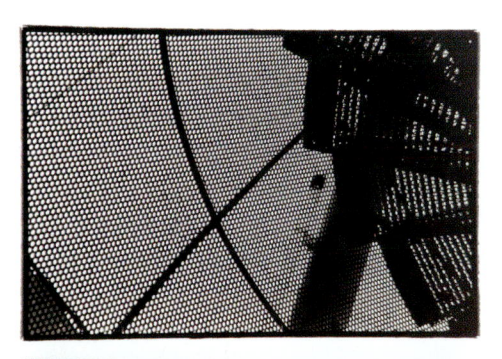

(25)

Arbeit 33

Arbeit 34

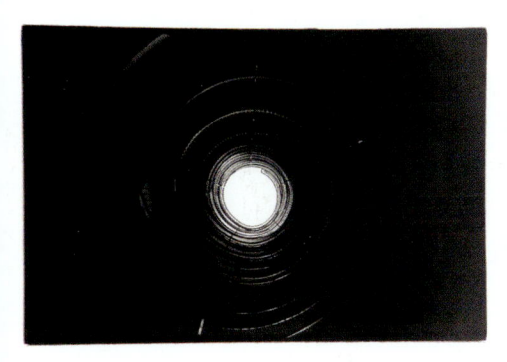

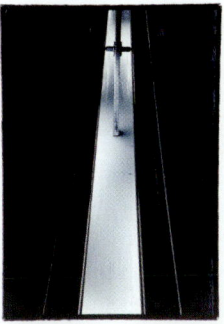

Arbeit 32 (Forts.)

(26)

FACHHOCHSCHULE BIELEFELD / MEDIEN UND FOTOGRAFIE

SABINE LANG

Arbeit 1

Arbeit 2

MYTHOS MAPPE / 2003 / SEITE 132

FACHHOCHSCHULE BIELEFELD / MEDIEN UND FOTOGRAFIE
SABINE LANG

(26)

SABINE LANG
**Fachhochschule Bielefeld,
Gestaltung**

ALTER
21

E-MAIL
bienelang@web.de

ANZAHL DER ARBEITEN
9 (insg. 43 Fotografien)

HAUSARBEIT
**Arbeiten zu den Themen
„Rasender Stillstand" oder
„Heftige Auseinandersetzung";
Zeit ca. 3 Wochen**

AUFNAHMEVERFAHREN
**Prüfung; Anfertigung einer Collage zum
Thema „Zeitsprung"; Zeit ca. 4 Stunden**

VORBEREITUNG
**Praktika in Fotostudio, beim Rundfunk
sowie bei einem Fotodesigner;
Arbeit an der Mappe ca. 6 Monate**

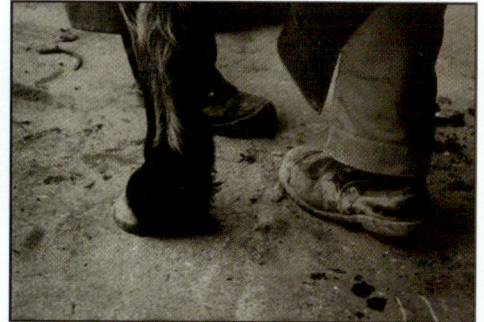

(26)

FACHHOCHSCHULE BIELEFELD / MEDIEN UND FOTOGRAFIE

SABINE LANG

Arbeit 3

1	Fleisch
2	Hufschmied
3	Bahnhof
4	Belus Maul
5	Strauße
6	Rasender Stillstand
7	Ohne Titel

Arbeit 4

Arbeit 5

FACHHOCHSCHULE BIELEFELD / MEDIEN UND FOTOGRAFIE

SABINE LANG

(26)

Arbeit 6

Arbeit 7

(27)

UNIVERSITÄT GESAMTHOCHSCHULE ESSEN / KOMMUNIKATIONSDESIGN

SOK ENG LIM

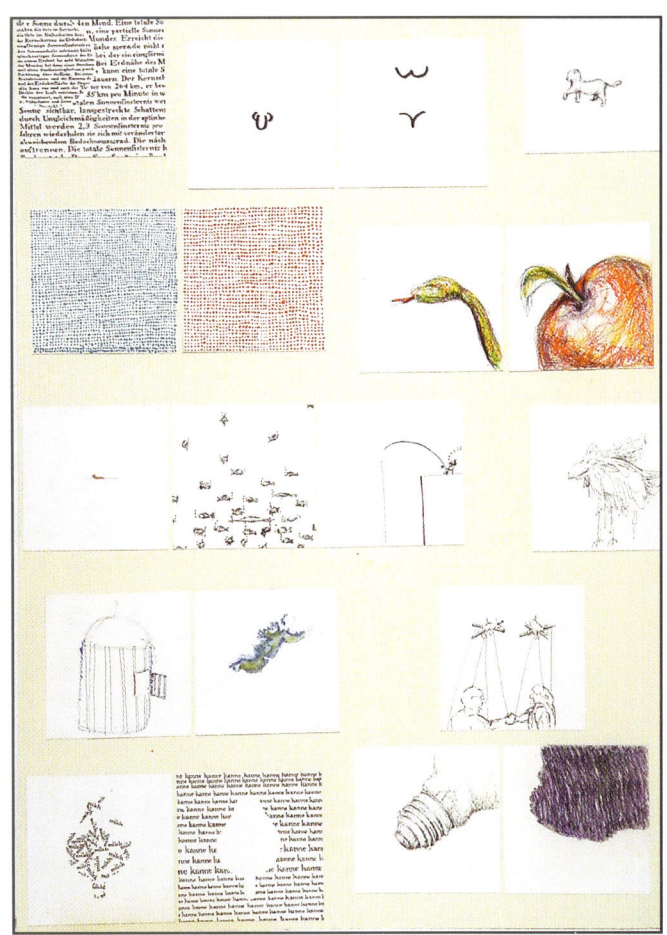

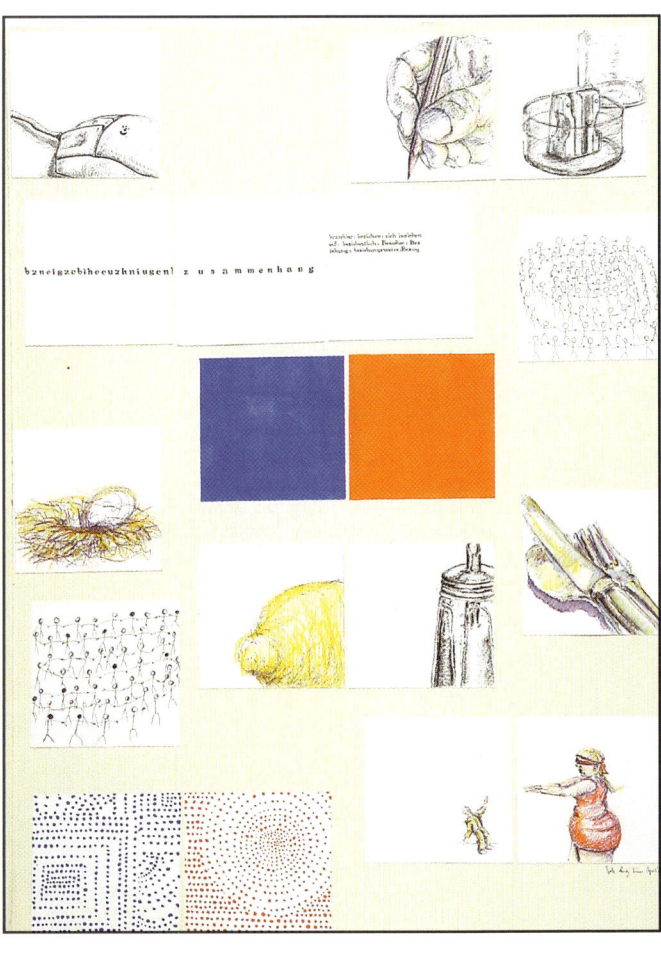

Arbeit 1

Arbeit 2

UNIVERSITÄT GESAMTHOCHSCHULE ESSEN / KOMMUNIKATIONSDESIGN

SOK ENG LIM

(27)

SOK ENG LIM
Universität Gesamthochschule Essen, Kommunikationsdesign

ALTER
21

E-MAIL
sel@cantaloop.de

ANZAHL DER ARBEITEN
25

HAUSARBEIT
Arbeiten zum Thema „Beziehungen";
Zeit 3 Monate

AUFNAHMEVERFAHREN
Dreitägige Prüfung (vorgegebene Themen fotografisch und grafisch umsetzen; Zeichnen; Visualisierung der Lieblingsmusikrichtung; persönliches Gespräch)

VORBEREITUNG
Keine spezielle Vorbereitung außer Skizzenbuch, Arbeit an der Mappe über mehrere Monate

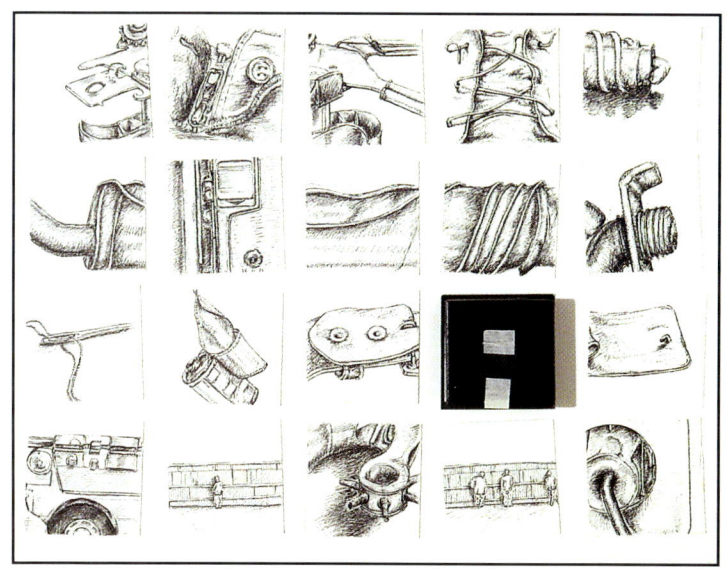

Arbeit 3

Arbeit 5

Arbeit 4

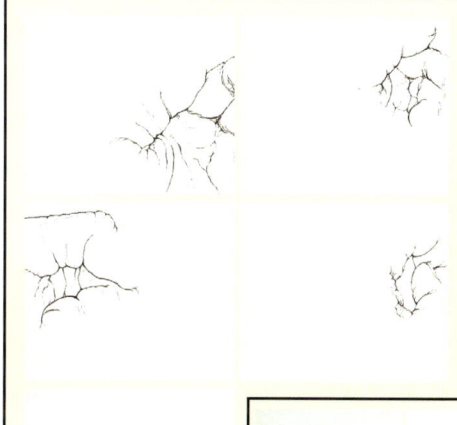

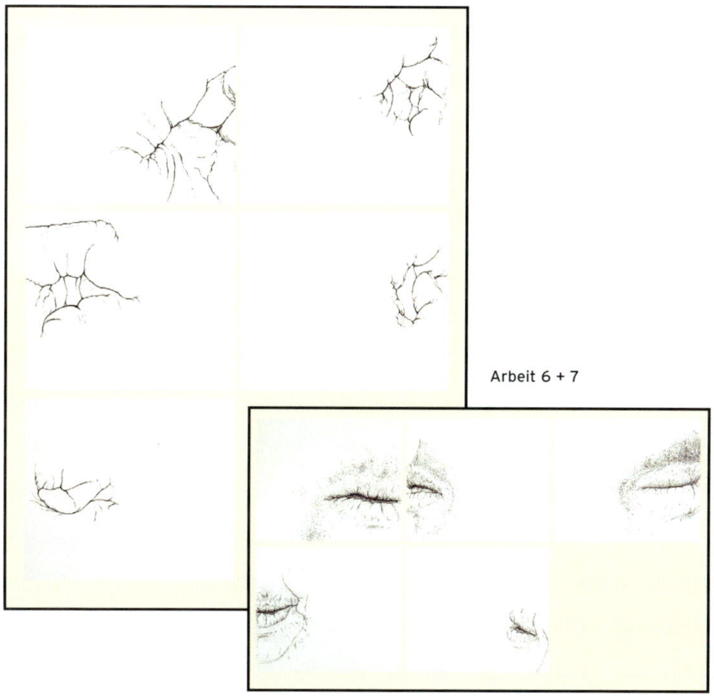

Arbeit 6 + 7

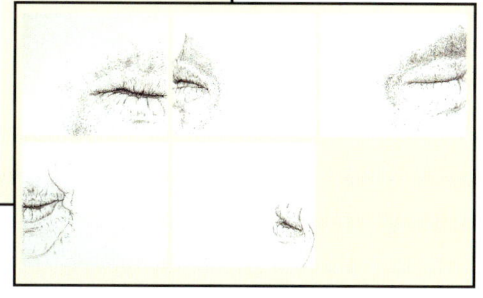

Arbeit 9 + 10

1	Hausaufgabe
2	Buntstift, Tusche, Aquarell, Acryl,
3	Edding
4 - 10	Tusche, Objekt eingeklebt
11	Tusche

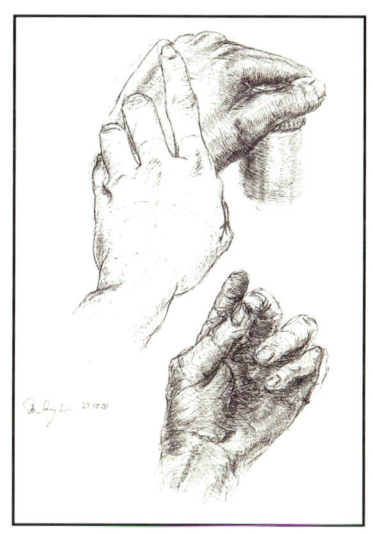

Arbeit 8

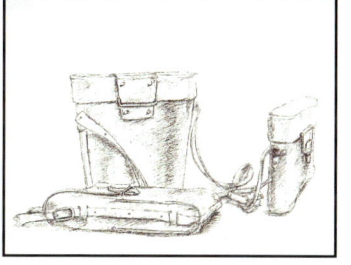

Arbeit 11

MYTHOS MAPPE / 2003 / SEITE 137

(27) UNIVERSITÄT GESAMTHOCHSCHULE ESSEN / KOMMUNIKATIONSDESIGN

SOK ENG LIM

Arbeit 12 - 16

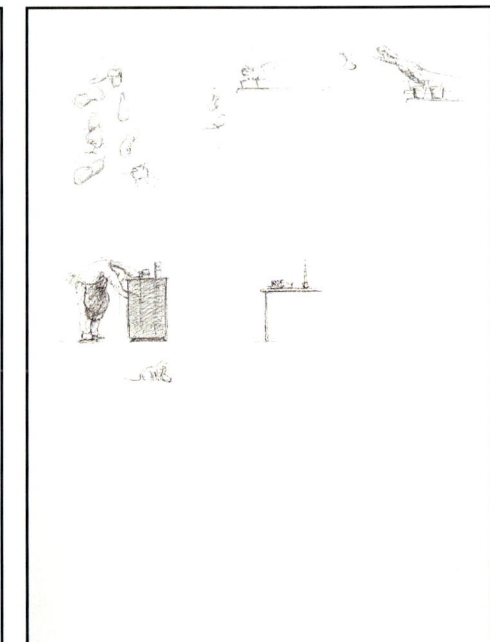

Arbeit 17

Arbeit 18 + 19

UNIVERSITÄT GESAMTHOCHSCHULE ESSEN / KOMMUNIKATIONSDESIGN

SOK ENG LIM

(27)

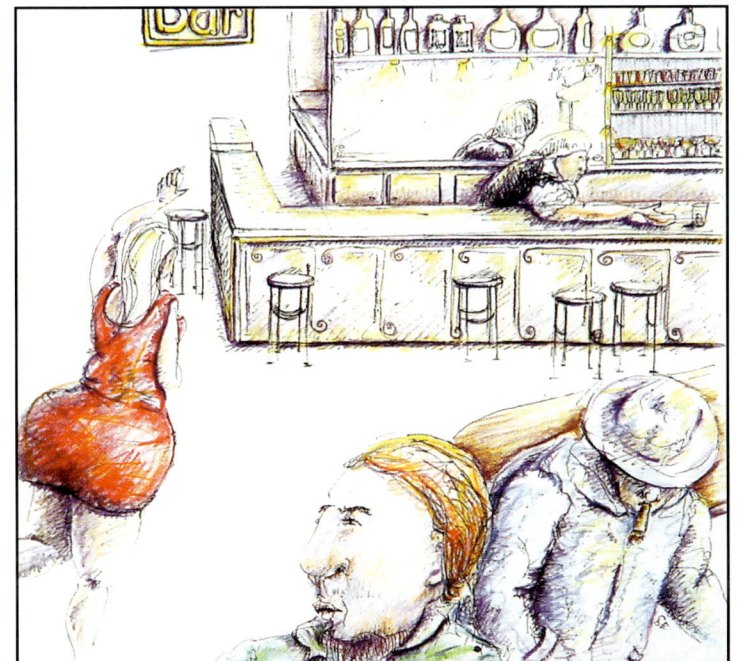

Arbeit 20

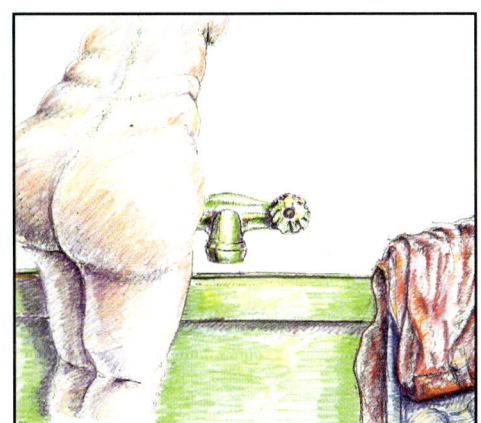

Arbeit 21 + 22

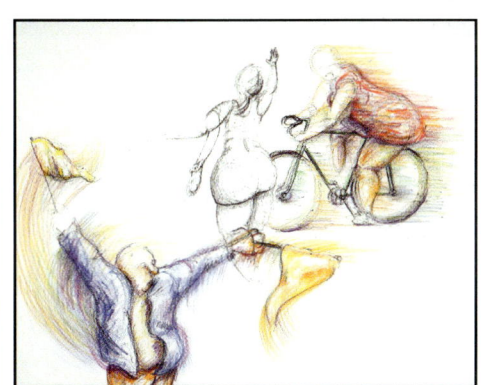

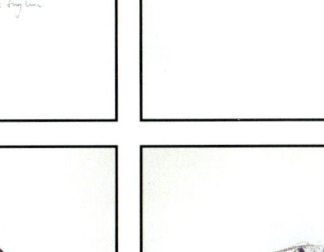

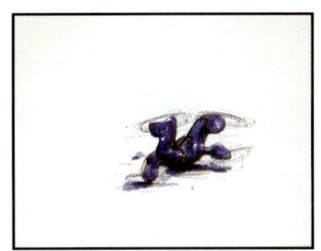

12 - 15	Aquarell, Buntstift
16	Edding
17	Tusche
18 - 20	Tusche, Buntstift
21	Freehand, Photoshop
22	Freehand
23	Tusche, Aquarell, Buntstift

Arbeit 23

MYTHOS MAPPE / 2003 / SEITE 139

(28)

STAATLICHE FACHAKADEMIE MÜNCHEN / FOTODESIGN
KIRSTEN LÜTTJOHANN

Arbeit 1

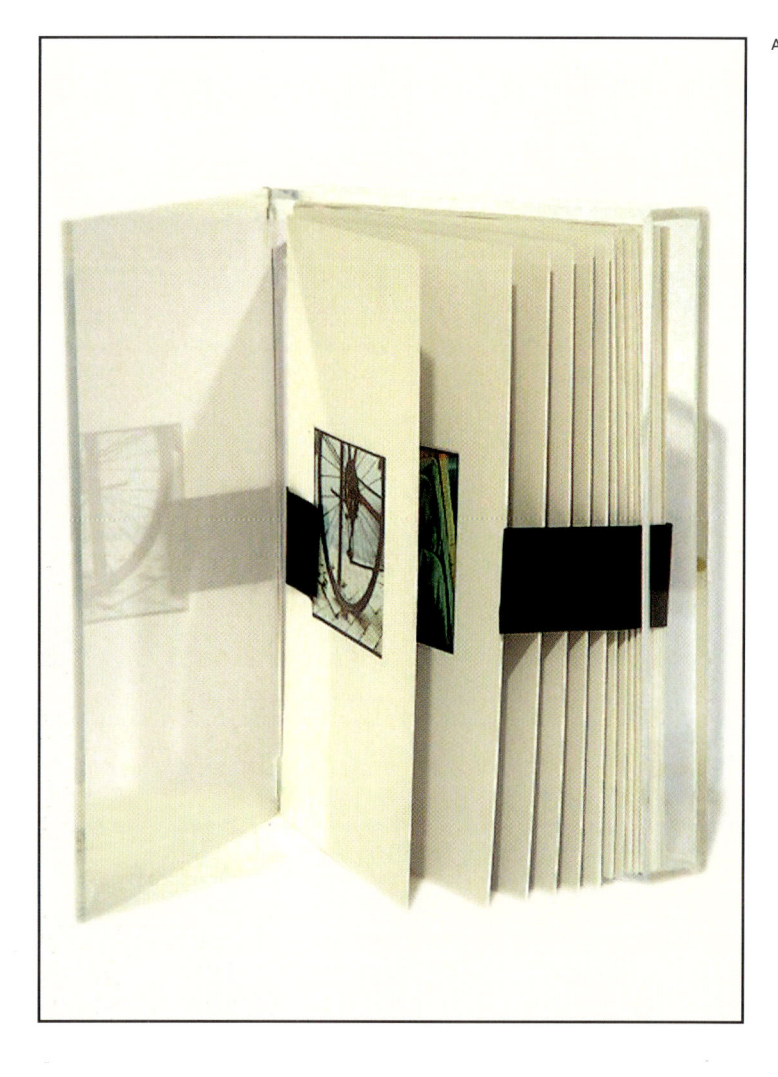

Arbeit 2

Arbeit 3

MYTHOS MAPPE / 2003 / SEITE 140

STAATLICHE FACHAKADEMIE MÜNCHEN / FOTODESIGN
KIRSTEN LÜTTJOHANN

(28)

KIRSTEN LÜTTJOHANN
Staatliche Fachakademie München, Fotodesign

ALTER
24

E-MAIL
k_luettilein@hotmail.com

ANZAHL DER ARBEITEN
6 (insg. 20 Fotografien)

HAUSARBEIT
Serie von 4 Fotos zum Thema „Immer wieder Sonntags" (Format 24 x 30 cm)

AUFNAHMEVERFAHREN
Aufnahmegespräch; Präsentation der Hausarbeit

VORBEREITUNG
18 Monate Assistenz bei einem Fotografen (in dieser Zeit entstand auch meine Mappe); viele Gespräche und Diskussionen über meine Arbeiten mit meinem Chef und anderen Assistenten; Mappenvorgespräche an der Akademie

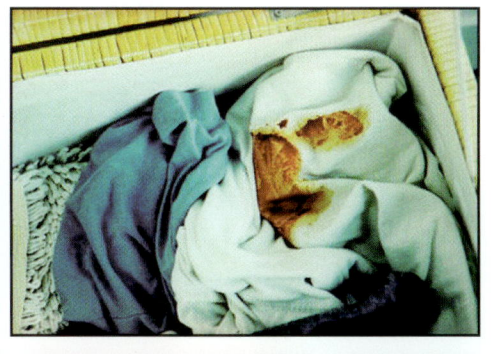

Arbeit 4

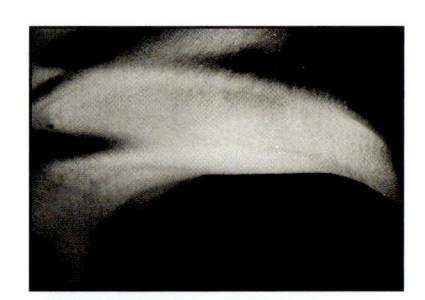

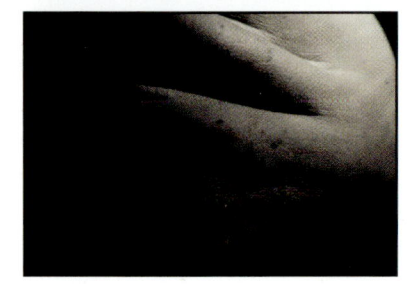

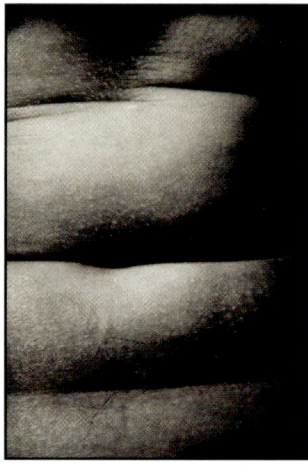

(28) STAATLICHE FACHAKADEMIE MÜNCHEN / FOTODESIGN
KIRSTEN LÜTTJOHANN

Arbeit 5

Arbeit 6

Arbeit 7

MYTHOS MAPPE / 2003 / SEITE 142

STAATLICHE FACHAKADEMIE MÜNCHEN / FOTODESIGN
KIRSTEN LÜTTJOHANN

(28)

Arbeit 8

1	Plexiglasmappe
2	Missgeschicke
3	Immer wieder Sonntags
4	Müllverbrennungsanlage in Kiel
5	Ansichtssache
6	Ohne Titel
7	Sambatrommler
8	Schlittschuhbahn

(29) UNIVERSITÄT GESAMTHOCHSCHULE WUPPERTAL / KOMMUNIKATIONSDESIGN
PETER MIRANSKI

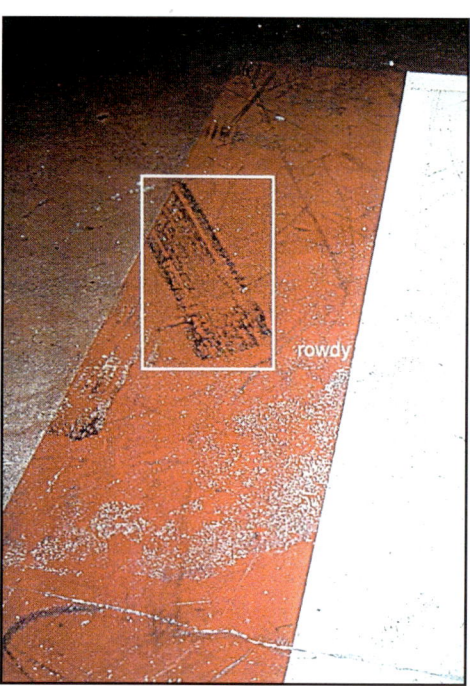

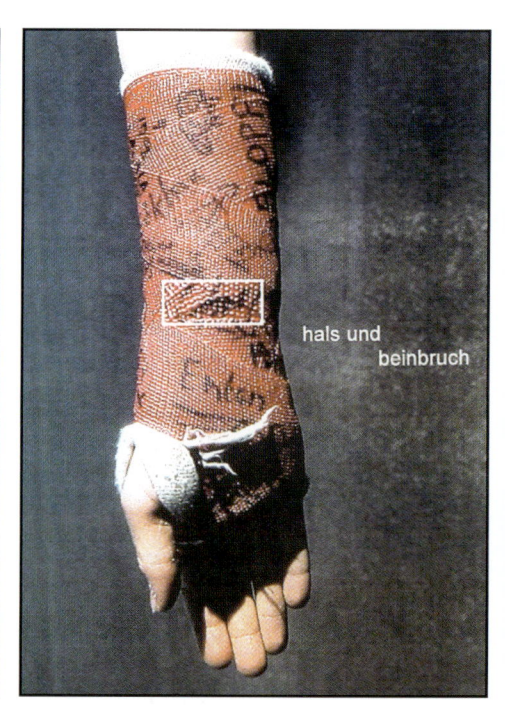

Arbeit 1

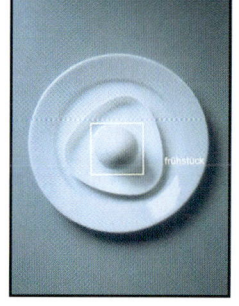

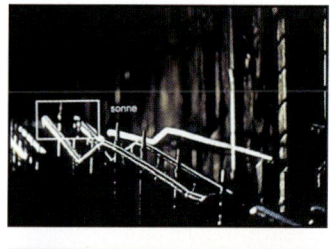

UNIVERSITÄT GESAMTHOCHSCHULE WUPPERTAL / KOMMUNIKATIONSDESIGN (29)

PETER MIRANSKI

PETER MIRANSKI
Universität Gesamthochschule Wuppertal,
Kommunikationsdesign

ALTER
37

E-MAIL
piotrek4711@web.de

ANZAHL DER ARBEITEN
25 (insg. 77 Fotografien)

HAUSARBEIT
Arbeiten zum Thema „Fremde";
Zeit ca. 5 Monate

AUFNAHMEVERFAHREN
Stellungnahme zu den eingereichten Arbeiten;
persönliches Gespräch

VORBEREITUNG
Ausbildung im heilpädagogischen Bereich;
langjährige fotografische Erfahrung; Praktikum in einer Mediendesign-Agentur; häufige Gespräche mit Designstudenten; Arbeit an der Mappe ca. 5 Monate

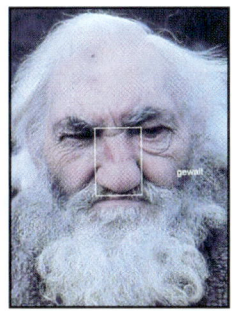

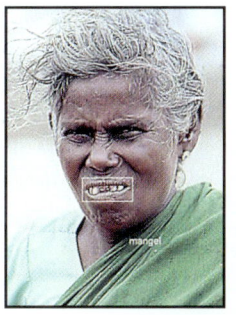

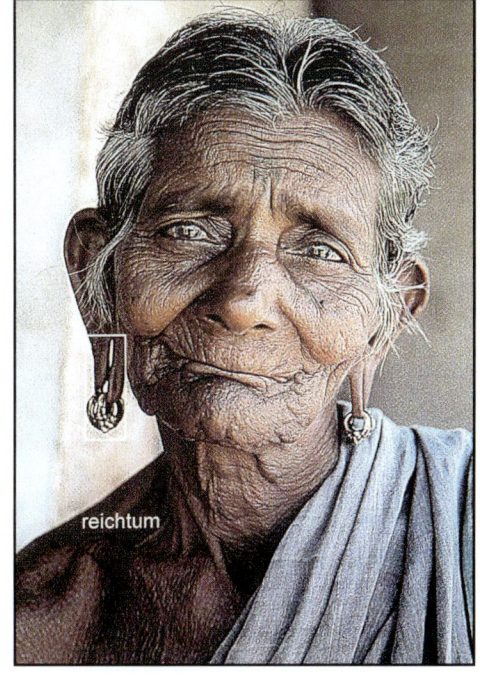

MYTHOS MAPPE / 2003 / SEITE 145

(29) UNIVERSITÄT GESAMTHOCHSCHULE WUPPERTAL / KOMMUNIKATIONSDESIGN

PETER MIRANSKI

Arbeit 2

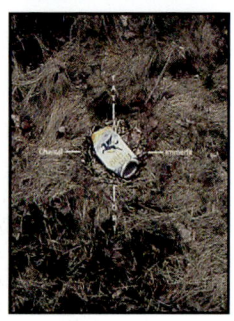

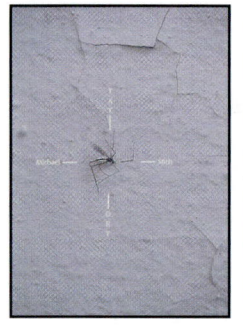

Arbeit 3

1   Zeichen
2   Tatort
3   Neo-Angin-Maniac
4   Indien
5   Siggi
6   Fremde Spuren

UNIVERSITÄT GESAMTHOCHSCHULE WUPPERTAL / KOMMUNIKATIONSDESIGN

PETER MIRANSKI

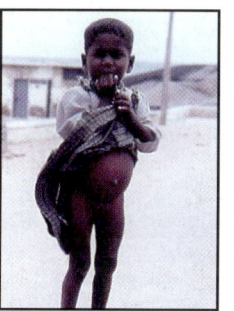

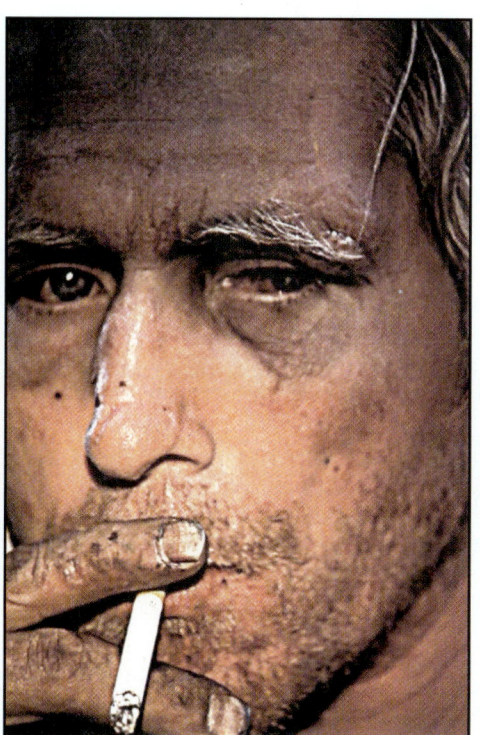

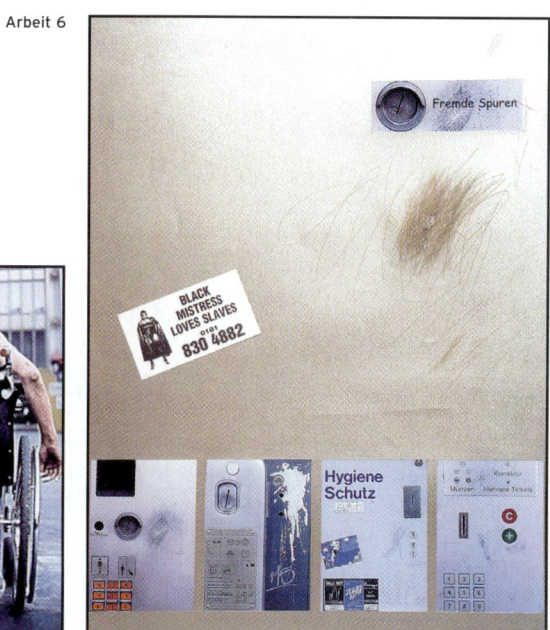

(29)

Arbeit 4

Arbeit 6

Arbeit 5

(30)

FACHHOCHSCHULE DORTMUND / GRAFIKDESIGN

MAGDALENA NOWAK

Arbeit 1

Arbeit 2

Arbeit 3

Arbeit 4

Arbeit 5

Arbeit 6

Arbeit 7

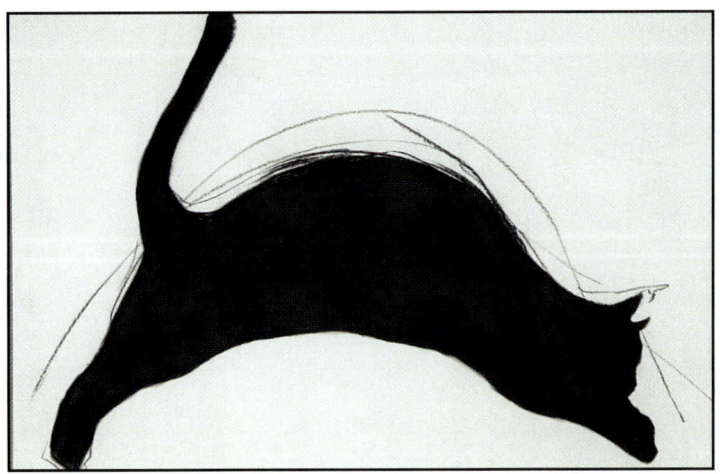

Arbeit 8

Arbeit 9

MYTHOS MAPPE / 2003 / SEITE 148

FACHHOCHSCHULE DORTMUND / GRAFIKDESIGN

MAGDALENA NOWAK

(30)

MAGDALENA KOWAK
**Fachhochschule Dortmund,
Grafikdesign**

ALTER
20

E-MAIL
iak-sakkakh@gmx.de

ANZAHL DER ARBEITEN
14

HAUSARBEIT
Bewerbung parallel an der FH Düsseldorf; Thema der Hausarbeit dort war „Raum zwischen den Dingen", nach erfolgreicher Bewerbung in Düsseldorf in Dortmund eingeschrieben

AUFNAHMEVERFAHREN
Präsentation der Mappe und der Hausarbeit; persönliches Gespräch

VORBEREITUNG
Teilnahme an drei Mappenberatungsterminen; Gespräche mit Professoren und Studenten; Besuch zahlreicher Ausstellungen von Diplomarbeiten an verschiedenen Unis; lange und häufige Gespräche mit einer Künstlerin; viel gezeichnet

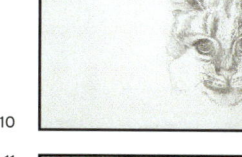

Arbeit 10

Arbeit 11

Arbeit 12

Arbeit 13

Arbeit 14

1	Bleistift, Polychromosstift
2	Bleistift
3	Bleistift, Kreide, Kohle
4 - 7	Bleistift
8 - 9	Kohle
10	Bleistift
11	Acryl, Bleistift, Tusche, Wasserfarbe
12	Bleistift, Collage
13	Acryl
14	Kohle

MYTHOS MAPPE / 2003 / SEITE 149

(31)

KUNSTHOCHSCHULE BERLIN / KOMMUNIKATIONSDESIGN

NORMAN PALM

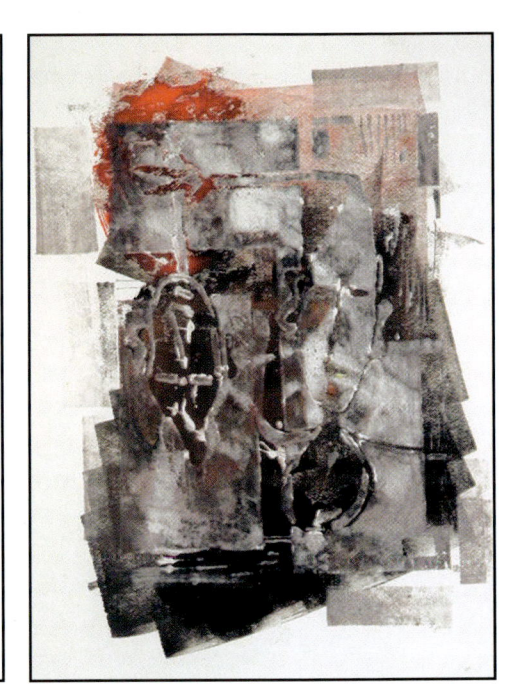

Arbeit 1

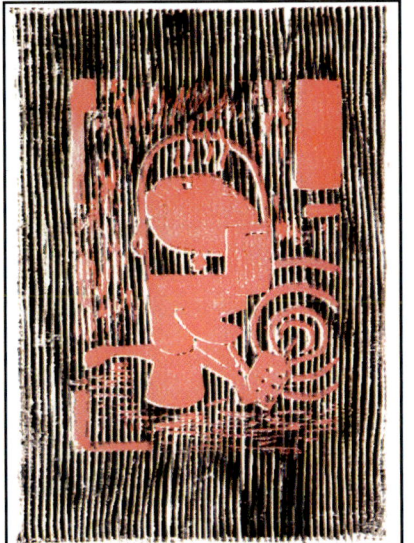

Arbeit 2

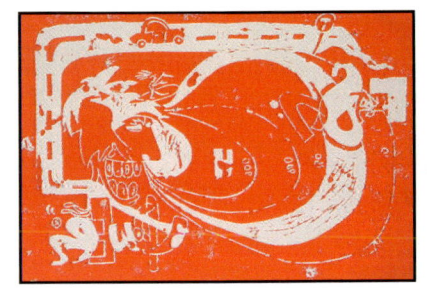

Arbeit 3

Arbeit 4

MYTHOS MAPPE / 2003 / SEITE 150

KUNSTHOCHSCHULE BERLIN / KOMMUNIKATIONSDESIGN

NORMAN PALM

(31)

NORMAN PALM
Kunsthochschule Berlin, Kommunikationsdesign

ALTER
21

E-MAIL
normanpalm@gmx.de

ANZAHL DER ARBEITEN
33 (plus Skizzenbuch)

HAUSARBEIT
keine

AUFNAHMEVERFAHREN
Dreitägige Aufnahmeprüfung; Zeichnen einer bekleideten Person, Plakatentwurf, Zeichnen eines Comic Strips, Verfassen eines Essays, persönliches Gespräch und Präsentation der Mappe

VORBEREITUNG
Diverse Praktika in Grafikagenturen; Teilnahme an diversen Kursen; ständig gemalt, gezeichnet, gesprayt; viele Gespräche mit einem befreundeten Designer, Freunden und Bekannten

Arbeit 5

Arbeit 6

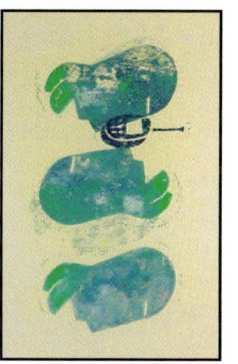

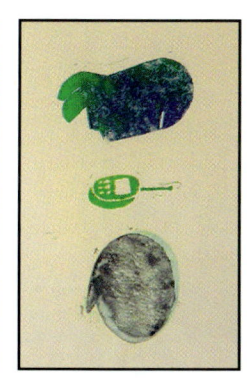

Arbeit 7

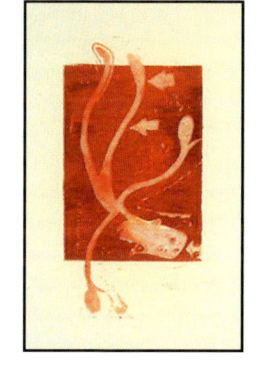

Arbeit 8

Arbeit 9

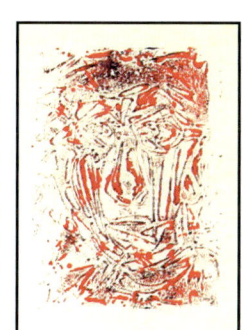

Arbeit 10

(31)

KUNSTHOCHSCHULE BERLIN / KOMMUNIKATIONSDESIGN

NORMAN PALM

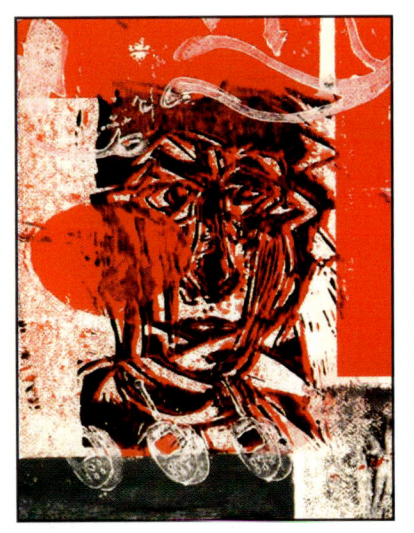

Arbeit 11

Arbeit 12

Arbeit 13

Arbeit 14

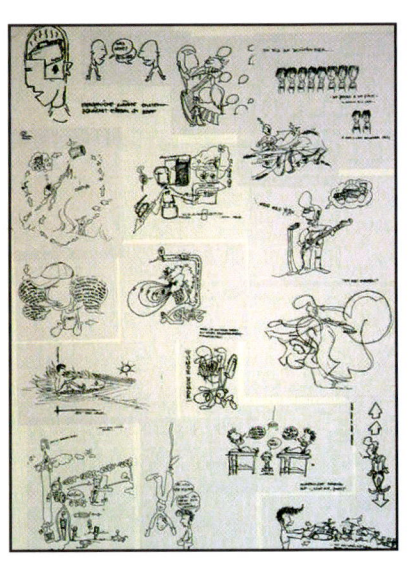

Arbeit 15

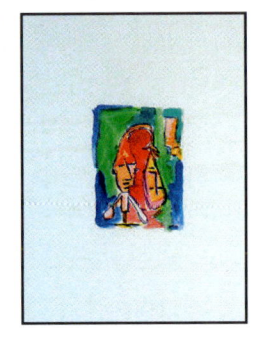

Arbeit 16

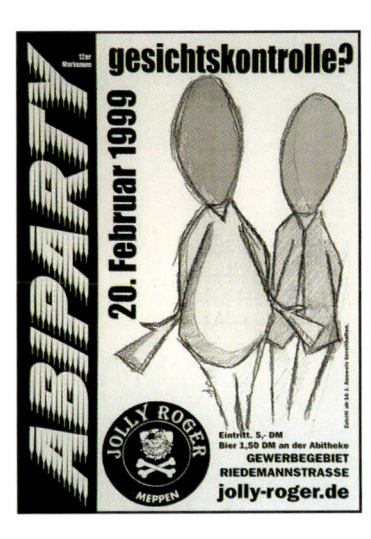

Arbeit 17

Arbeit 18

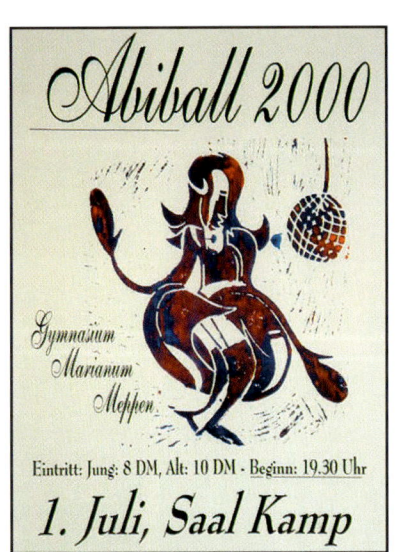

KUNSTHOCHSCHULE BERLIN / KOMMUNIKATIONSDESIGN
NORMAN PALM

(31)

Arbeit 19

1 - 9	Linoldruck
10 + 11	Linoldruck, Acryl
12	Acryl, Sprayfarbe, Faxpapier
13	Linoldruck, Acryl
14	Kopie aus Skizzenbuch
15	Aquarell
16 - 18	Plakatentwürfe
19	Entwurf T-Shirt-Logo
20	Entwurf Abitur-Zeitung

Arbeit 20

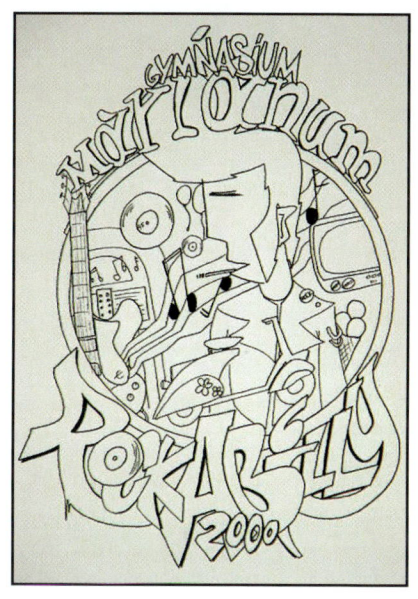

(32)

HOCHSCHULE FÜR GRAFIK UND BUCHKUNST LEIPZIG / FOTOGRAFIE

STEFAN PASSIG

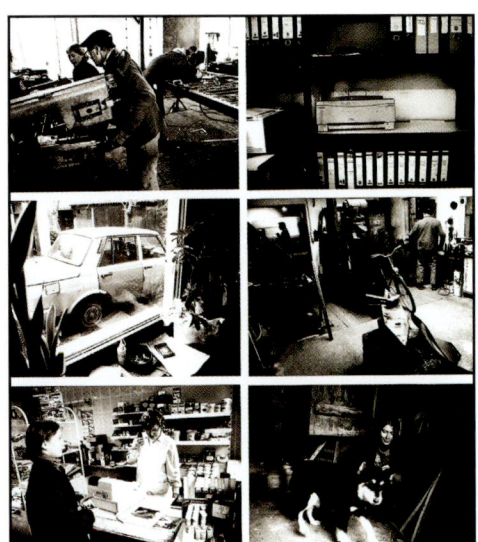

Arbeit 1

Arbeit 2

HOCHSCHULE FÜR GRAFIK UND BUCHKUNST LEIPZIG / FOTOGRAFIE

STEFAN PASSIG

(32)

STEFAN PASSIG
Hochschule für Grafik und Buchkunst Leipzig, Fotografie

ALTER
30

E-MAIL
stepa@hgb-leipzig.de

ANZAHL DER ARBEITEN
5 fotografische Serien

HAUSARBEIT
keine

AUFNAHMEVERFAHREN
Nach überstandenem Vorauswahlverfahren wurden 3 Aufgaben an uns gestellt;
a) Anfertigung einer Fotografie, die die Charakteristik eines frei wählbaren Gegenstandes erfasst;
b) fotografische Interpretation des eigenen alltäglichen Umfeldes;
c) Beibringung der Reproduktion einer Fotoarbeit, die mich persönlich beeindruckt hat, dazu die Erläuterung des Kontextes dieser Arbeit, der Arbeitweise des Fotografen bzw. Künstlers sowie des eigenen Bezugs zu der Arbeit; Zeit 3 Wochen

VORBEREITUNG
Studium an der Handelshochschule (5 Jahre); Besuch der auf die Bewerbung vorbereitenden Abendakademie; Besuch zahlreicher Ausstellungen und Diplomveranstaltungen an der Hochschule; Workshop an der Europäischen Kunstakademie Trier; Arbeit an der Mappe über mehrere Monate

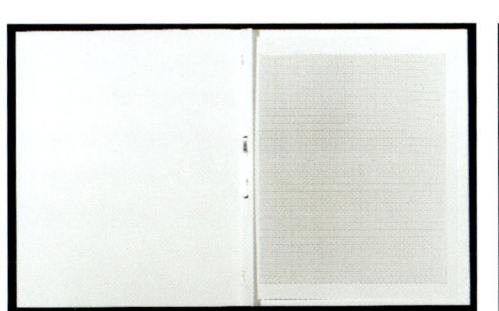

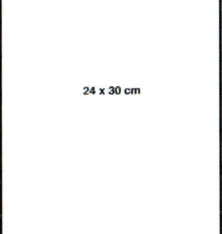

Arbeit 3

Arbeit 4

24 x 30 cm

(32)

HOCHSCHULE FÜR GRAFIK UND BUCHKUNST LEIPZIG / FOTOGRAFIE

STEFAN PASSIG

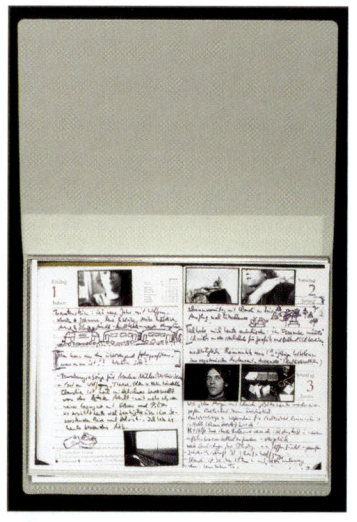

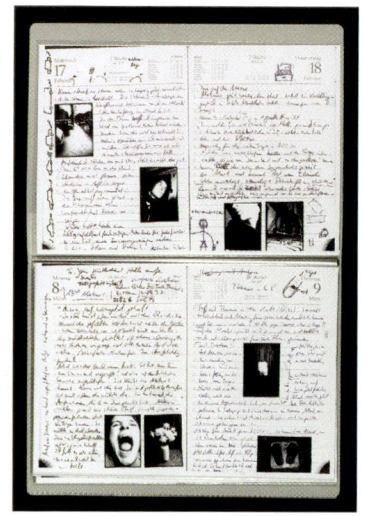

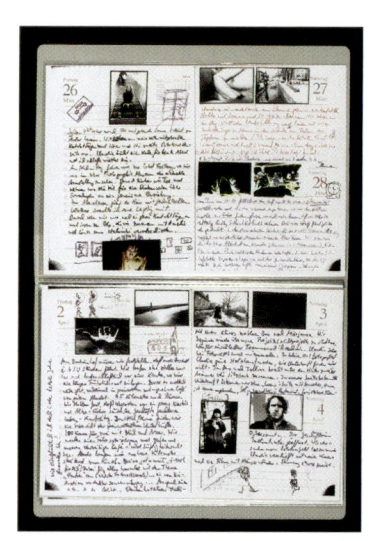

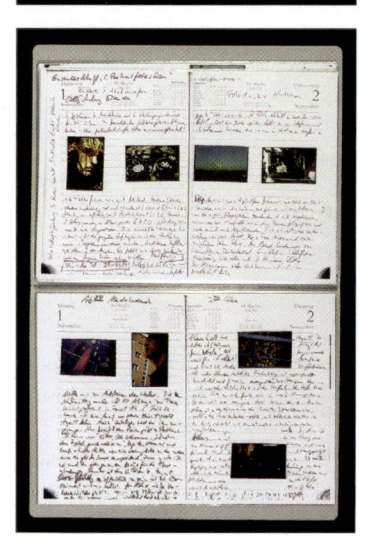

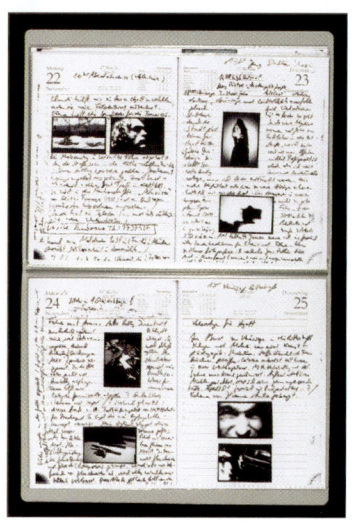

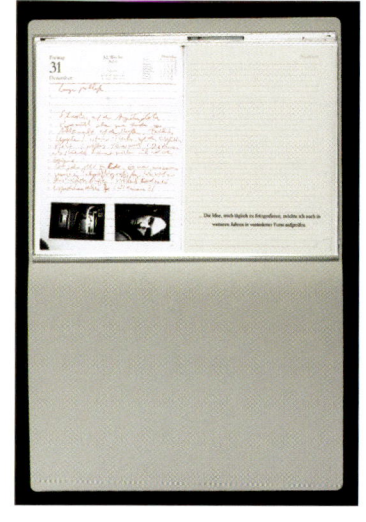

Arbeit 5

Arbeit 6

Arbeit 7

MYTHOS MAPPE / 2003 / SEITE 156

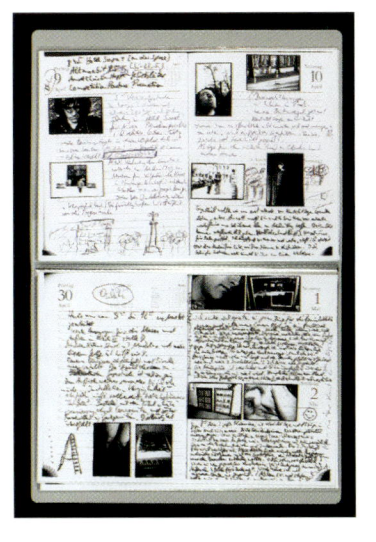

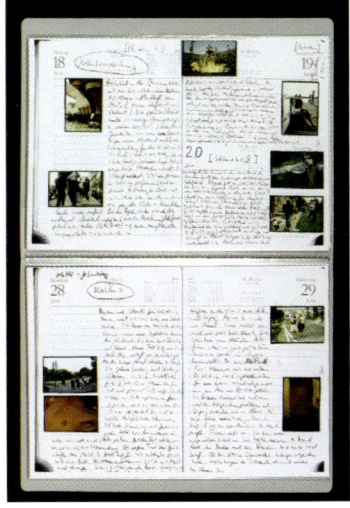

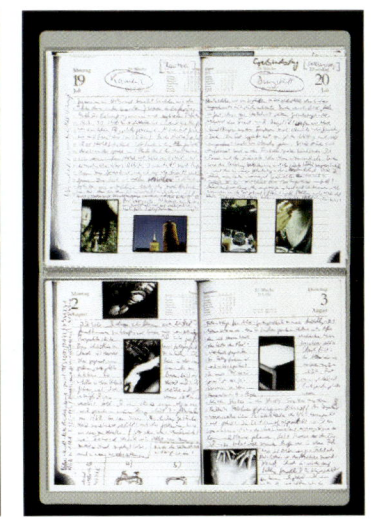

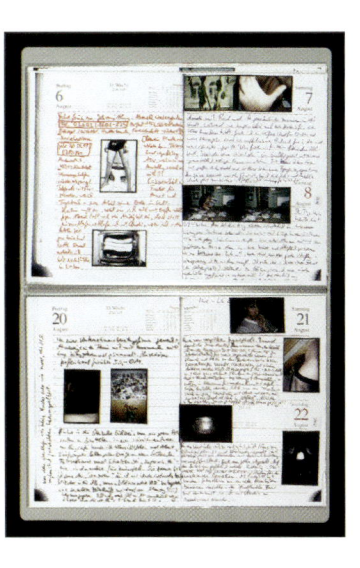

HOCHSCHULE FÜR GRAFIK UND BUCHKUNST LEIPZIG / FOTOGRAFIE

STEFAN PASSIG

(32)

Arbeit 8

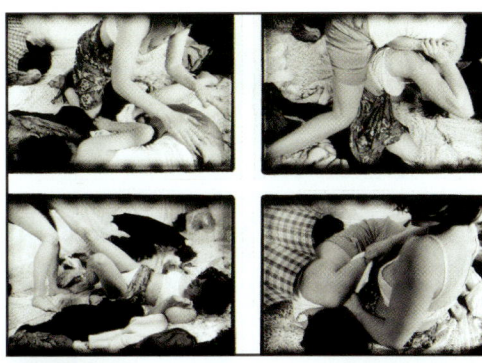

1 24 Stunden
2 Endorphine
3 Interpretation des alltäglichen Umfeldes
4 24 x 30 cm
5 + 6 "...daß nämlich jedes Foto in gewisser Hinsicht
 die zweite Natur seines Referenten ist..."
 (Fotografisches Tagebuch)
7 Tanz
8 Windspiel

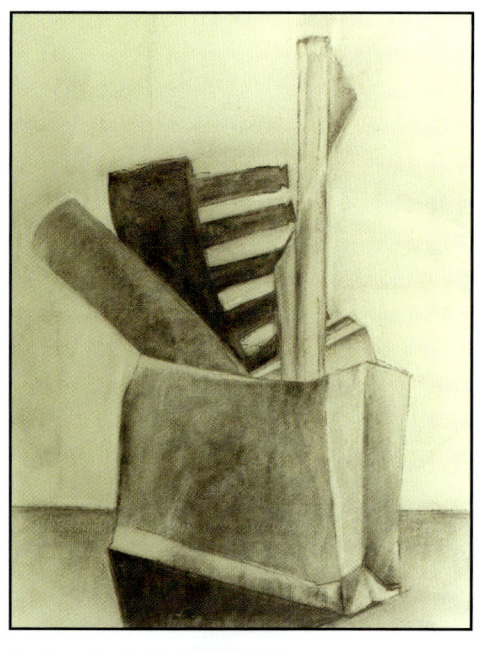

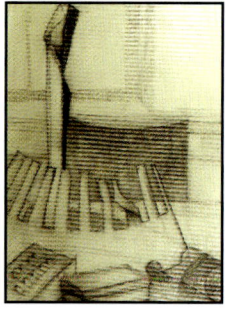

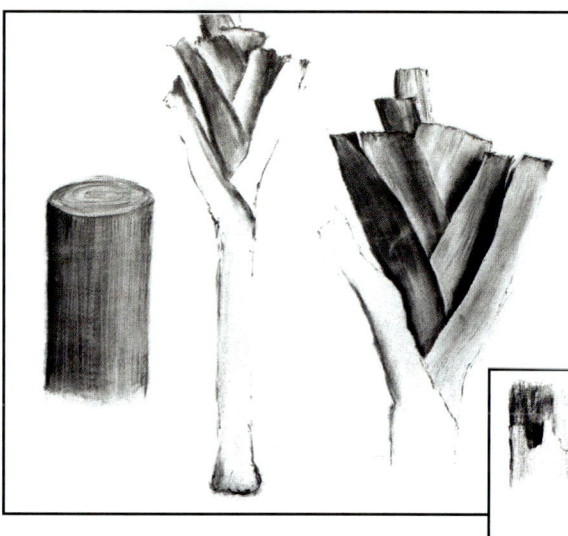

(33)

KUNSTHOCHSCHULE BERLIN / TEXTIL- UND FLÄCHENDESIGN

JENNY PILZ

Arbeit 1
Arbeit 2
Arbeit 3
Arbeit 4
Arbeit 5
Arbeit 6
Arbeit 7
Arbeit 8
Arbeit 9
Arbeit 10

KUNSTHOCHSCHULE BERLIN / TEXTIL- UND FLÄCHENDESIGN
JENNY PILZ

JENNY PILZ
Kunsthochschule Berlin,
Textil- und Flächendesign

ALTER
23

E-MAIL
jennypilz@yahoo.de

ANZAHL DER ARBEITEN
60

HAUSARBEIT
keine

AUFNAHMEVERFAHREN
Dreitägige Eignungsprüfung mit diversen studienbezogenen Aufgabenstellungen; persönliches Gespräch

VORBEREITUNG
Besuch der Art Students League New York (1 Jahr); Praktikum bei einer Textildesignerin (6 Monate); Praktikum als Ausstattungsassistenz beim Film (2 Monate); Arbeit an der Mappe ca. 1-2 Jahre

1	Kohle auf Zeichenpappe
2	Kohle auf goldenem Karton
3	Kohle auf Packpapier
4	Bleistift
5	Aquarell, Kohle, Bleistift, Pergamentpapier
6 + 7	Kohle
8	Graphitstifte
9 + 10	Aquarell, Fineliner auf Vlies
11	Linoldruck auf gewalzter Farbe
12	Pigment, Bleistift auf Vlies
13 + 14	Tusche
15	Aquarell auf Pigment
16	Acryl
17	Linolschnitt, Pigment, Aquarell, Bleistift

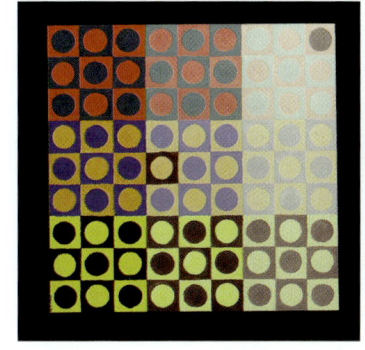

(33)

KUNSTHOCHSCHULE BERLIN / TEXTIL- UND FLÄCHENDESIGN

JENNY PILZ

Arbeit 19

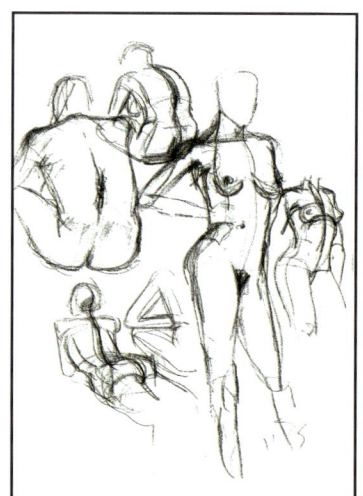

Arbeit 20 + 21

Arbeit 18

Arbeit 24

Arbeit 22

Arbeit 23

Arbeit 25 - 27

MYTHOS MAPPE / 2003 / SEITE 160

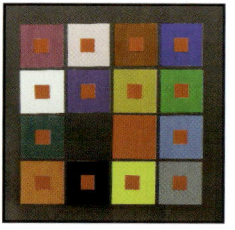

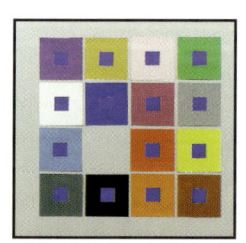

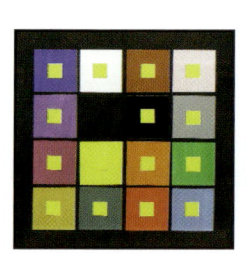

KUNSTHOCHSCHULE BERLIN / TEXTIL- UND FLÄCHENDESIGN

JENNY PILZ

(33)

Arbeit 37

Arbeit 28-36

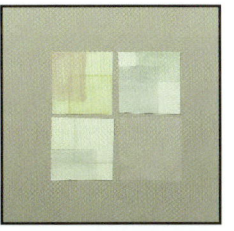

Arbeit 38

Arbeit 39

Arbeit 40

18	Graphit
19 + 20	Kohle
21	Kohle, Bleistift
22	Tusche auf weißem Karton
23	Bleistift
24	Kohle, Bleistift
25 - 27	Tempera
28 - 36	Aquarell
37	Linoldruck auf Seidenpapier
38 + 39	Linolschnitt
40	Fotografie

MYTHOS MAPPE / 2003 / SEITE 161

(33)

KUNSTHOCHSCHULE BERLIN / TEXTIL- UND FLÄCHENDESIGN

JENNY PILZ

Arbeit 41

Arbeit 42

Arbeit 43

Arbeit 45

Arbeit 44

MYTHOS MAPPE / 2003 / SEITE 162

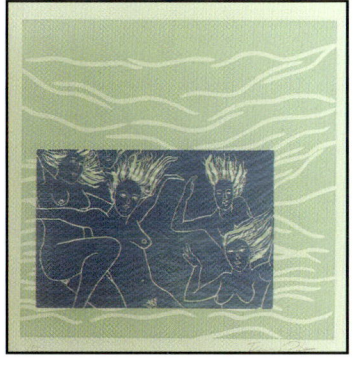

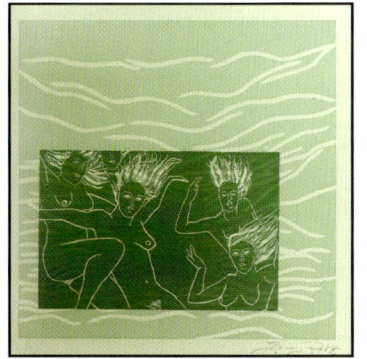

KUNSTHOCHSCHULE BERLIN / TEXTIL- UND FLÄCHENDESIGN

JENNY PILZ

(33)

Arbeit 46

Arbeit 47

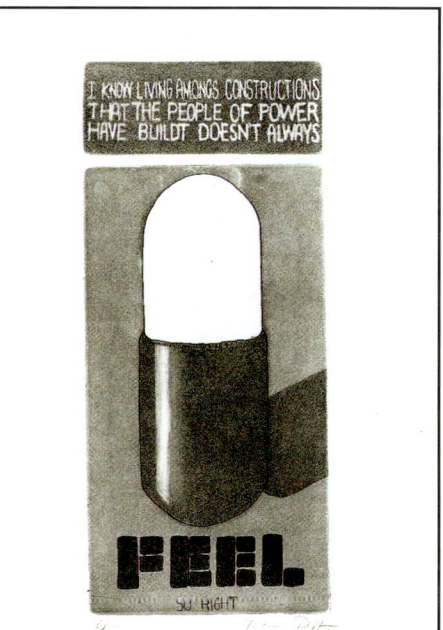

Arbeit 48

Arbeit 49

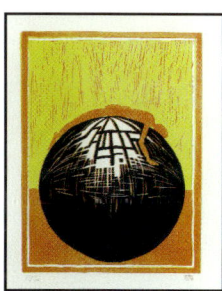

Arbeit 50

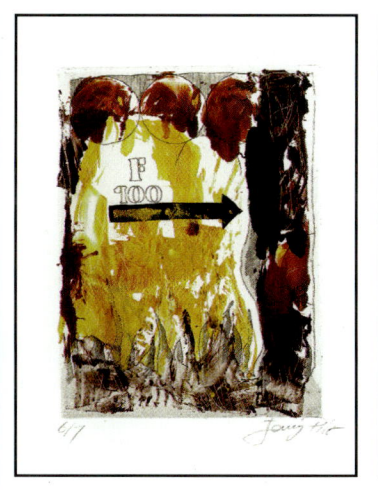

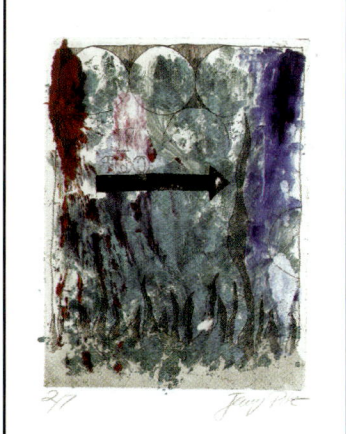

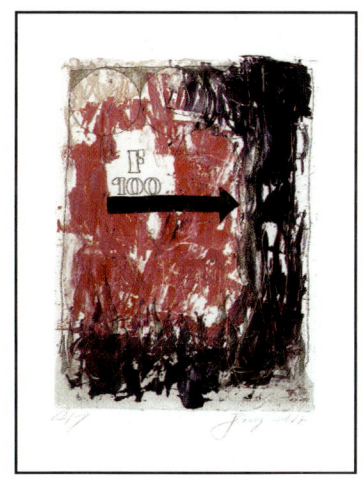

Arbeit 51 + 52

41   Linolschnitt auf Japanpapier
42 - 44   Linolschnitt
45   Linolschnitt auf Neonpapier und auf Linoldruckpapier
46   Linolschnitt
47 + 48   Radierung, Aquatinta
49   Linolschnitt, Subtraktionstechnik
50   Radierung, Monologie
51   Embossement Print
52   Radierung, Aquatinta

MYTHOS MAPPE / 2003 / SEITE 163

(34)

FACHHOCHSCHULE DARMSTADT / KOMMUNIKATIONSDESIGN
STEPHANIE BEATRICE POEHLCHEN

Arbeit 1

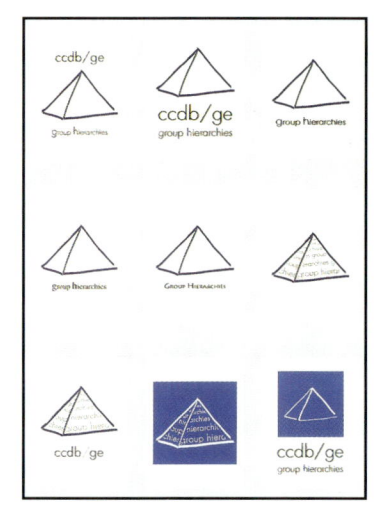

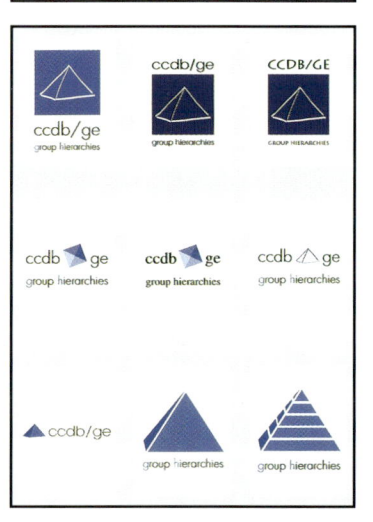

Arbeit 2

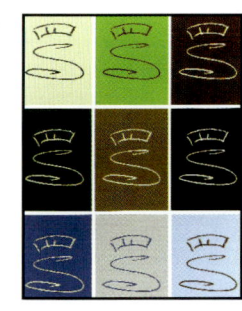

Arbeit 3

Arbeit 4

FACHHOCHSCHULE DARMSTADT / KOMMUNIKATIONSDESIGN
STEPHANIE BEATRICE POEHLCHEN

(34)

STEPHANIE BEATRICE POEHLCHEN
Fachhochschule Darmstadt, Kommunikationsdesign

ALTER
25

E-MAIL
stephanie.poehlchen@t-online.de

ANZAHL DER ARBEITEN
9 Einzelarbeiten und 7 Bildserien

HAUSARBEIT
keine

AUFNAHMEVERFAHREN
Eignungsprüfung (Zeichnen eines gefalteten A4-Blattes / 30 Min.; Gestaltung einer Metamorphose von einem vorgegebenen Motiv zu einem anderen / 45 Min.; schriftliche Ausführungen zu Aufgaben aus dem Grundlagenbereich / 30 Min.; visuelle Umsetzung eines Sprichwortes / 45 Min.)

VORBEREITUNG
Ausbildung zur Mediengestalterin für Digital- und Printmedien; Teilnahme an Mappenberatungsterminen

Arbeit 5

Arbeit 6

Arbeit 7

Arbeit 8

Arbeit 9

Arbeit 10

MYTHOS MAPPE / 2003 / SEITE 165

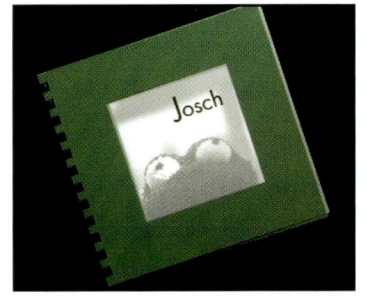

(34)

FACHHOCHSCHULE DARMSTADT / KOMMUNIKATIONSDESIGN

STEPHANIE BEATRICE POEHLCHEN

Arbeit 11

Arbeit 12 - 14

Arbeit 15

MYTHOS MAPPE / 2003 / SEITE 166

FACHHOCHSCHULE DARMSTADT / KOMMUNIKATIONSDESIGN
STEPHANIE BEATRICE POEHLCHEN

Arbeit 16

Arbeit 17

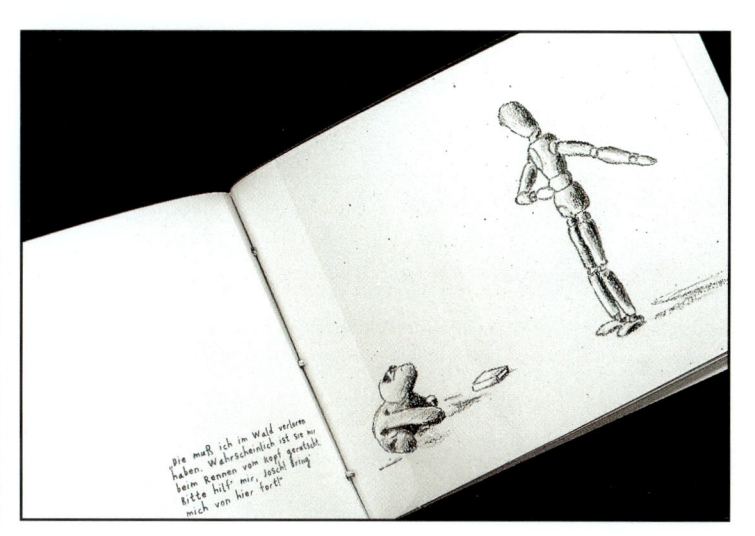

(34)

FACHHOCHSCHULE DARMSTADT / KOMMUNIKATIONSDESIGN
STEPHANIE BEATRICE POEHLCHEN

Arbeit 18

FACHHOCHSCHULE DARMSTADT / KOMMUNIKATIONSDESIGN
STEPHANIE BEATRICE POEHLCHEN

(34)

1	Aquarell
2	Logoentwürfe (Illustrator)
3	Fotografien (bearbeitet in Photoshop)
4	Bleistift (bearbeitet in Photoshop und Illustrator)
5	Pastell- und Ölkreide
6	Aquarell, Kohle, Kreide
7 + 8	Bleistift
9	Aquarell
10	Buntstift
11	Fotografien
12	Rötel
13	Bleistift, Kreuzschraffur
14	Graphit
15 + 16	Fotografien
17	Bleistift, Kohle, Kreide
18	Fotografien (montiert, kopiert, farbig hinterlegt)
19	Pastell- und Ölkreide
20	Fotografie

Arbeit 19

Arbeit 20

(35) UNIVERSITÄT GESAMTHOCHSCHULE WUPPERTAL / KOMMUNIKATIONSDESIGN
JENS REHLING

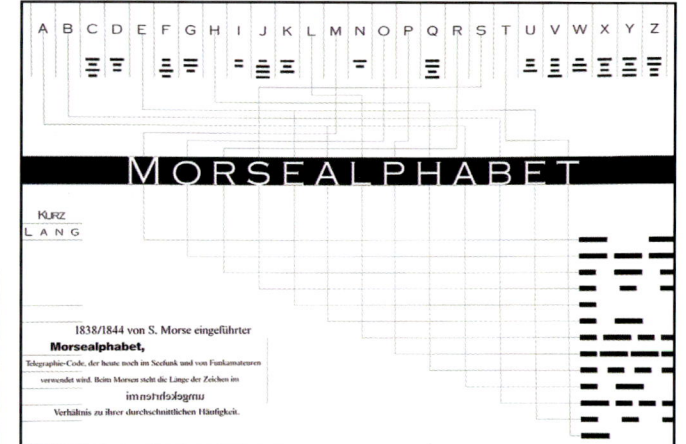

Arbeit 1

Arbeit 2

Arbeit 3

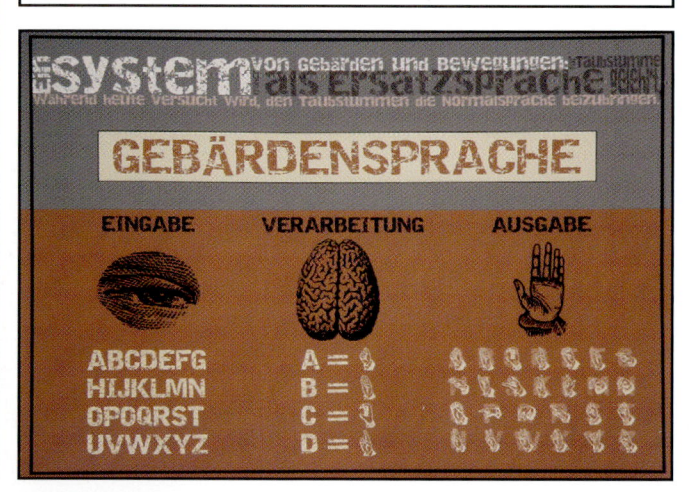

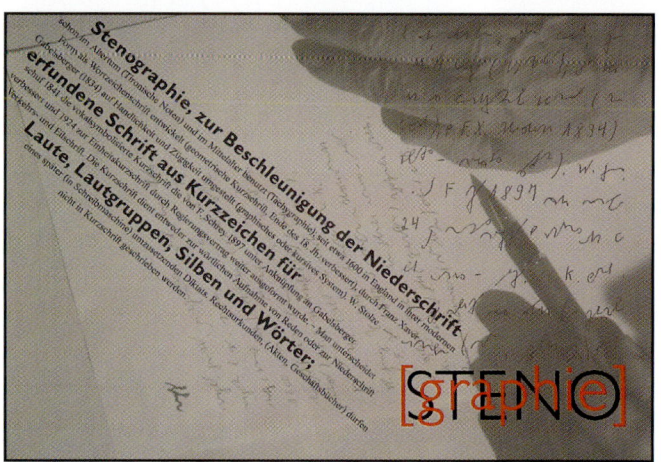

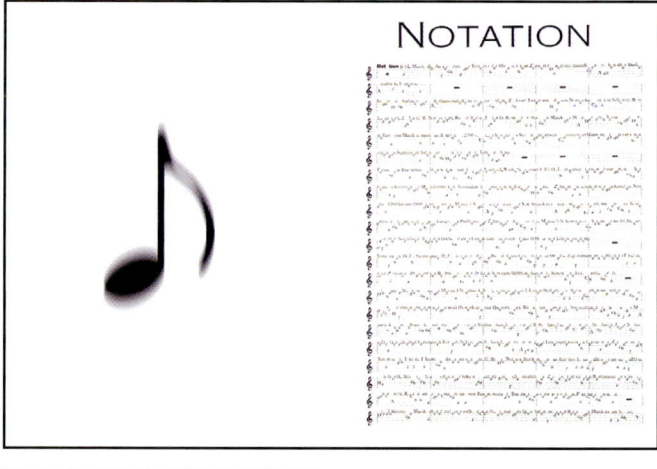

Arbeit 4

Arbeit 5

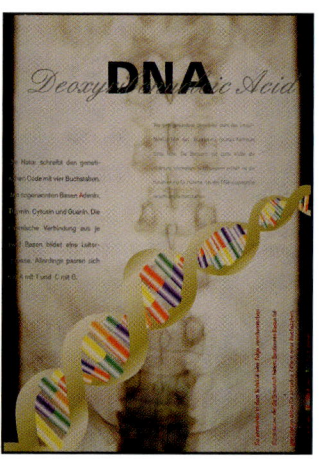

Arbeit 6

Entwürfe zum Thema „Codierungen":

1 EAN-Code
2 Morsealphabet
3 Gebärdensprache
4 Stenographie
5 Notation
6 DNA
7 Blindenschrift
8 RGB
9 Binärsystem
10 Daktyloskopie
11 + 12 Hausaufgabe zum Thema „Fremde"

MYTHOS MAPPE / 2003 / SEITE 170

UNIVERSITÄT GESAMTHOCHSCHULE WUPPERTAL / KOMMUNIKATIONSDESIGN

JENS REHLING

(35)

JENS REHLING
Universität Gesamthochschule Wuppertal,
Kommunikationsdesign

ALTER
25

E-MAIL
jens_rehling@gmx.de

ANZAHL DER ARBEITEN
10

HAUSARBEIT
Zwei eigenständige Arbeiten zum Thema
„Fremde"; Nachweis der eigenen Kritikfähigkeit durch Auswahl von jeweils einem guten
und einem schlechten Beispiel zu vorgegebenen Themen mit Begründung

AUFNAHMEVERFAHREN
Präsentation der Mappe und der Hausarbeit;
persönliches Gespräch

VORBEREITUNG
Ausbildung zum Schriftsetzer; Besuch
zahlreicher Informationsveranstaltungen
an der Uni; viele Gespräche mit Professoren
und Studenten; mehrere Wochen Arbeit
an der Mappe

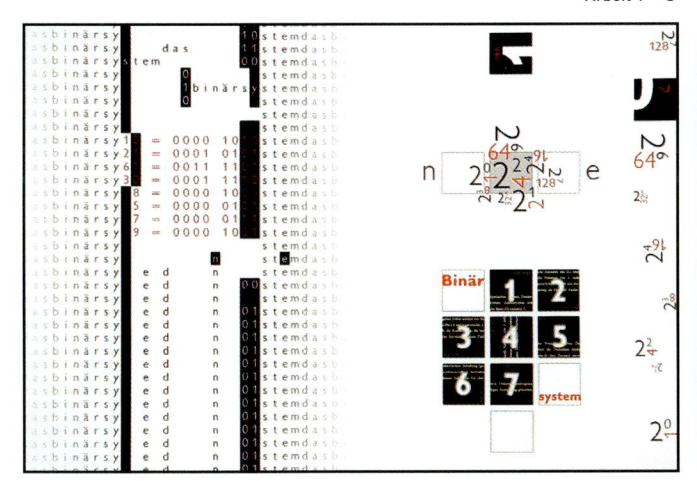

Arbeit 7 + 8

Arbeit 9

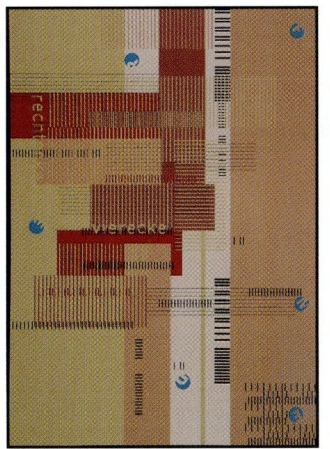

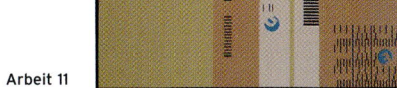

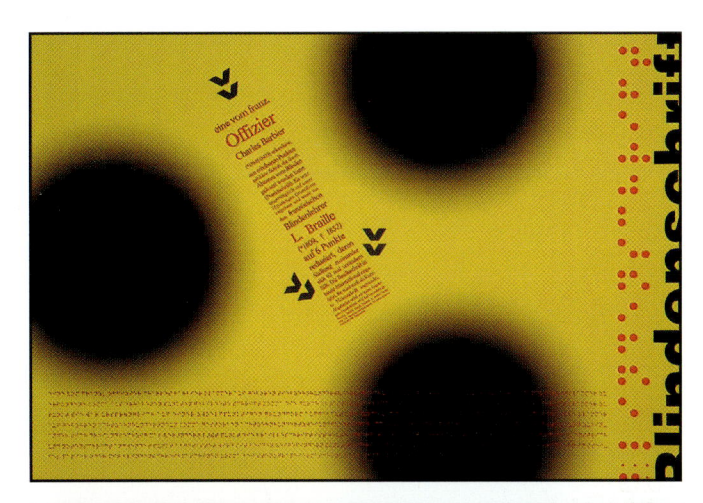

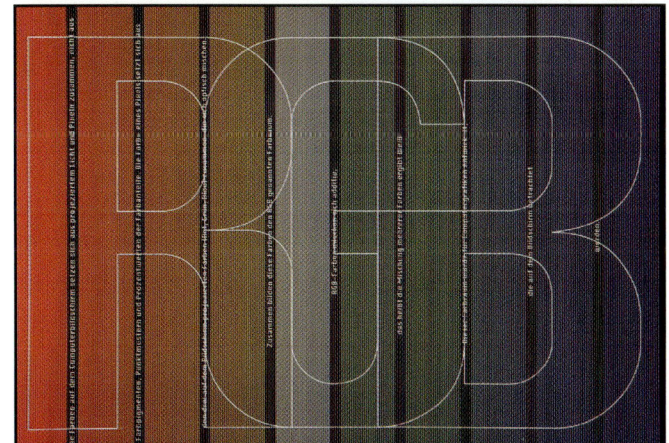

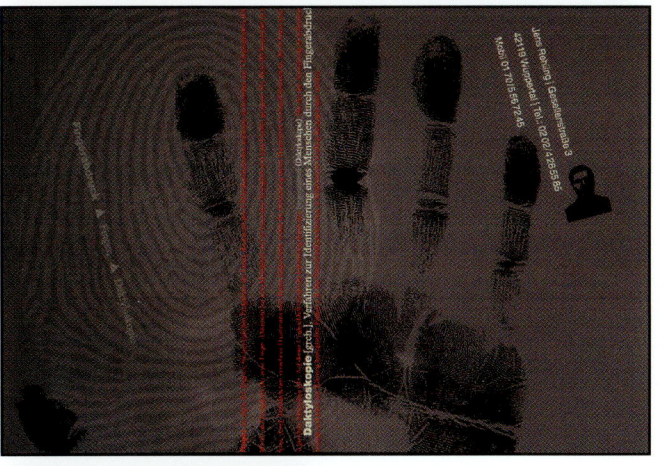

Arbeit 10

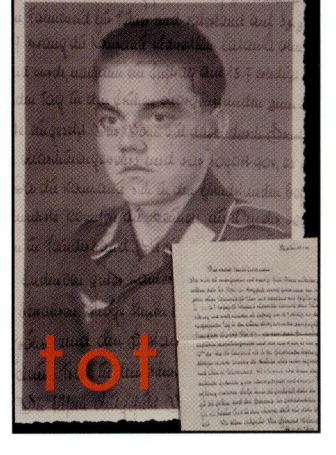

Arbeit 11

Arbeit 12

(36)

FACHHOCHSCHULE MÜNCHEN / KOMMUNIKATIONSDESIGN

EVA REISKE

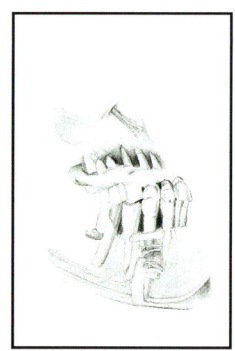

Arbeit 1

Arbeit 2

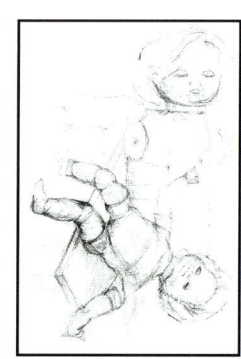

Arbeit 3

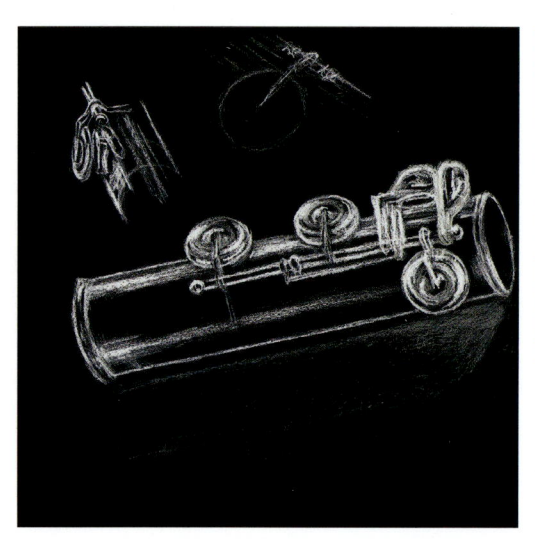

Arbeit 4

Arbeit 5

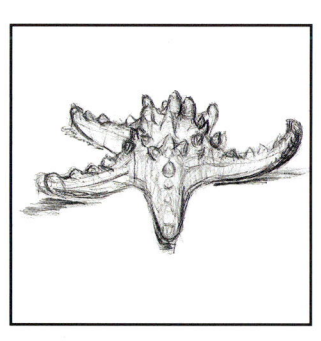

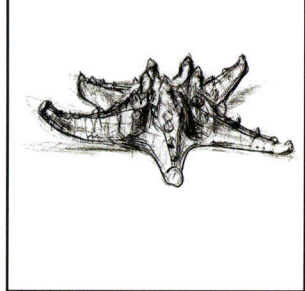

Arbeit 7

Arbeit 6

Arbeit 8 + 9

MYTHOS MAPPE / 2003 / SEITE 172

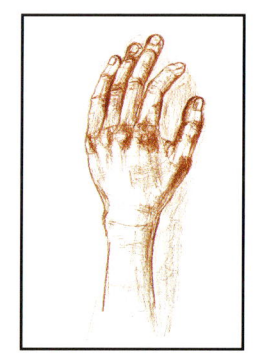

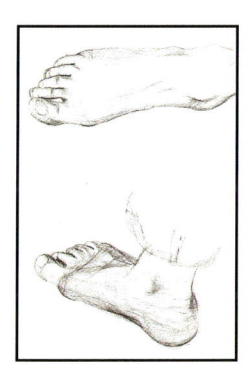

FACHHOCHSCHULE MÜNCHEN / KOMMUNIKATIONSDESIGN
EVA REISKE

(36)

EVA REISKE
Fachhochschule München, Kommunikationsdesign

ALTER
25

E-MAIL
eea@genion.de

ANZAHL DER ARBEITEN
ca. 40

HAUSARBEIT
keine

AUFNAHMEVERFAHREN
Zweitägige Aufnahmeprüfung (figürliches Zeichnen nach Modell; Form- und Farbempfinden; 15 verschiedene Haushaltsgegenstände zeichnen; Interpretationen der Begriffe Kommunikation und Design; Nachweis kreativer Fähigkeiten durch die Gestaltung einer Bildfolge zu festen Themen)

VORBEREITUNG
Ausbildung zum Mediengestalter für Digital- und Printmedien; Praktika in einer Offsetdruckerei, einer Werbeagentur und bei einem Modellbauer; 1 Jahr Zeichenschule (2 x pro Woche), Dauer der Mappenvorbereitung ca. 1 Jahr

Arbeit 10

Arbeit 11

Arbeit 12

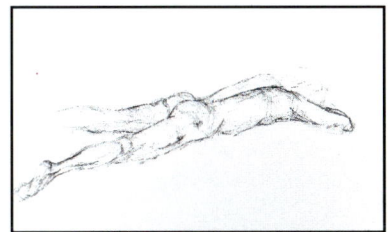

Arbeit 13

Arbeit 14

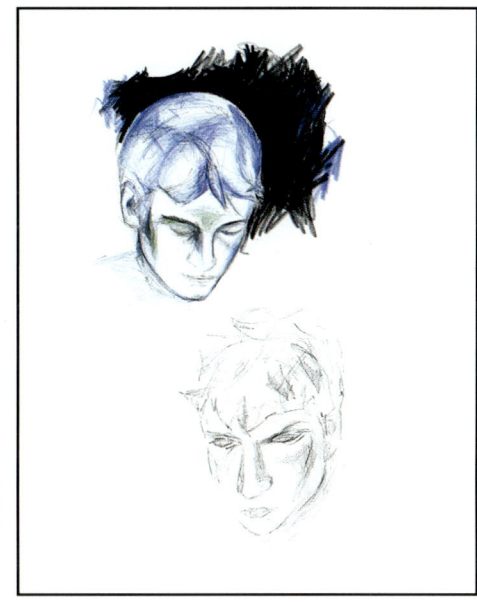

(36)

FACHHOCHSCHULE MÜNCHEN / KOMMUNIKATIONSDESIGN
EVA REISKE

Arbeit 15

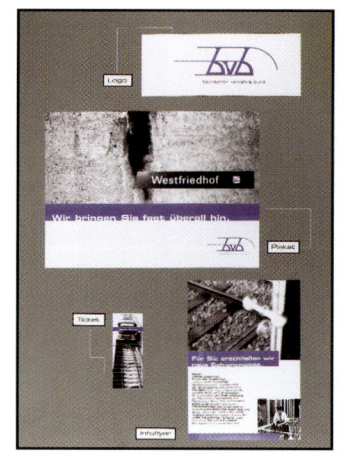

Arbeit 16

Arbeit 17

Arbeit 18

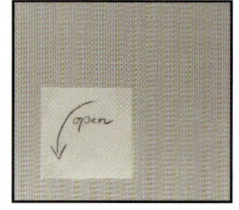

Arbeit 19

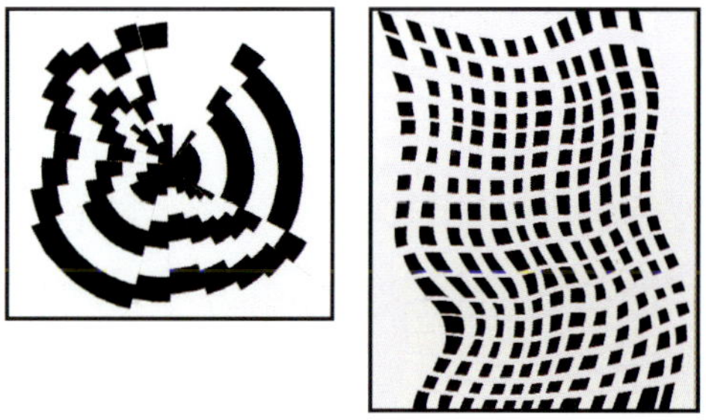

Arbeit 20

Arbeit 21

Arbeit 22 + 23

Arbeit 24 + 25

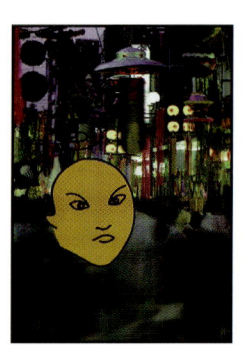

MYTHOS MAPPE / 2003 / SEITE 174

FACHHOCHSCHULE MÜNCHEN / KOMMUNIKATIONSDESIGN

EVA REISKE

(36)

1 + 2	Bleistift
3	Rötel
4	Wachskreide
5	Buntstift, Bleistift
6	Bleistift, Kohle
7	Bleistift
8	Rötel
9 + 10	Bleistift
11	Wachskreide
12 + 13	Bleistift
14	Bleistift, Buntstift
15	Bleistift, Aquarell, Computerausdruck
16	Kombination Fotografie mit Text
17	Fotografie
18	Fotografie, Kohlezeichnung
19	Schwarzes und weißes Tonpapier
20	Bleistift, Aquarell
21	Siebdruck auf Druckplatte, Film- und Tonpapier
22 + 23	Illustrationen, Zeitungsausschnitte, Text
24 + 25	Illustrationen, Zeitungsausschnitte, Reprofilme
26 - 31	Dispersionsfarben, Ölkreide

Arbeit 26

Arbeit 27

Arbeit 28

Arbeit 29

Arbeit 30

Arbeit 31

MYTHOS MAPPE / 2003 / SEITE 175

(37)

FACHHOCHSCHULE TRIER / MODEDESIGN

AMÉLIE SATOR

Arbeit 1

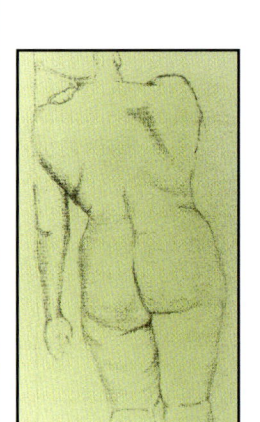

Arbeit 2

Arbeit 3

Arbeit 4

Arbeit 5

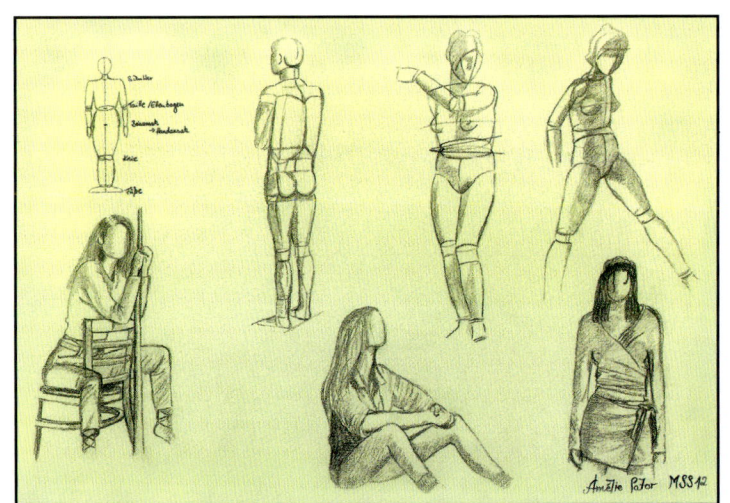

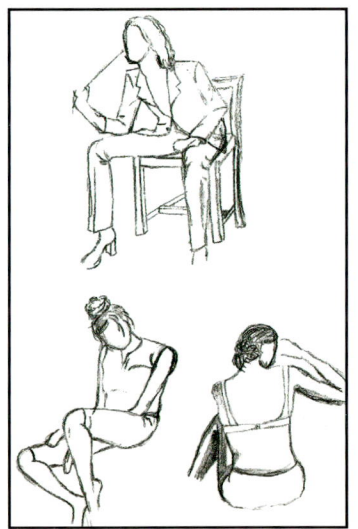

Arbeit 6

Arbeit 7

Arbeit 8

FACHHOCHSCHULE TRIER / MODEDESIGN
AMÉLIE SATOR

(37)

AMÉLIE SATOR
**Fachhochschule Trier,
Modedesign**

ALTER
22

E-MAIL
amelie.sator@web.de

ANZAHL DER ARBEITEN
26

HAUSARBEIT
keine

AUFNAHMEVERFAHREN
Eignungsprüfung mit diversen Aufgabenstellungen (Mode- und Objektzeichnen, Collagen, Nähen von Hand, Frage-Antwort-Test)

VORBEREITUNG
Kunstleistungskurs; Besuch einer freien Kunstschule, diverse Kunstkurse, Arbeit an der Mappe ca. 6 Monate

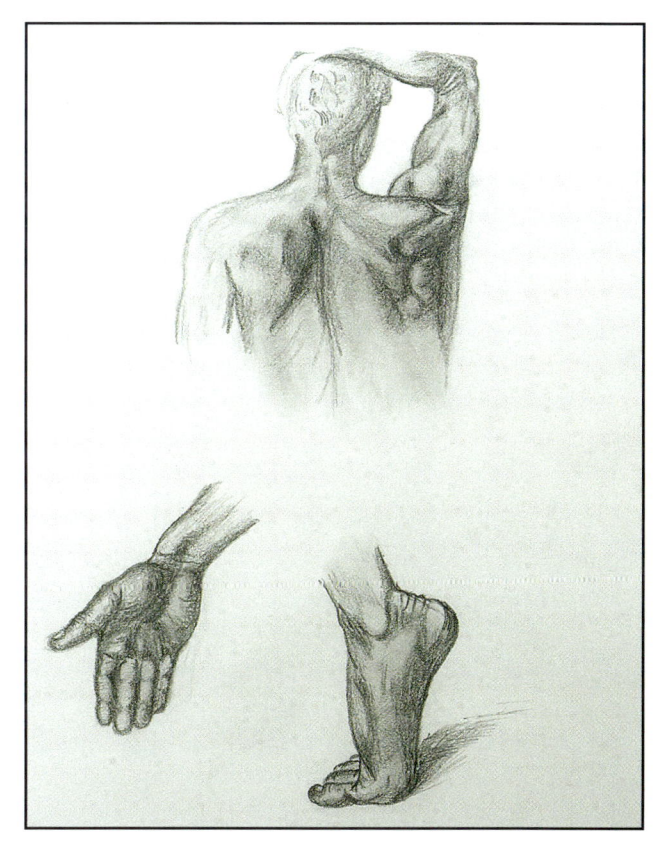

Arbeit 9

Arbeit 10

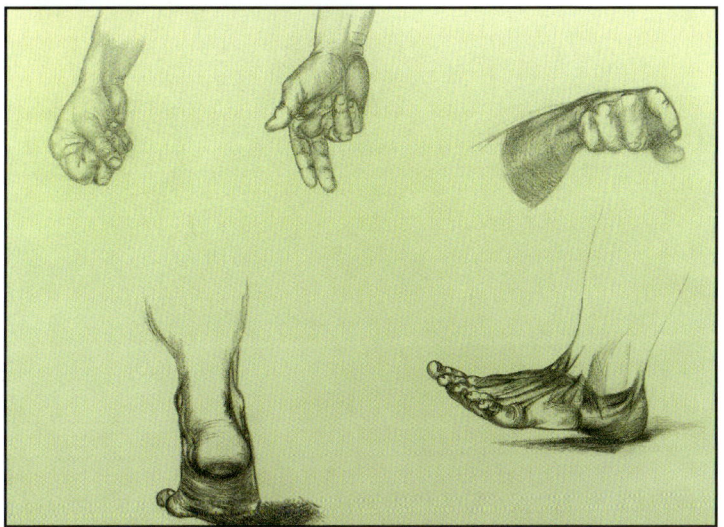

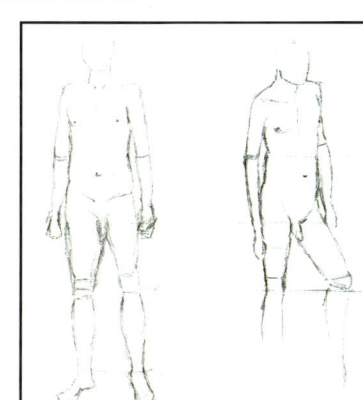

Arbeit 11

Arbeit 12

Arbeit 13

(37)

FACHHOCHSCHULE TRIER / MODEDESIGN

AMÉLIE SATOR

Arbeit 14

Arbeit 15

Arbeit 16

Arbeit 17

Arbeit 18

Arbeit 19

Arbeit 20

Arbeit 21

FACHHOCHSCHULE TRIER / MODEDESIGN
AMÉLIE SATOR

(37)

Arbeit 22

Arbeit 23

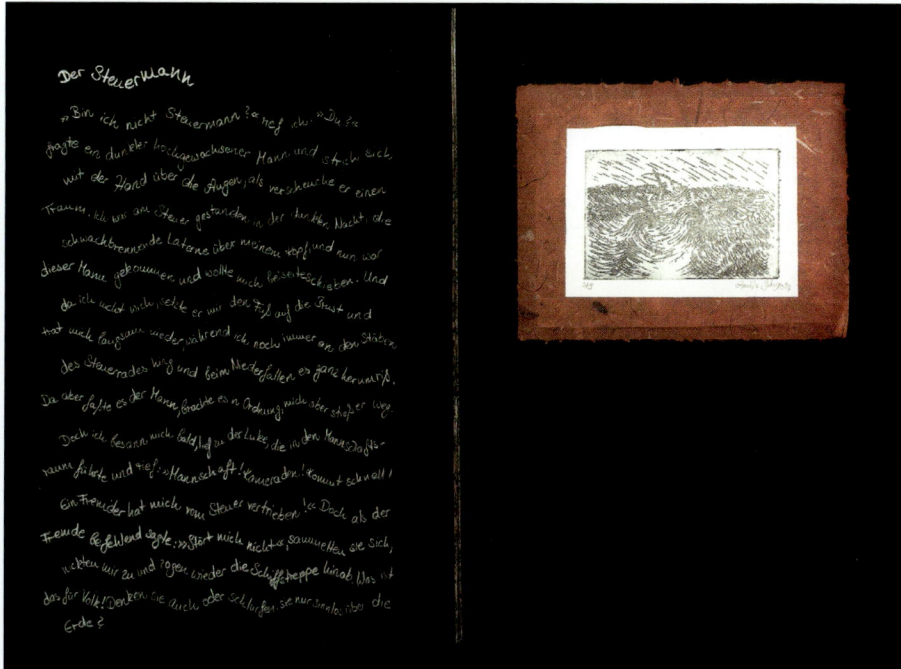

Arbeit 24

Arbeit 25

1	Kohle, Keide
2	Wachskreide
3	Kohle, Kreide
4 + 5	Bleistift
6	Kohle, Keide
7 - 9	Bleistift
10	Fotografie, Plastik: Efaplast
11 - 20	Bleistift
21	Bleistift, Aquarell
22	Blei-, Holzstifte
23	Acryl
24	Druckgrafik
25	Bleistift

(38)

FACHHOCHSCHULE BIELEFELD / FOTOGRAFIE UND MEDIEN

BARBARA SCHNEIDER

Arbeit 1

Arbeit 2

Arbeit 3

Arbeit 4

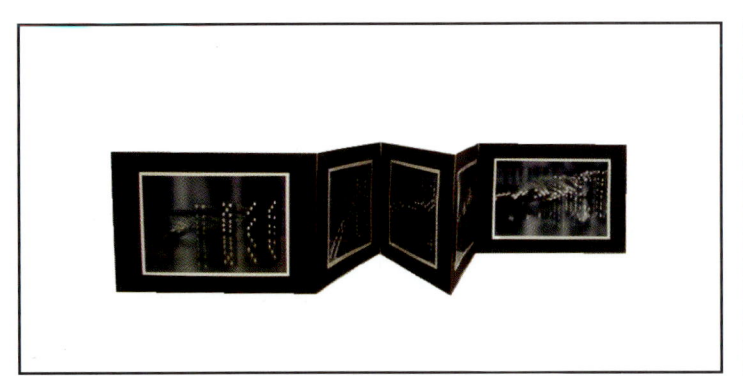

Arbeit 5

Arbeit 6

Arbeit 7

1	Farben des Lichts 1
2	Farben des Lichts 2
3	Urlaubserinnerungen
4	Wildlife
5	Kettenreaktion
6	Poesie
7	Durchblicke
8	Hausaufgabe

FACHHOCHSCHULE BIELEFELD / FOTOGRAFIE UND MEDIEN
BARBARA SCHNEIDER

(38)

BARBARA SCHNEIDER
**Fachhochschule Bielefeld,
Fotografie und Medien**

ALTER
21

E-MAIL
barbaraschneider@worldonline.de

ANZAHL DER ARBEITEN
10 (insg. 46 Fotografien)

HAUSARBEIT
**Arbeiten zum Thema „Freier Fall";
Zeit ca. 3 Wochen**

AUFNAHMEVERFAHREN
**Prüfung; Anfertigung einer Collage zum
Thema „Rasender Stillstand";
Zeit ca. 4 Stunden**

VORBEREITUNG
**Praktikum in Fotostudio (6 Monate);
Arbeit an der Mappe ca. 5 Monate**

Arbeit 8

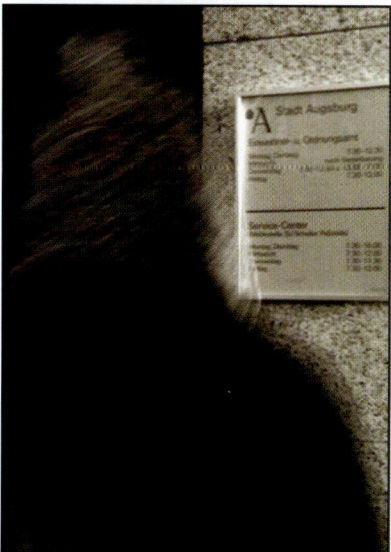

(39)

FACHHOCHSCHULE DORTMUND / GRAFIKDESIGN

SABINE SCHNITZLER

Arbeit 1

Arbeit 2 + 3

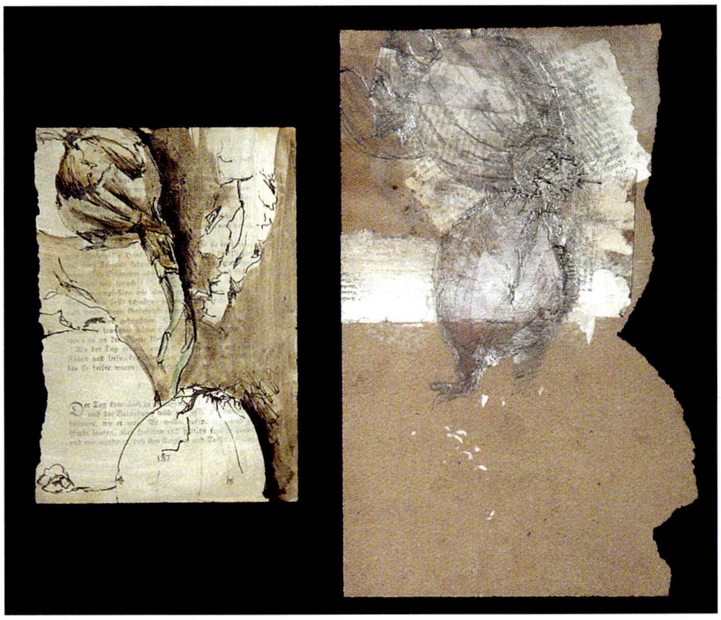

Arbeit 4

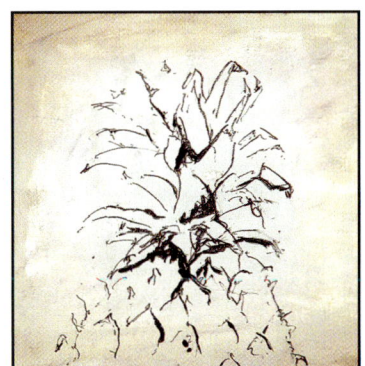

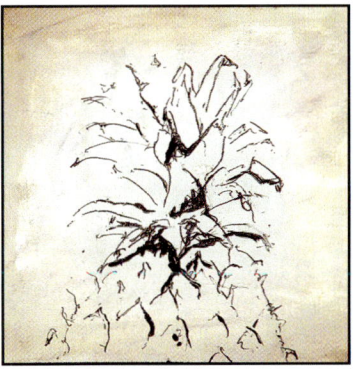

Arbeit 5

Arbeit 6

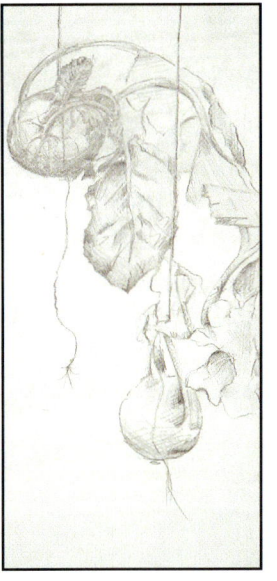

Arbeit 7

Arbeit 8

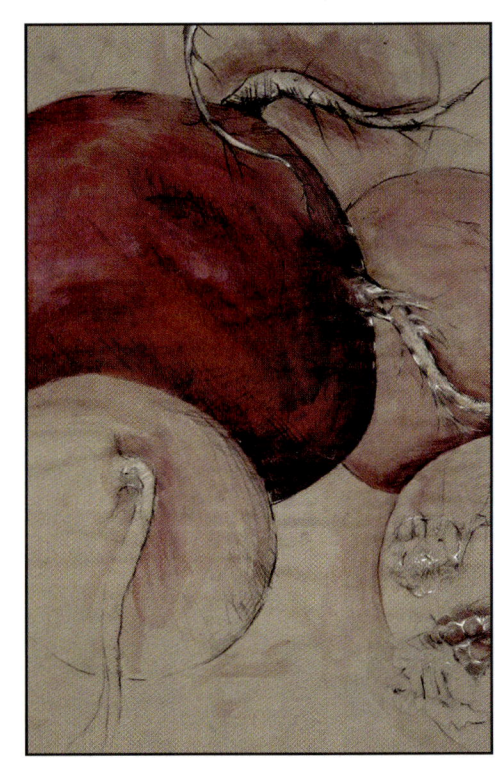

MYTHOS MAPPE / 2003 / SEITE 182

FACHHOCHSCHULE DORTMUND / GRAFIKDESIGN
SABINE SCHNITZLER

(39)

SABINE SCHNITZLER
**Fachhochschule Dortmund,
Grafikdesign**

ALTER
21

E-MAIL
redsunrising@gmx.de

ANZAHL DER ARBEITEN
30

HAUSARBEIT
keine

AUFNAHMEVERFAHREN
Entwurf eines Konzertplakates; Anfertigen eines Papierflugzeuges; Bleistiftzeichnung folgender Szene: Lkw mit Ladung einer Zoohandlung kommt in einer engen Kurve ins Schleudern, Heckklappe öffnet sich und Ladung fliegt auf die Fahrbahn; Zeit 3 Wochen

VORBEREITUNG
Praktikum in einer Werbeagentur (3 Monate); intensive Nutzung des Angebotes der VHS über einen Zeitraum von 2 Jahren (Aktzeichnen, experimentelles Zeichnen, Mappenkurs, Grundlagen des Zeichnens); in diesen Kursen sind fast alle Arbeiten aus meiner Mappe entstanden

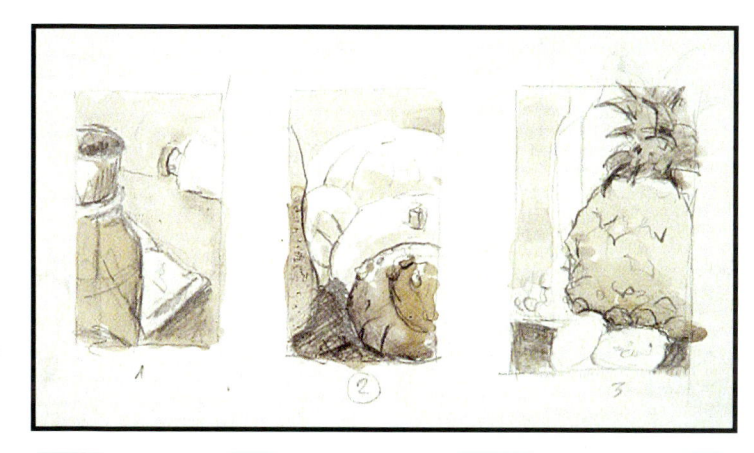

Arbeit 9

Arbeit 10

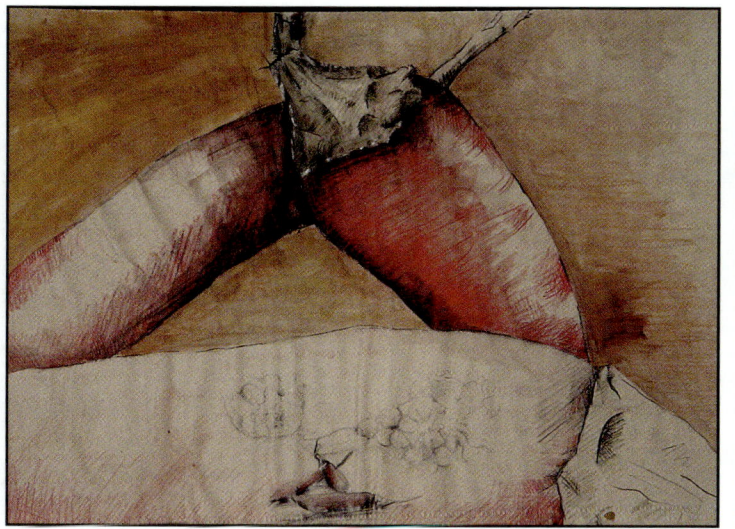

Arbeit 11

Arbeit 12

(39)

FACHHOCHSCHULE DORTMUND / GRAFIKDESIGN

SABINE SCHNITZLER

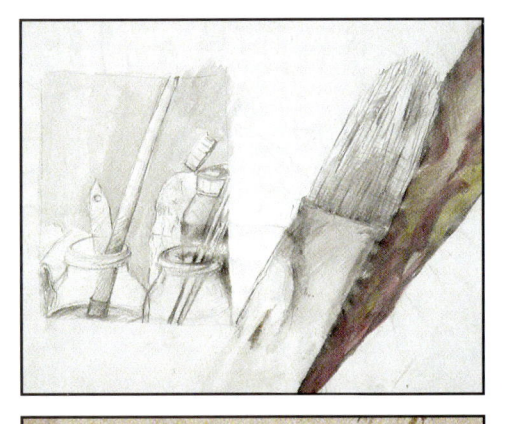

Arbeit 13

Arbeit 14

Arbeit 15

Arbeit 16

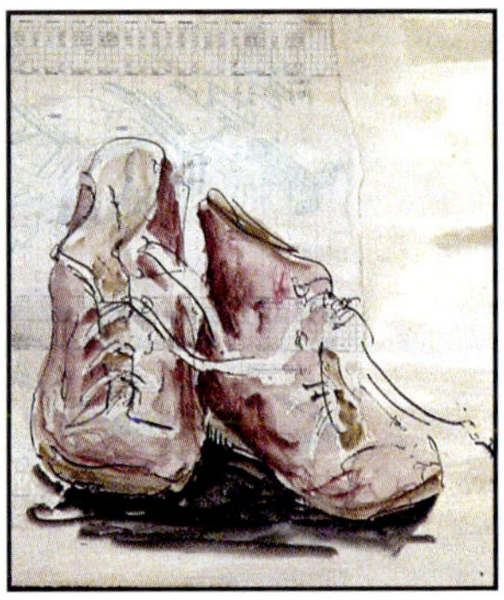

Arbeit 17 + 18

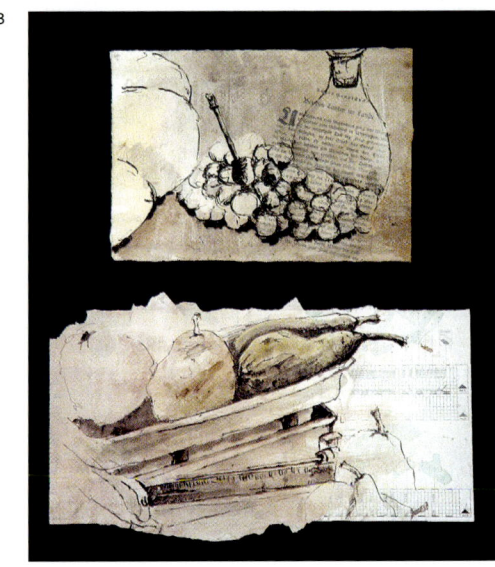

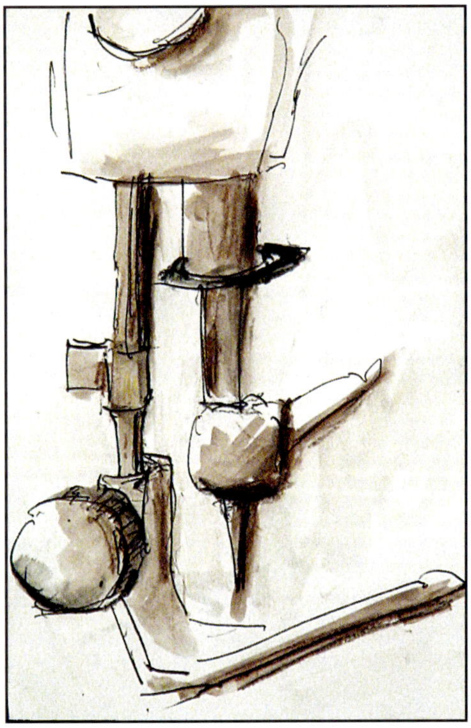

Arbeit 19

Arbeit 20

Arbeit 21

Arbeit 22

FACHHOCHSCHULE DORTMUND / GRAFIKDESIGN

SABINE SCHNITZLER

(39)

1	Tusche, Acryl
2	Tusche, Aquarell
3	Bleistift, Aquarell, Acryl
4	Tusche, Aquarell
5	Tusche, Acryl
6	Bleistift, Aquarell, Pastellkreide
7	Bleistift
8	Bleistift, Kohlestift, Acryl, Aquarell
9	Bleistift, Aquarell
10	Tusche, Kaffee
11	Bleistift, Pastellkreide, Acryl, Aquarell
12	Bleistift, Kohlestift, Acryl, Aquarell
13	Bleistift, Aquarell
14	Bleistift, Aquarell, Acryl
15	Bleistift, Acryl, Aquarellstift
16	Tusche, Pastellkreide, Acryl
17	Tusche, Aquarell, Acryl
18	Tusche, Aquarell
19	Tusche, Aquarell, Pastellkreide
20	Tusche, Aquarell, Acryl, Pastellkreide
21	Tusche, Pastellkreide, Aquarell
22	Bleistift, Acryl, Kaffee
23	Bleistift, Aquarell
24	Bleistift, Kohlestift, Aquarell
25	Tusche, Bleistift, Rötel, Aquarell, Acryl
26	Bleistift, Acryl, Kaffee
27	Bleistift, Rötel, Kohle, Acryl, Kaffee
28	Bleistift, Acryl, Kaffee

Arbeit 23 + 24

Arbeit 25

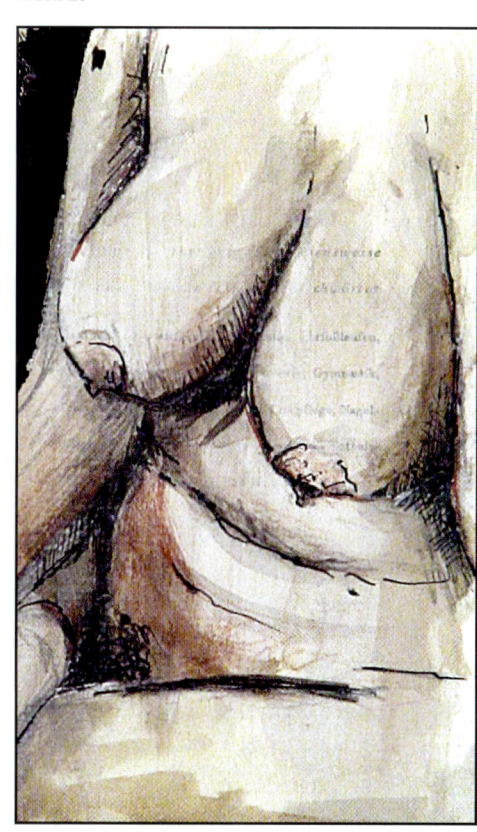

Arbeit 26-28

MYTHOS MAPPE / 2003 / SEITE 185

(40)

FACHHOCHSCHULE DORTMUND / GRAFIKDESIGN

CHRISTIAN SCHRAMM

Arbeit 1

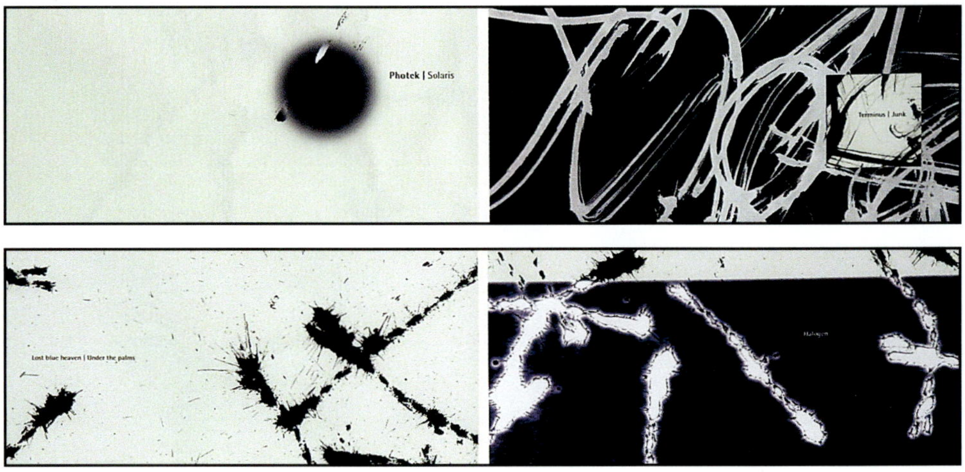

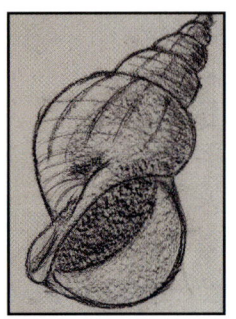

Arbeit 2

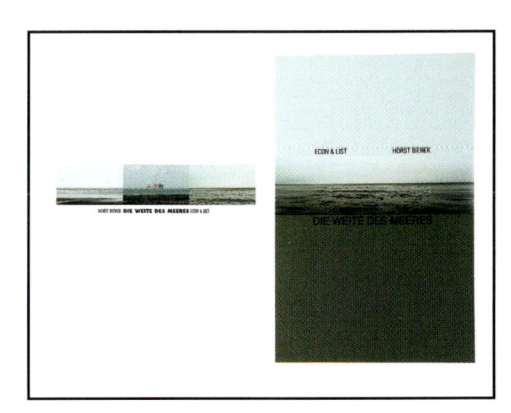

Arbeit 3

Arbeit 4

MYTHOS MAPPE / 2003 / SEITE 186

FACHHOCHSCHULE DORTMUND / GRAFIKDESIGN

CHRISTIAN SCHRAMM

(40)

CHRISTIAN SCHRAMM
Fachhochschule Dortmund, Grafikdesign

ALTER
24

E-MAIL
christianschramm@mac.com

ANZAHL DER ARBEITEN
24

HAUSARBEIT
Entwurf eines Konzertplakates; Anfertigen eines Papierflugzeuges; Anfertigung einer Zeichnung nach vorgegebenem Thema (Kohle oder Graphit); Zeit 2 Wochen

AUFNAHMEVERFAHREN
Präsentation der freien Mappe und der Hausarbeit

VORBEREITUNG
Ausbildung zum Gestaltungstechnischen Assistenten für Medien und Kommunikation (2 Jahre); Tätigkeit als DTP-Fachkraft (2 Jahre); Besuche der Ausstellungen von Diplomarbeiten; Arbeit an der Mappe über mehrere Monate

Arbeit 5

Arbeit 6

Arbeit 7

(40)

FACHHOCHSCHULE DORTMUND / GRAFIKDESIGN
CHRISTIAN SCHRAMM

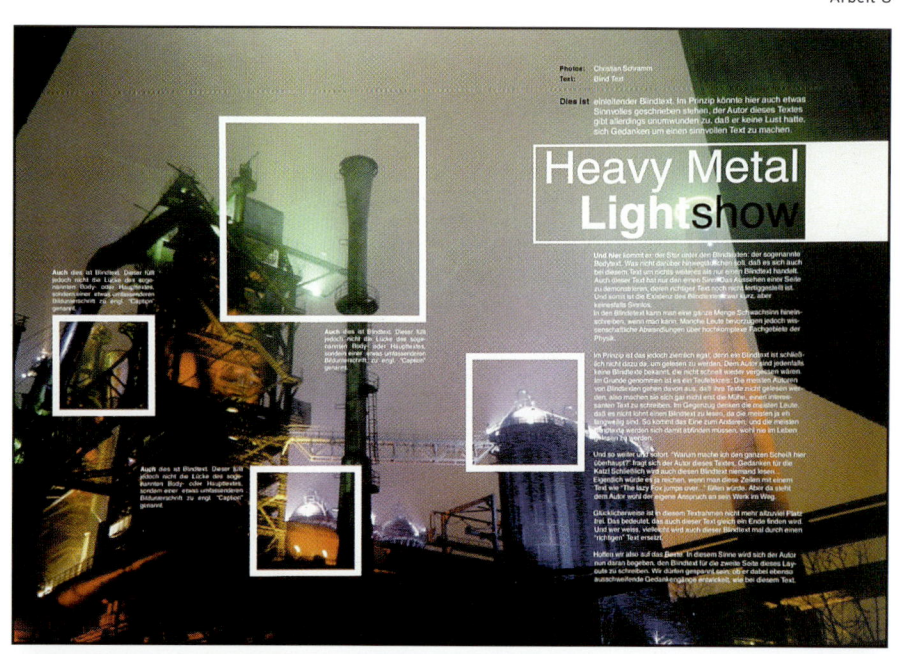

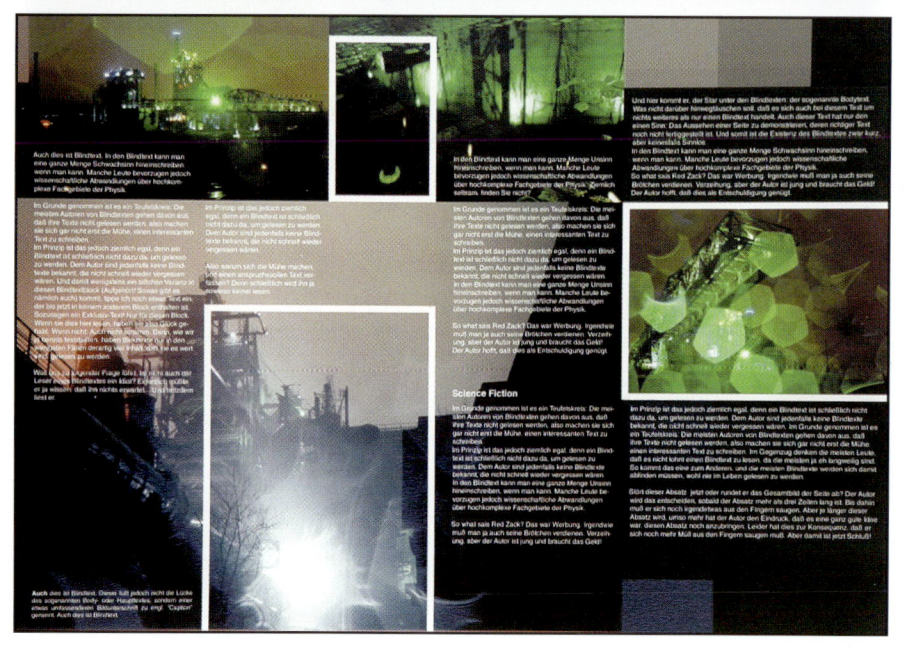

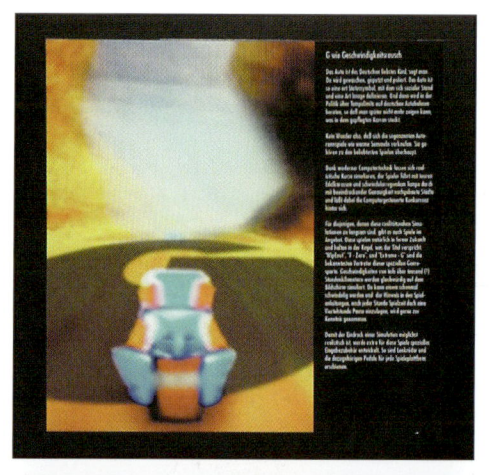

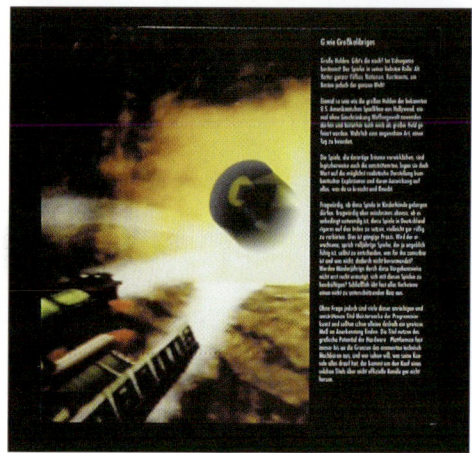

Arbeit 8

FACHHOCHSCHULE DORTMUND / GRAFIKDESIGN
CHRISTIAN SCHRAMM

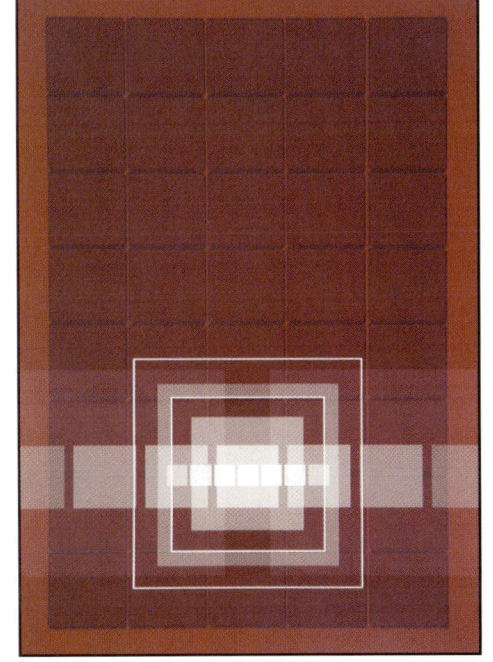

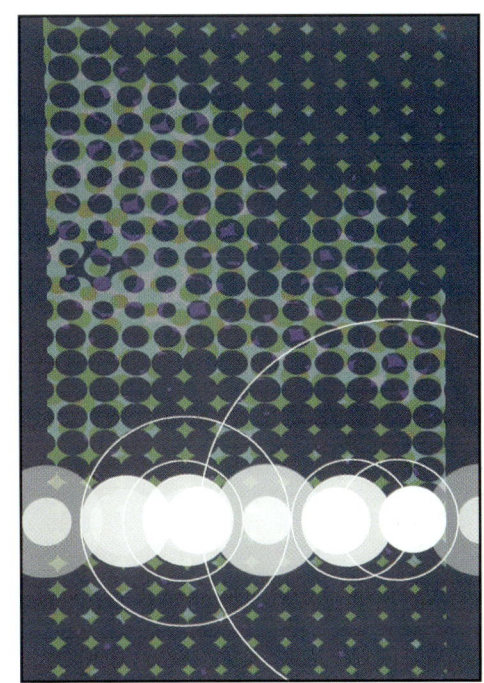

(40)

Arbeit 10

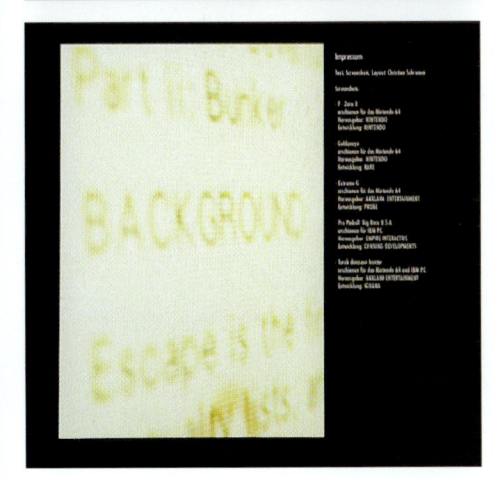

Arbeit 9

1	Verdünnte Tusche, Paketkordel auf Ingrespapier, bearbeitet in Photoshop
2	Kohlezeichnung
3	Buchcover
4	Bleistift
5	Plakatabrisse, in Wasser angelöst und neu arrangiert
6 + 7	Fotografie
8	Fotografie, Layout in Photoshop
9	Fotografie, bearbeitet in Photoshop
10	Plakatentwürfe, entstanden in Photoshop
11	Fotografie, bearbeitet in Photoshop

Arbeit 11

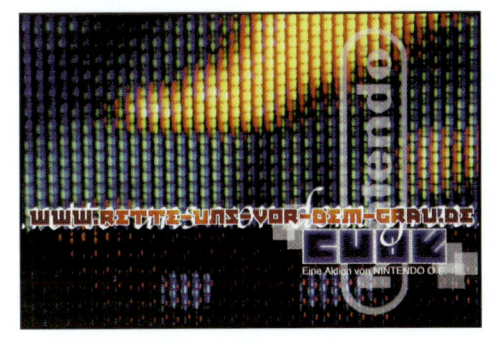

MYTHOS MAPPE / 2003 / SEITE 189

(41)

FACHHOCHSCHULE BIELEFELD / FOTOGRAFIE UND MEDIEN

UWE SCHWEER-LAMBERS

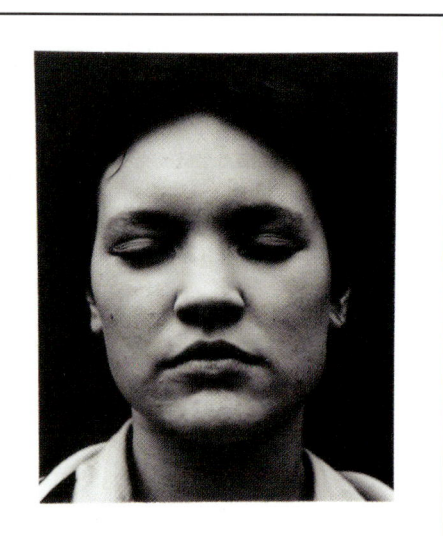

Arbeit 1

Arbeit 2

MYTHOS MAPPE / 2003 / SEITE 190

FACHHOCHSCHULE BIELEFELD / FOTOGRAFIE UND MEDIEN
UWE SCHWEER-LAMBERS

(41)

UWE SCHWEER-LAMBERS
Fachhochschule Bielefeld, Fotografie und Medien

ALTER
24

E-MAIL
usl77@gmx.de

ANZAHL DER ARBEITEN
6 (insg. 28 Fotografien)

HAUSARBEIT
Arbeiten zum Thema „Wer sieht's ? - Sensationen im Alltag"; Zeit 2 Wochen

AUFNAHMEVERFAHREN
Dreistündige Klausur; aus Magazinen zwei Fotos auswählen und schriftlich begründen, warum das eine gut und das andere schlecht ist

VORBEREITUNG
Praktikum auf einer Privatschule mit Schwerpunkt Fotografie; Besuche der Tage der offenen Tür an mehreren FH's; viel über Fotografie gelesen; viele Ausstellungsbesuche

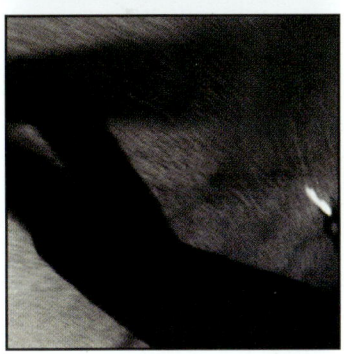

Arbeit 3

(41)

FACHHOCHSCHULE BIELEFELD / FOTOGRAFIE UND MEDIEN

UWE SCHWEER-LAMBERS

Arbeit 4

Arbeit 5

„Wer's sieht..."
Visuelle Sensationen
im Alltag (einer Gabel)

FACHHOCHSCHULE BIELEFELD / FOTOGRAFIE UND MEDIEN
UWE SCHWEER-LAMBERS

(41)

Arbeit 6

1	Die Träume meiner Mitbewohner
2	Innen und außen
3	In der Tiefgarage
4	Don Quichotte
5	Hausaufgabe
6	Vorher-Nachher-Selbstportrait
7	Lichtspiele

Arbeit 7

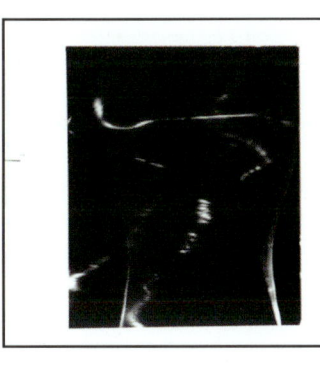

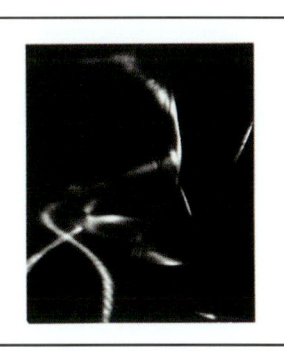

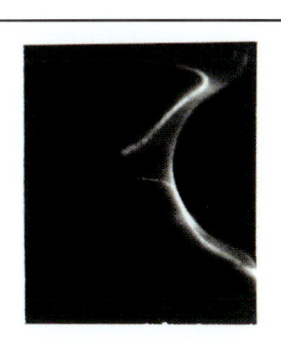

(42)

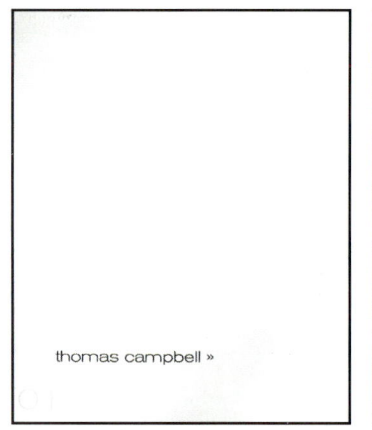

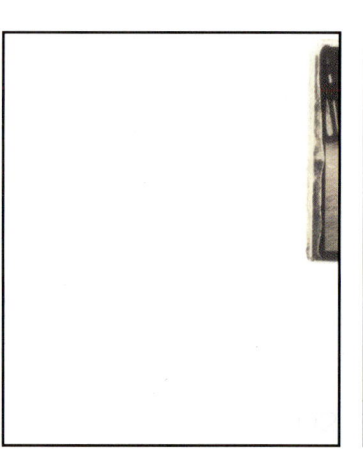

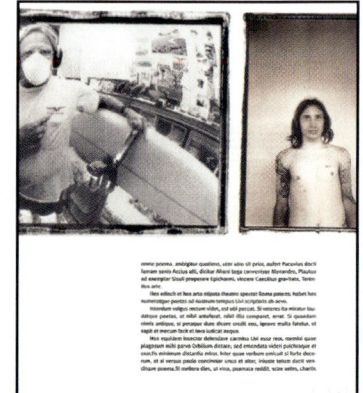

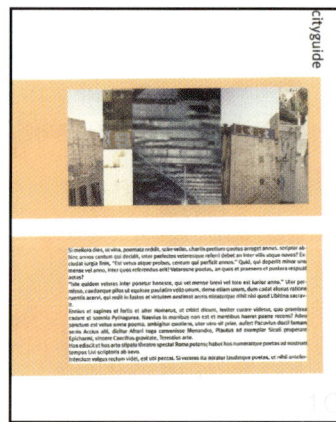

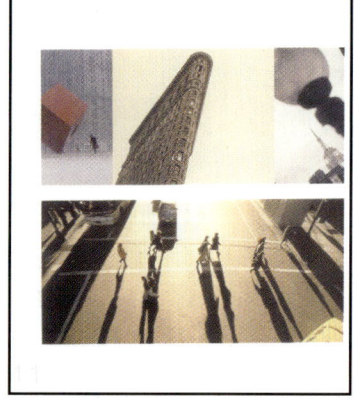

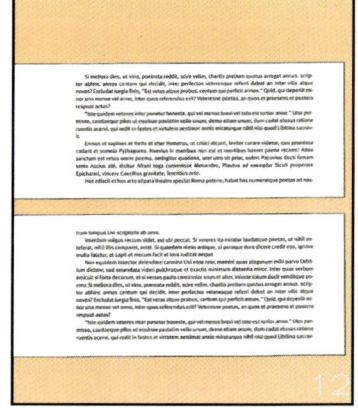

HOCHSCHULE FÜR KÜNSTE BREMEN / DESIGN
SEBASTIAN SOSTMANN

Arbeit 1

Arbeit 2　　　　　　　　　Arbeit 3　　　　　　　　　Arbeit 4

Arbeit 5

HOCHSCHULE FÜR KÜNSTE BREMEN / DESIGN
SEBASTIAN SOSTMANN

(42)

SEBASTIAN SOSTMANN
Hochschule für Künste Bremen, Design

ALTER
23

E-MAIL
tropenelektronik@hotmail.com

ANZAHL DER ARBEITEN
6 (incl. komplettes Magazin)

HAUSARBEIT
keine

AUFNAHMEVERFAHREN
Das Thema „Tür" wurde vorgegeben und mußte an einem Tag frei bearbeitet werden, an den zwei folgenden Tagen dann Präsentation der Ergebnisse vor Prüfungskommission

VORBEREITUNG
Praktikum in einem Designbüro; rund 8 Monate an der Mappe gearbeitet, rumgebastelt und ausprobiert; während der Prüfung spät ins Bett und zum Frühstück schwarzen Tee

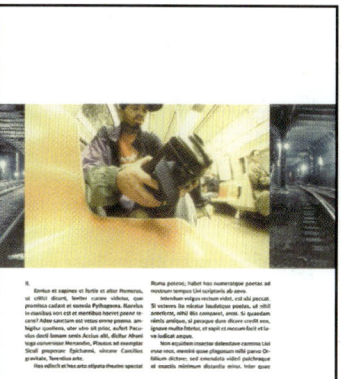

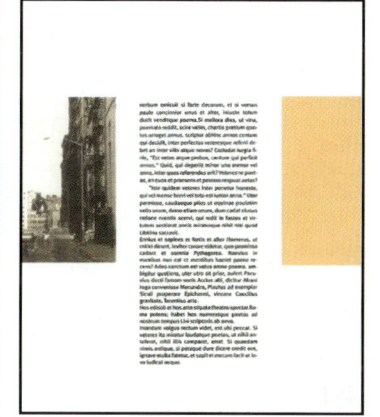

(42)

HOCHSCHULE FÜR KÜNSTE BREMEN / DESIGN

SEBASTIAN SOSTMANN

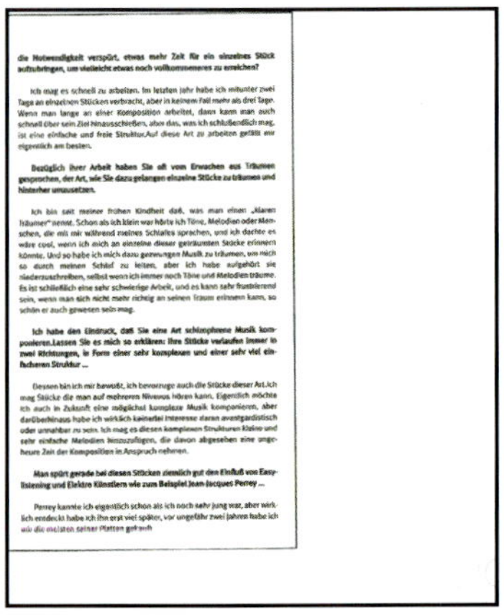

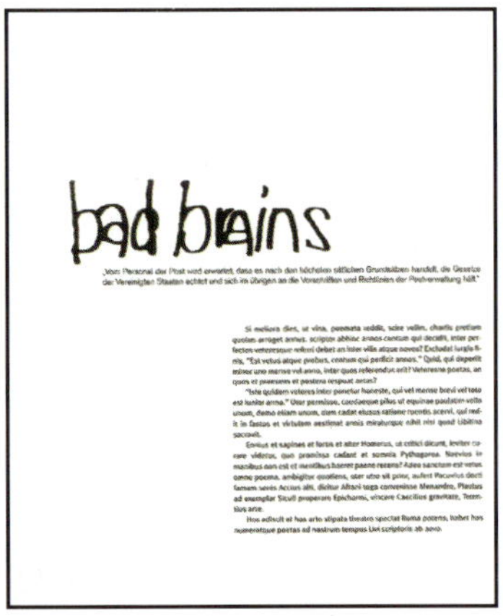

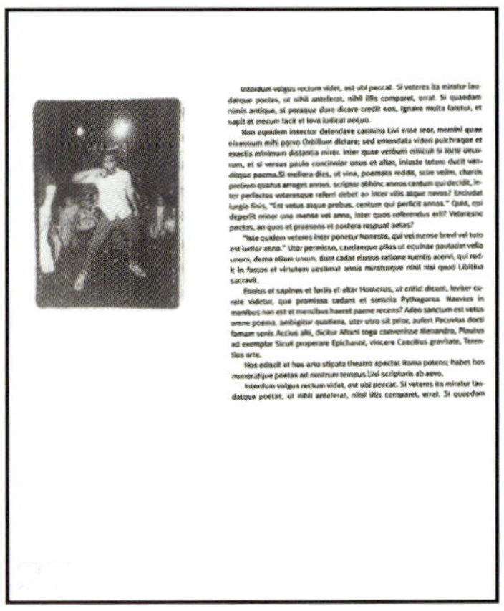

Arbeit 5 (Forts.)

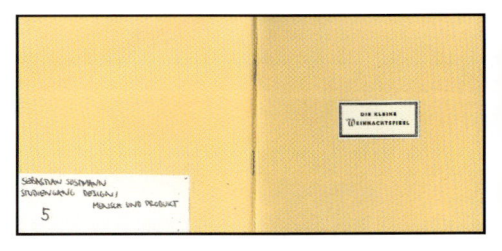

Arbeit 6

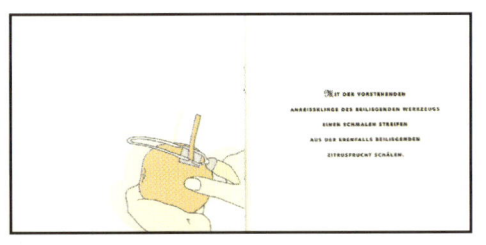

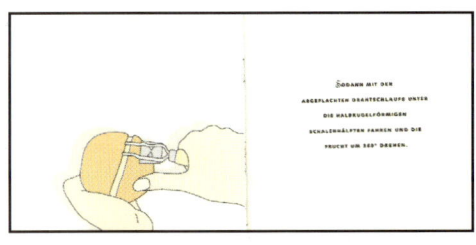

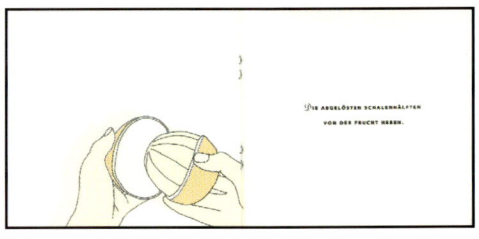

HOCHSCHULE FÜR KÜNSTE BREMEN / DESIGN
SEBASTIAN SOSTMANN

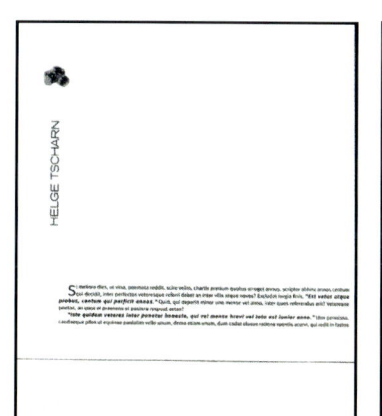

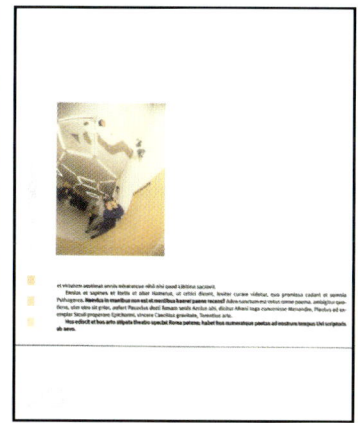

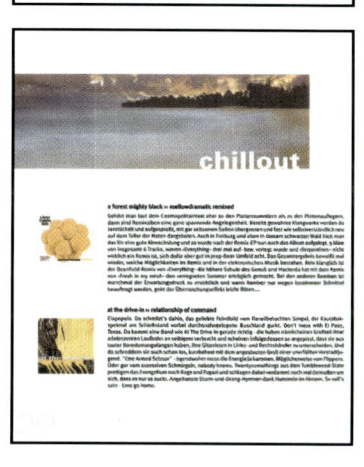

(42)

1 Flyer
2 Die Seance
3 Zeitungsanzeige
4 Windelfrontaltapes
5 Popkulturelles Magazin
6 Weihnachtsaussendung

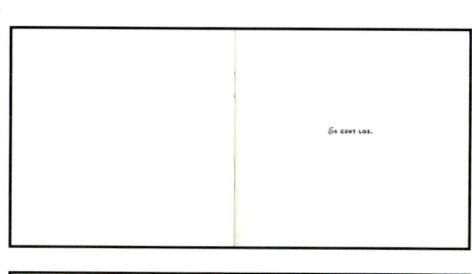

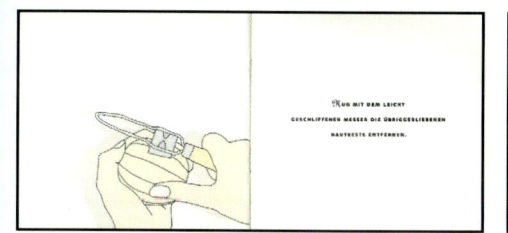

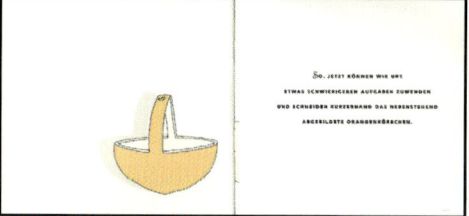

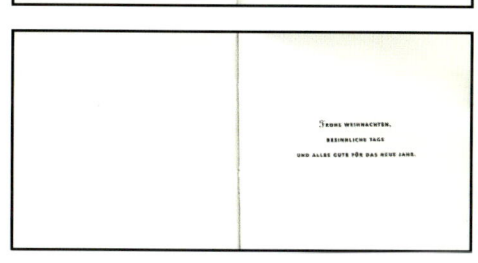

MYTHOS MAPPE / 2003 / SEITE 197

(43) FACHHOCHSCHULE DÜSSELDORF / KOMMUNIKATIONSDESIGN
DOMINIC SPECK

Arbeit 1

Arbeit 2

Arbeit 3

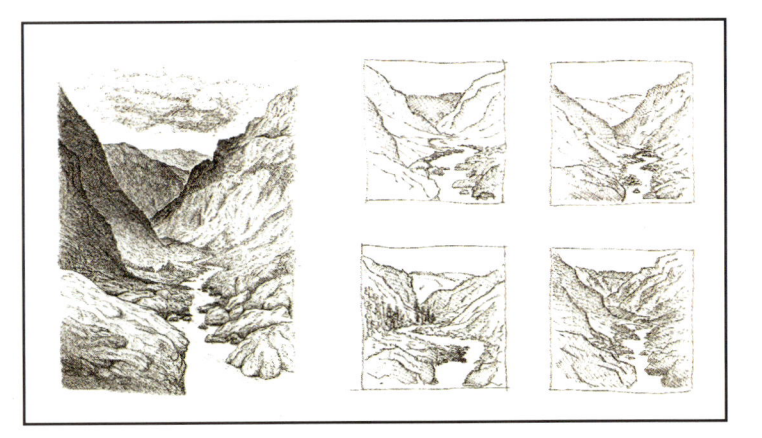

Arbeit 4

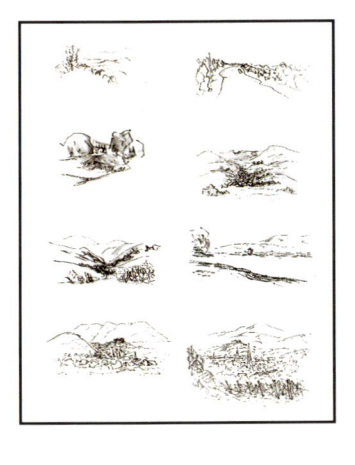

MYTHOS MAPPE / 2003 / SEITE 198

FACHHOCHSCHULE DÜSSELDORF / KOMMUNIKATIONSDESIGN

DOMINIC SPECK

(43)

DOMINIC SPECK
Fachhochschule Düsseldorf, Kommunikationsdesign

ALTER
25

E-MAIL
dominic_speck@t-online.de

ANZAHL DER ARBEITEN
10

HAUSARBEIT
Thema der Hausarbeit war der „Raum zwischen den Dingen", die Ergebnisse mußten gemeinsam mit der Mappe präsentiert werden

AUFNAHMEVERFAHREN
15minütige Präsentation der Mappe sowie der Hausarbeit

VORBEREITUNG
Ausbildung zum Bauzeichner; Teilnahme an einem Mappenvorbereitungskurs; ca. 5 Monate Arbeit an der Mappe, davon knapp 3 Monate sehr intensiv

Arbeit 5

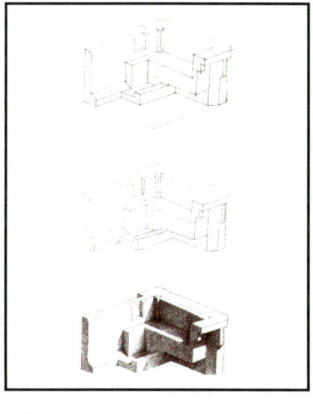

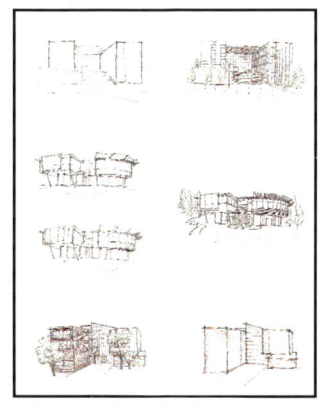

Arbeit 6

Arbeit 7

Arbeit 8

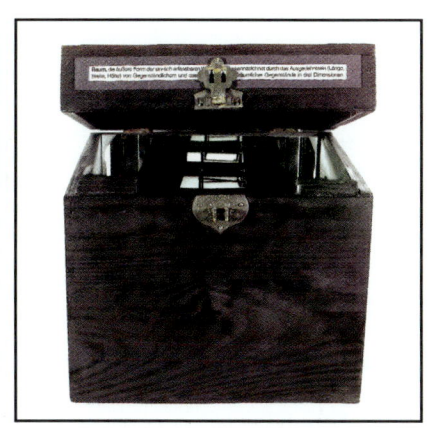

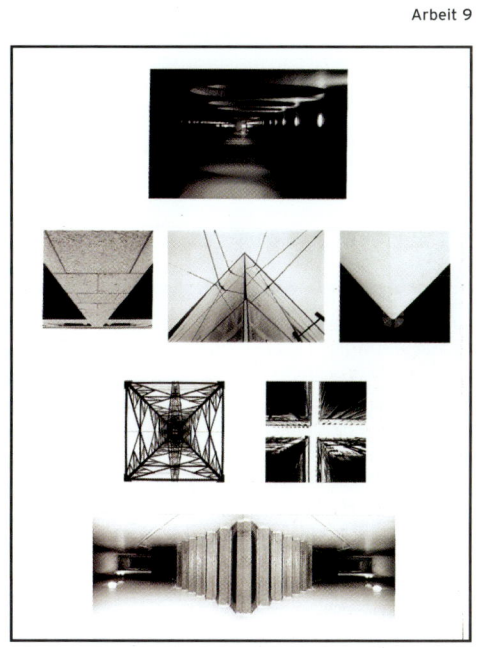

Arbeit 9

Arbeit 10

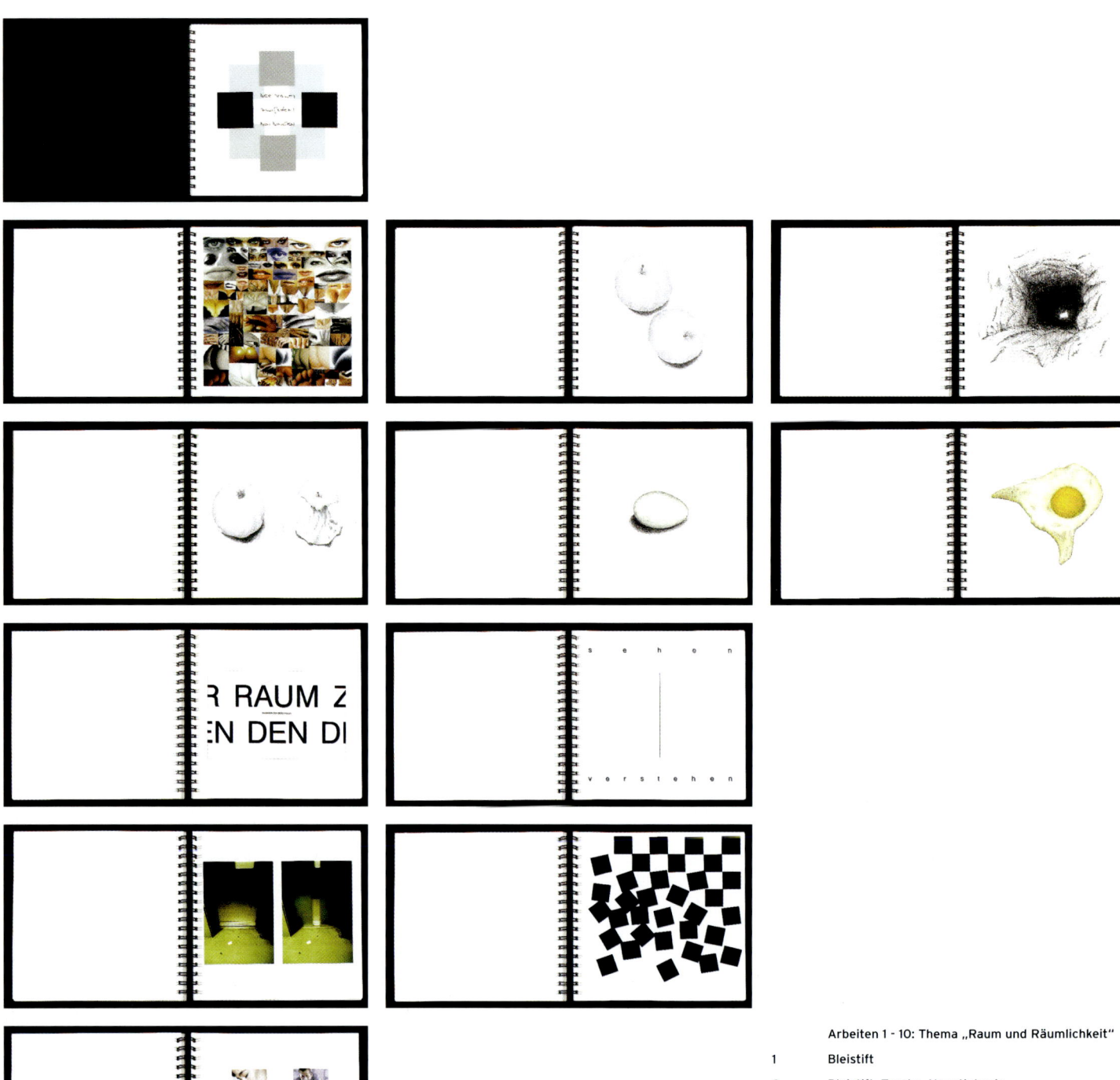

(43)

FACHHOCHSCHULE DÜSSELDORF / KOMMUNIKATIONSDESIGN
DOMINIC SPECK

Arbeit 11

	Arbeiten 1 - 10: Thema „Raum und Räumlichkeit"
1	Bleistift
2	Bleistift, Tusche, Negativkopie
3	Tusche, Fineliner
4	Tusche
5	Collage Zeitungspapier
6 + 7	Bleistift
8	Tusche, Fineliner, Farbstifte
9	Fotografien
10	Schaukasten (mit Spiegeln)
11	Hausarbeit
	- realer Abstand
	- zeitlicher Abstand
	- zeitlicher Abstand (nicht gegenständlich)
	- wie verhält sich der Raum?
	- wie wird der Raum empfunden?
	- wodurch wird der Raum definiert?

FACHHOCHSCHULE DÜSSELDORF / KOMMUNIKATIONSDESIGN

DOMINIC SPECK

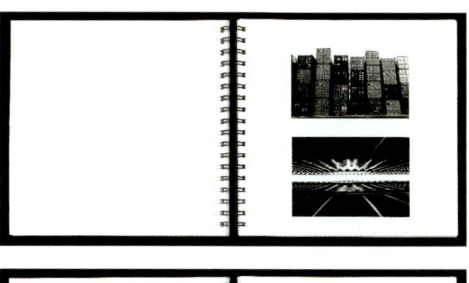

(43)

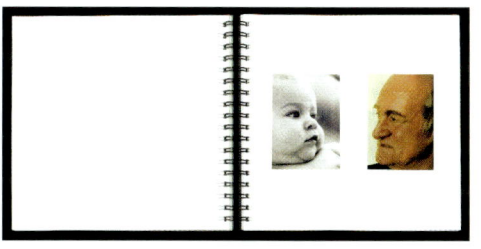

Arbeit 11 (Forts.)

WAHRNEHM NG

MYTHOS MAPPE / 2003 / SEITE 201

(44) UNIVERSITÄT GESAMTHOCHSCHULE WUPPERTAL / KOMMUNIKATIONSDESIGN
NINA STEINACKER

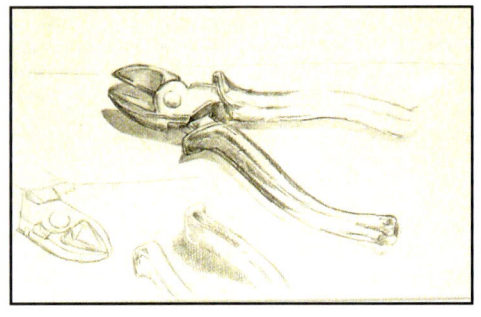

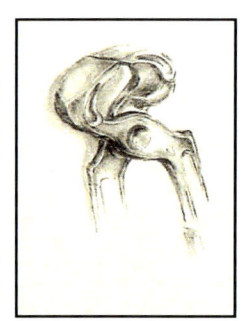

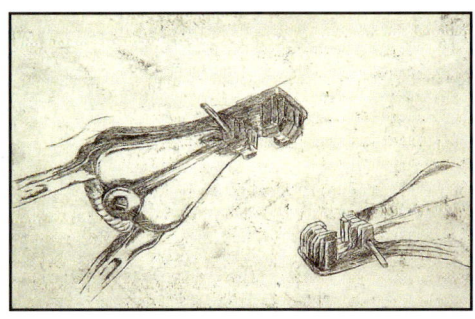

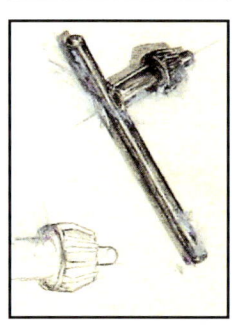

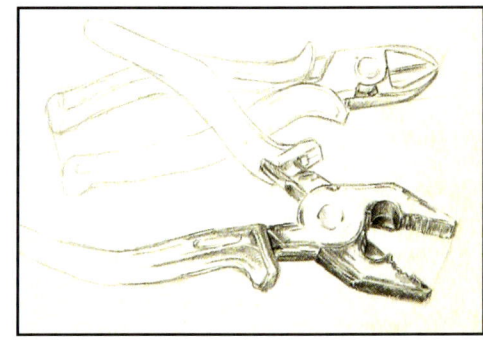

Arbeit 1

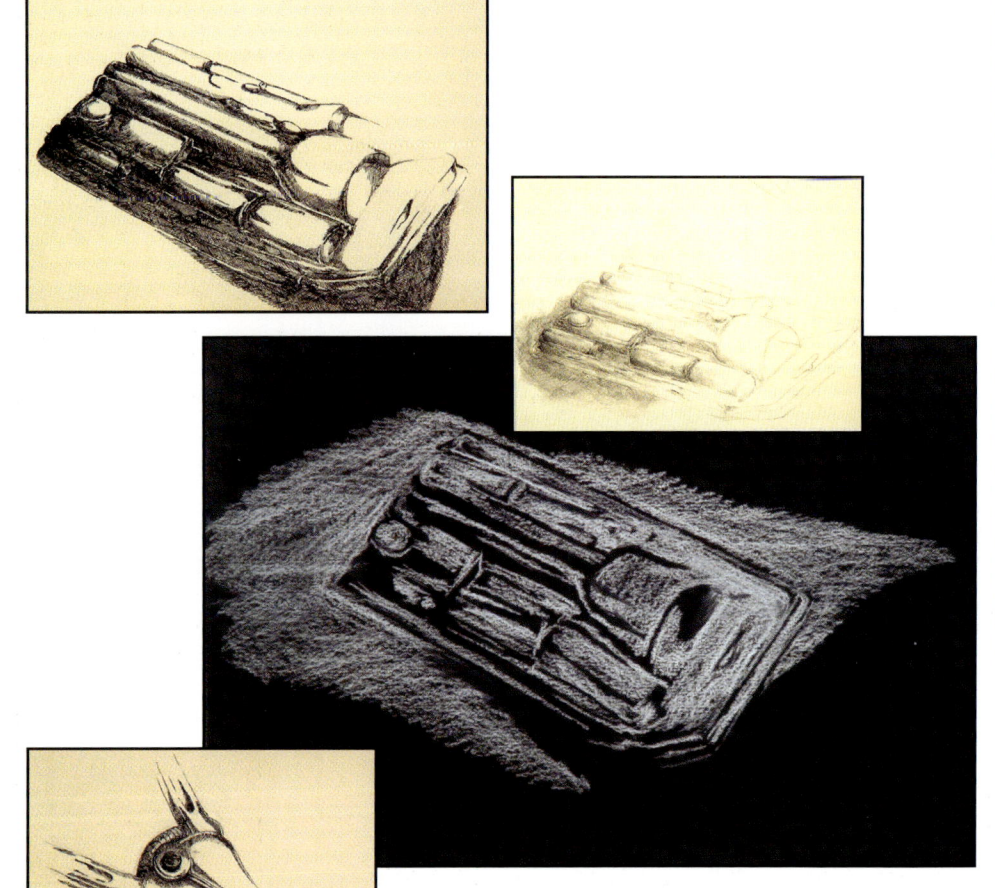

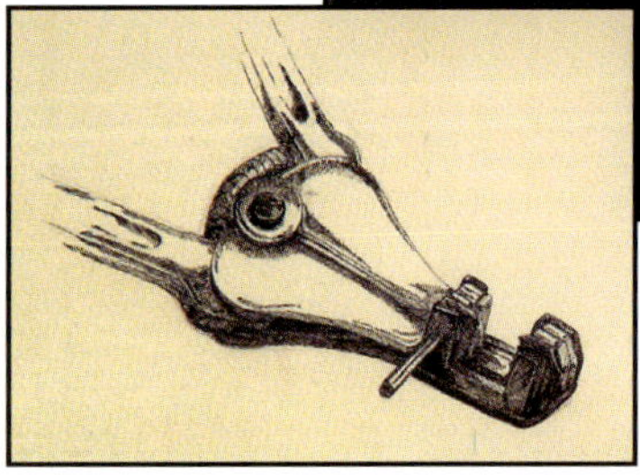

UNIVERSITÄT GESAMTHOCHSCHULE WUPPERTAL / KOMMUNIKATIONSDESIGN (44)
NINA STEINACKER

NINA STEINACKER
Universität Gesamthochschule Wuppertal, Kommunikationsdesign

ALTER
23

E-MAIL
nina.steinacker@gmx.de

ANZAHL DER ARBEITEN
mehr als 50

HAUSARBEIT
Zwei eigenständige Arbeiten zum Thema „Fremde"; Nachweis der eigenen Kritikfähigkeit durch Auswahl von jeweils einem guten und einem schlechten Beispiel zu vorgegebenen Themen mit Begründung

AUFNAHMEVERFAHREN
Stellungnahme zu den eingereichten Arbeiten; persönliches Gespräch

VORBEREITUNG
Vorstudium Kunst/Design der Jugendkunstgruppe an der VHS; Wochenendstudium an der Freien Kunstakademie Essen

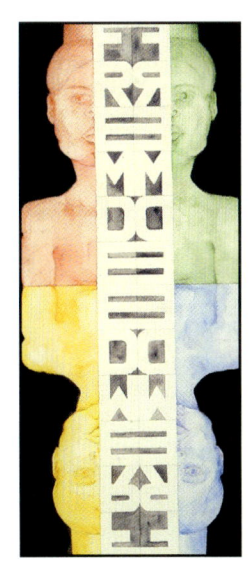

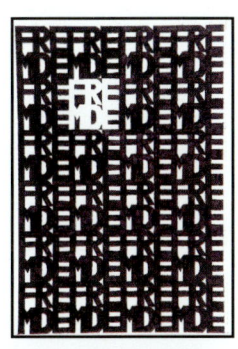

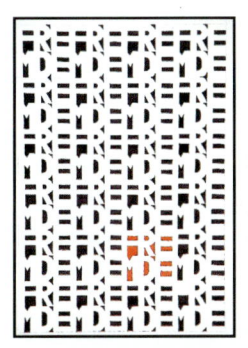

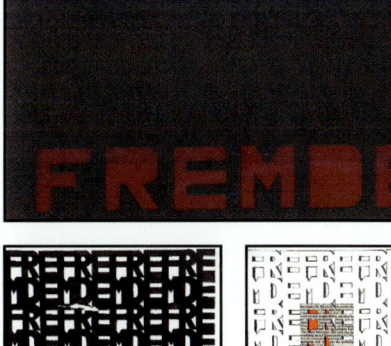

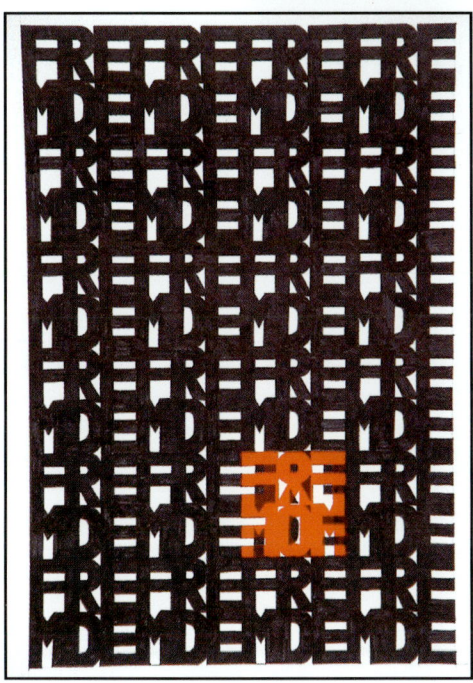

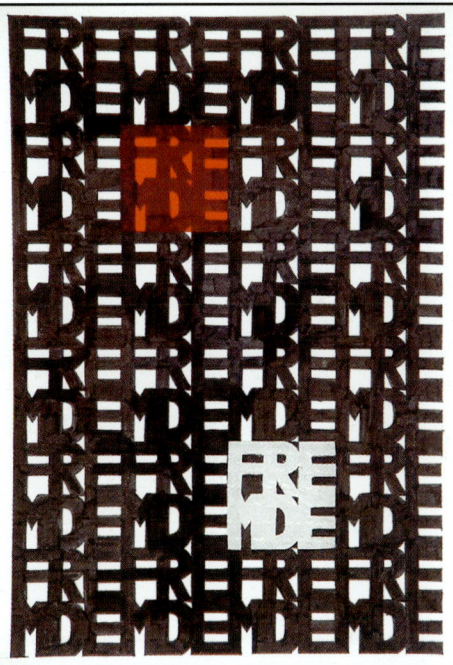

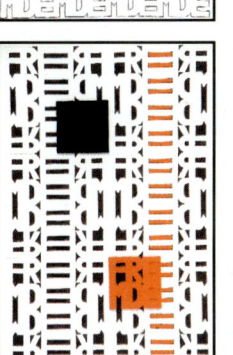

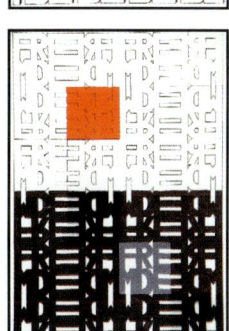

Arbeit 2

Arbeit 3

(44) UNIVERSITÄT GESAMTHOCHSCHULE WUPPERTAL / KOMMUNIKATIONSDESIGN
NINA STEINACKER

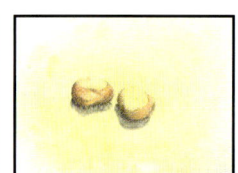

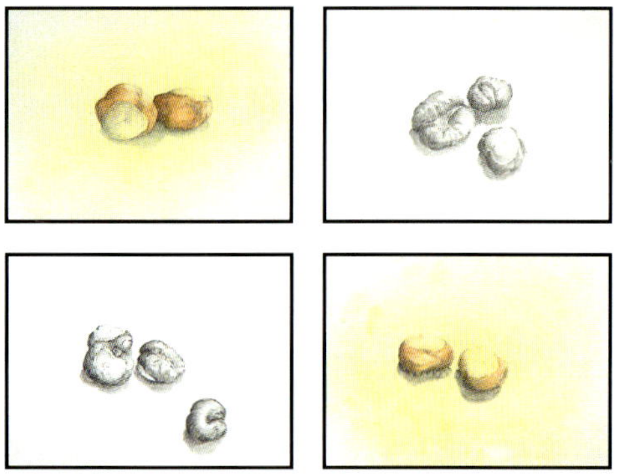

Arbeit 4

Arbeit 5

1	Div. Techniken: Bleistift, Kreide, Radierung, Tusche
2	Aquarell
3	Filzstift, verschiedene Materialien auf Papier
4 + 5	Bleistift, Buntstift
6	Bleistift
7	Öl
8	Acryl
9	Bleistift, weiß gehöhnt
10	Bleistift
11	Bleistift, weiß gehöhnt
12	Bleistift
13	Bleistift, weiß gehöhnt
14	Öl
15	Bleistift
16	Öl
17	Bleistift
18	Öl
19	Bleistift
20	Acryl
21	Bleistift

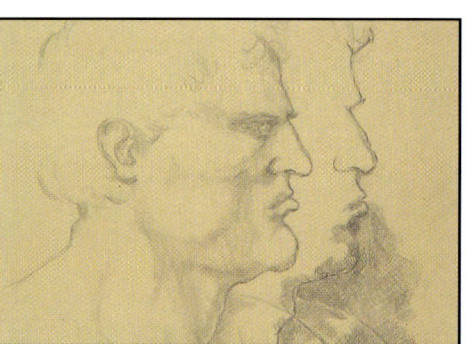

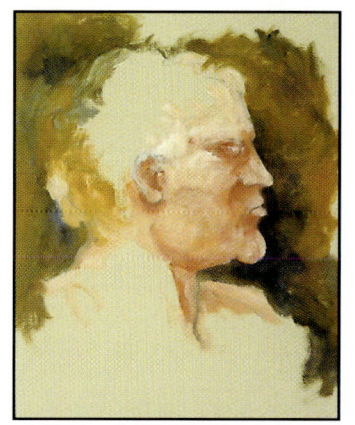

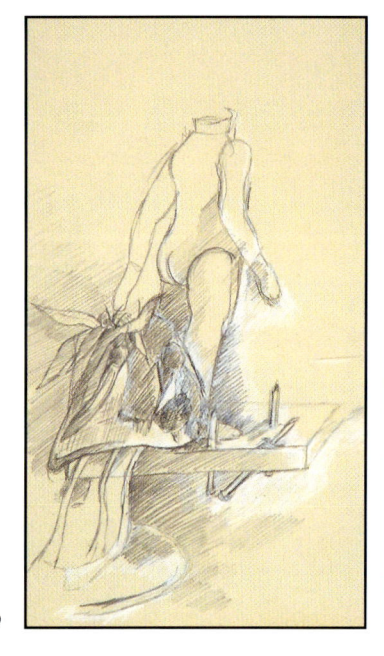

Arbeit 6

Arbeit 7 + 8

Arbeit 9

Arbeit 10

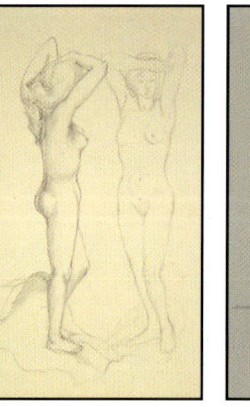

Arbeit 11

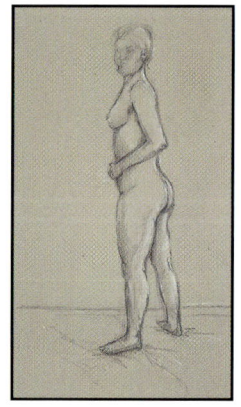

UNIVERSITÄT GESAMTHOCHSCHULE WUPPERTAL / KOMMUNIKATIONSDESIGN

NINA STEINACKER

(44)

Arbeit 12 - 14

Arbeit 15

Arbeit 16

Arbeit 17

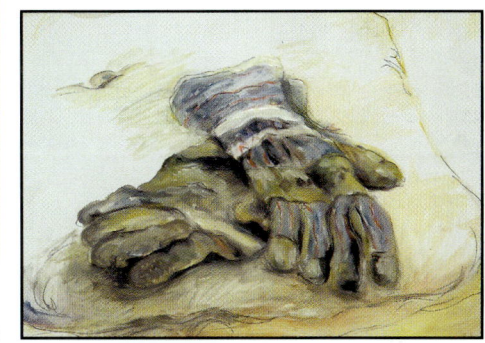

Arbeit 18

Arbeit 19

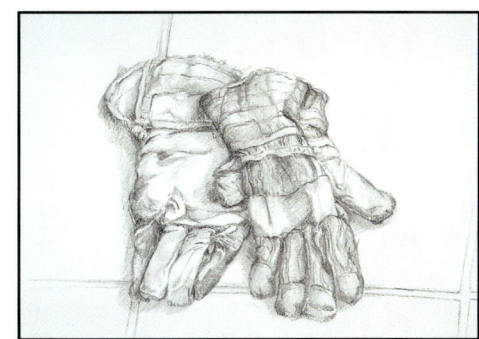

Arbeit 20

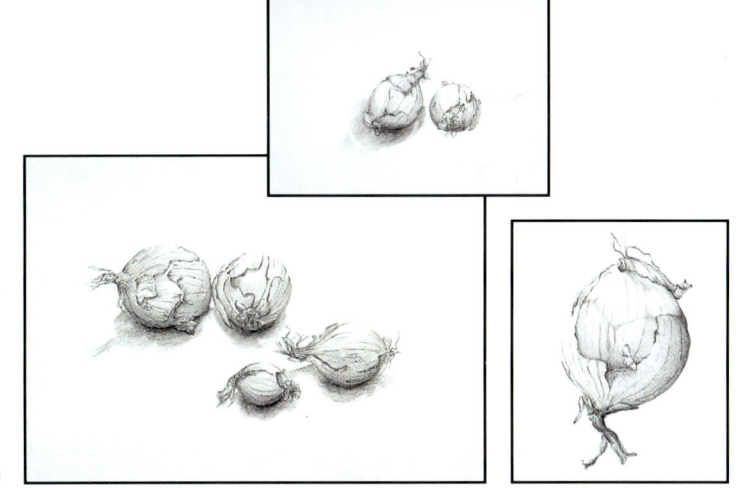

Arbeit 21

MYTHOS MAPPE / 2003 / SEITE 205

(45)

FACHHOCHSCHULE DORTMUND / FOTODESIGN

ISABELLA THIEL

Arbeit 1

Arbeit 2

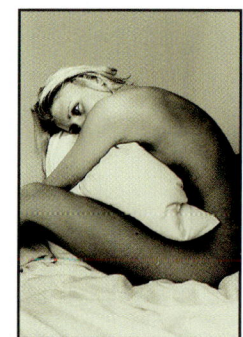

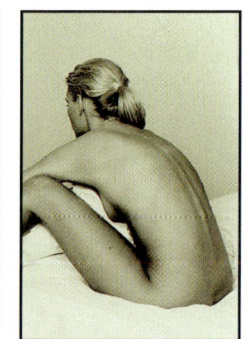

Arbeit 3

FACHHOCHSCHULE DORTMUND / FOTODESIGN

ISABELLA THIEL

(45)

ISABELLA THIEL
Fachhochschule Dortmund, Fotodesign

ALTER
21

E-MAIL
izabell@gmx.de

ANZAHL DER ARBEITEN
21

HAUSARBEIT
Arbeiten zum Thema „Meine Strasse - eine Geschichte"

AUFNAHMEVERFAHREN
Präsentation von Mappe und Hausarbeit; persönliches Gespräch

VORBEREITUNG
Praktikum in DTP-Studio (1 Monat); Praktikum in Foto-Studio (4 Monate); viele Besuche in der FH zu Beratungsgesprächen mit Professoren; Arbeit an der Mappe ungefähr 1 Jahr

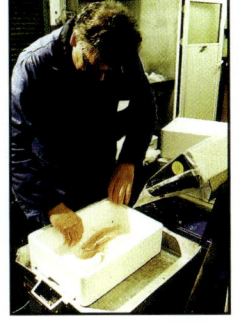

Arbeit 4

Arbeit 5

MYTHOS MAPPE / 2003 / SEITE 207

(45)

FACHHOCHSCHULE DORTMUND / FOTODESIGN

ISABELLA THIEL

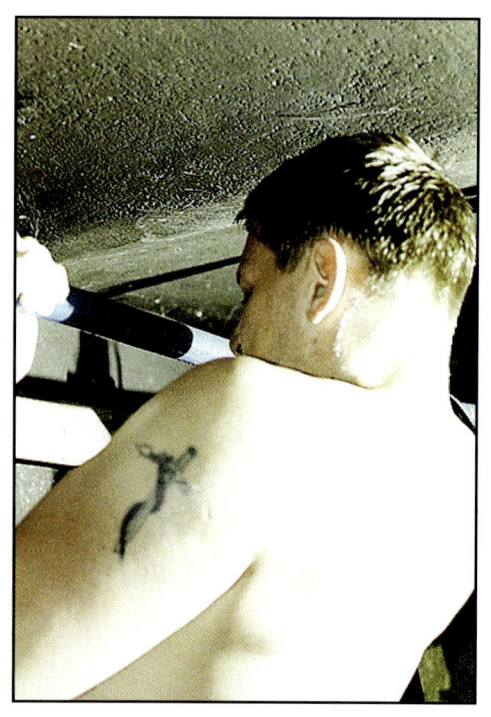

Arbeit 6

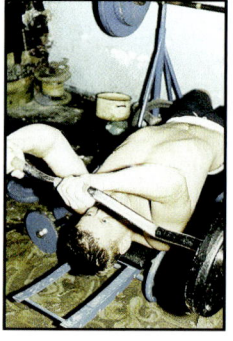

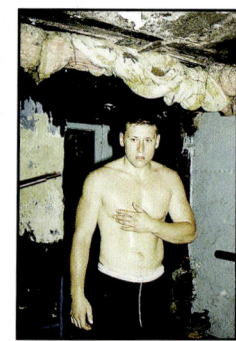

Arbeit 7

MYTHOS MAPPE / 2003 / SEITE 208

FACHHOCHSCHULE DORTMUND / FOTODESIGN
ISABELLA THIEL

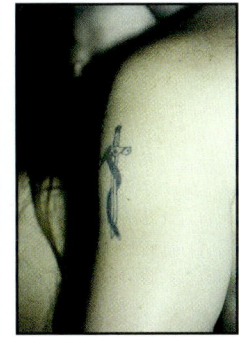

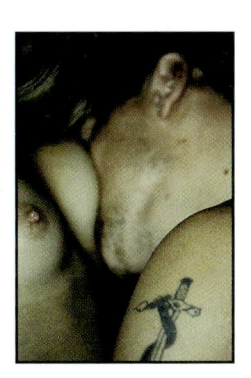

(45)

Arbeit 8

Arbeit 9 - 11

1   Die Braut - Der Bräutigam - Die Feier
2   Untitled
3   Shopping
4   Fischgrossmarkt
5   Ohne Ausweg
6   Ein Freund und sein Hobby
7   Hausaufgabe
8   Untitled

9   Leben in einer Welt ohne
    Erinnerungen, ohne Halt, ohne Basis

10 Wie geht es, sich ohne Erinnerungs-
    vermögen mit eben Vergangenem
    Auseinander zu setzen?

11 Wie geht es, ständig unbekannte
    Personen erscheinen zu sehen,
    niemals Erklärungen zu finden?

MYTHOS MAPPE / 2003 / SEITE 209

(46)

FACHHOCHSCHULE BIELEFELD / FOTOGRAFIE UND MEDIEN

MAXI UELLENDAHL

Arbeit 1

Arbeit 2

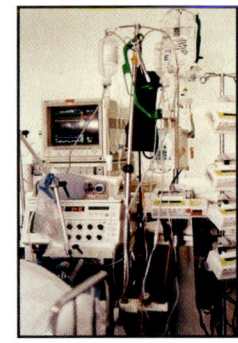

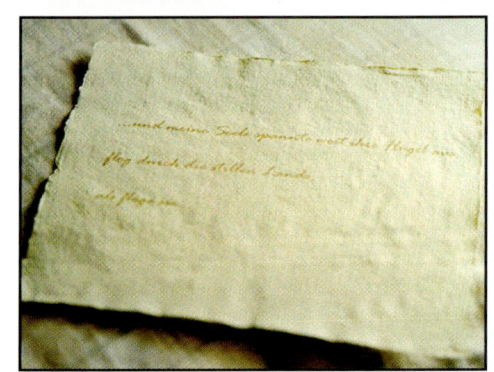

Erläuterungen zu den Arbeiten 1 - 5

Die freie Mappe besteht aus fünf Bildserien zum Thema Leben. Es werden Leben, Gesundheit, Glück, Verantwortung und Tod dargestellt. Diese Punkte sind unmittelbar voneinander abhängig. Zusammen bestimmen sie das Leben des Individuums Mensch. Jede einzelne Serie steht für einen der fünf Faktoren. Die anderen vier Faktoren spiegeln sich jeweils in den Bildern der Serie wieder.

Arbeit 3

FACHHOCHSCHULE BIELEFELD / FOTOGRAFIE UND MEDIEN
MAXI UELLENDAHL

(46)

MAXI UELLENDAHL
Fachhochschule Bielefeld, Fotografie und Medien

ALTER
23

E-MAIL
damax2000@yahoo.de

ANZAHL DER ARBEITEN
28

HAUSARBEIT
Arbeiten zu den Themen „Rasender Stillstand" oder „Heftige Auseinandersetzung"; Zeit ca. 2 Wochen

AUFNAHMEVERFAHREN
Prüfung; Anfertigung einer Collage zum Thema „Zeitsprung"; Zeit ca. 4 Stunden

VORBEREITUNG
Ausbildung zur Fotografin; Arbeit an der Mappe ca. 6 Monate

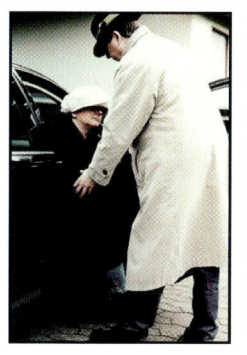

Arbeit 4

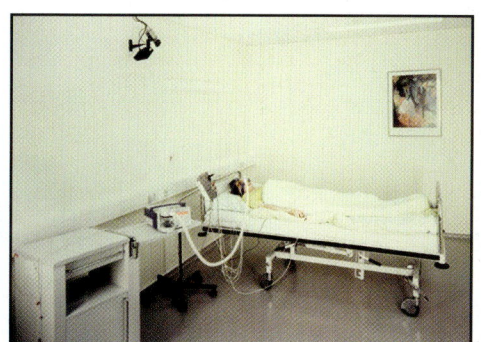

Arbeit 5

Arbeit 6

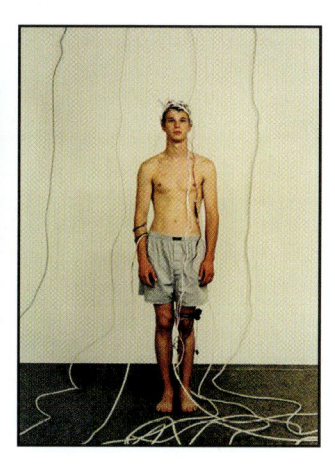

1	Leben
2	Gesundheit
3	Glück
4	Verantwortung
5	Tod
6	Hausarbeit

(47)

UNIVERSITÄT GESAMTHOCHSCHULE ESSEN / INDUSTRIEDESIGN

CHRISTOPH UEPPING

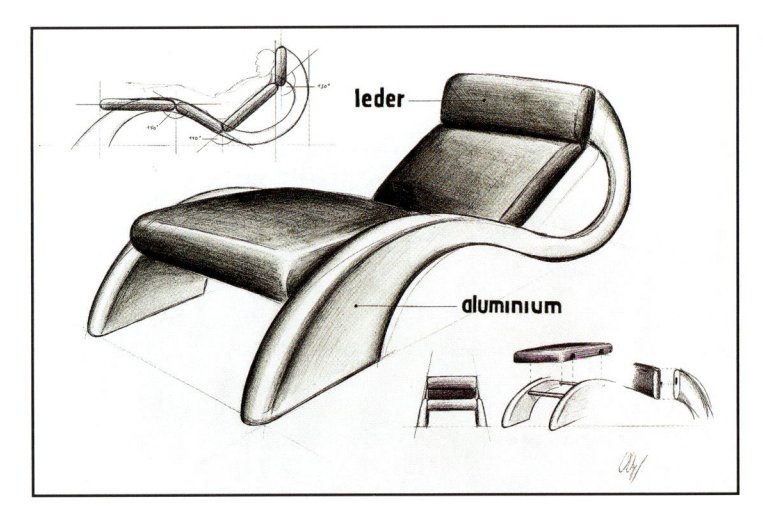

Arbeit 1

Arbeit 2

Arbeit 3

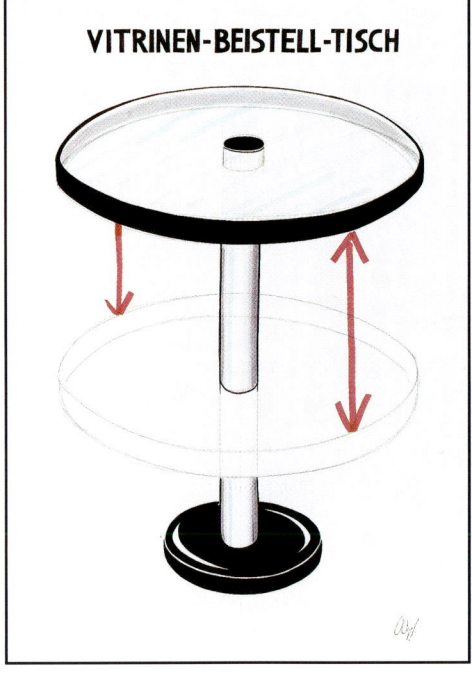

VITRINEN-BEISTELL-TISCH

Arbeit 4

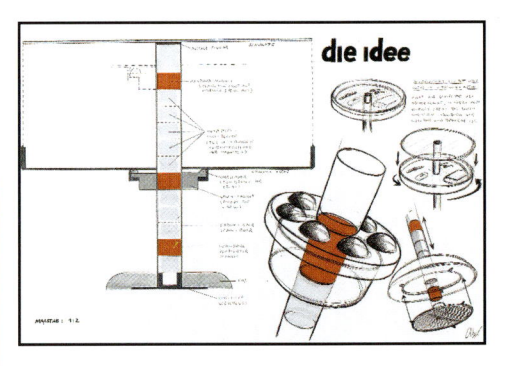

die idee

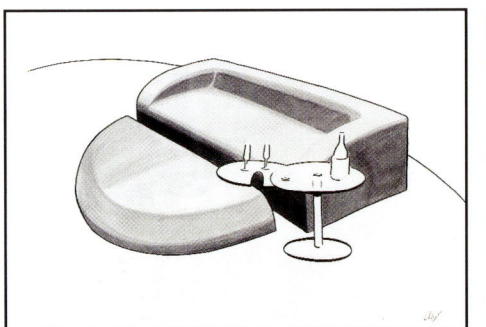

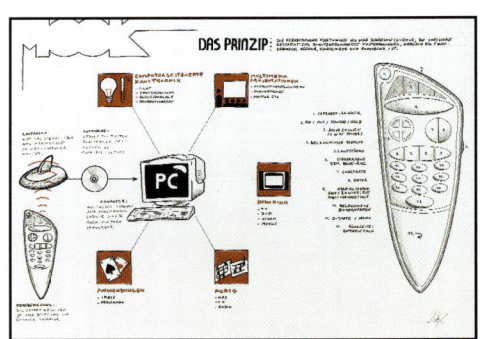

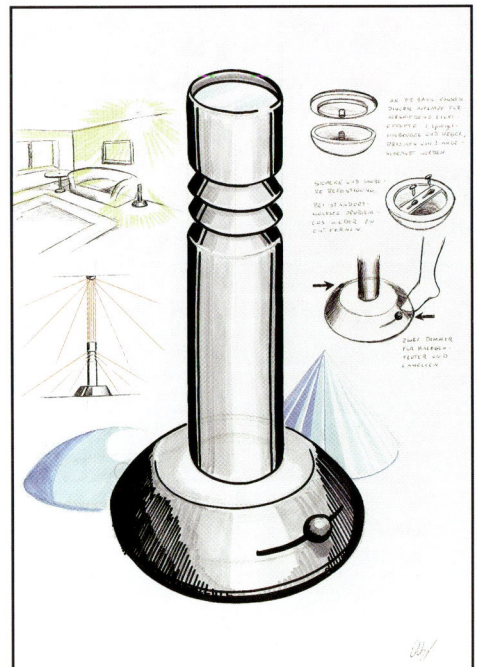

Arbeit 5

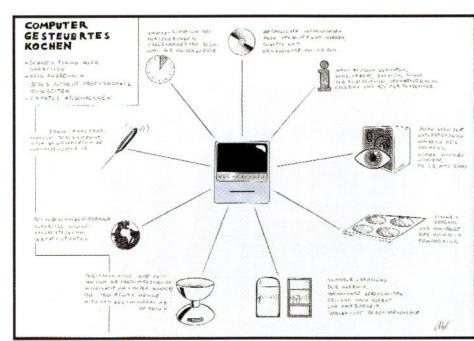

Arbeit 6

Arbeit 7 - 9

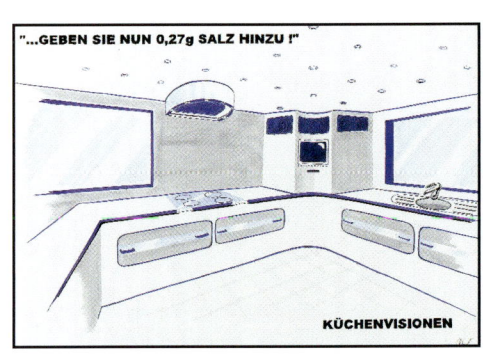

"...GEBEN SIE NUN 0,27g SALZ HINZU!"

KÜCHENVISIONEN

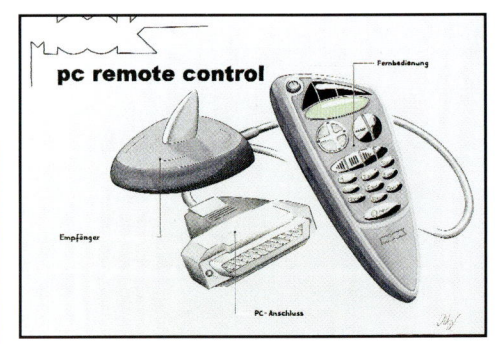

pc remote control

DAS PRINZIP

UNIVERSITÄT GESAMTHOCHSCHULE ESSEN / INDUSTRIEDESIGN
CHRISTOPH UEPPING
(47)

CHRISTOPH UEPPING
Universität Gesamthochschule Essen, Industriedesign

ALTER
21

E-MAIL
groompy@gmx.de

ANZAHL DER ARBEITEN
27

HAUSARBEIT
keine

AUFNAHMEVERFAHREN
Dreitägige Prüfung (Umgang mit Farben, Formen und Flächen; Entwurfsaufgabe; Intelligenztests)

VORBEREITUNG
Praktikum in Designbüro (2 Wochen); Praktikum in Tischlerwerkstatt (3 Monate); Mappenvorbereitungskurs an der VHS (1 Jahr); Arbeit an der Mappe ca. 9 Monate

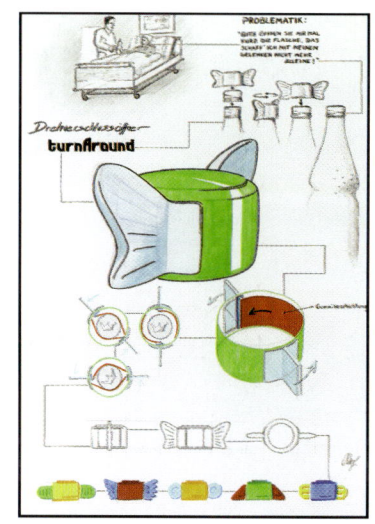

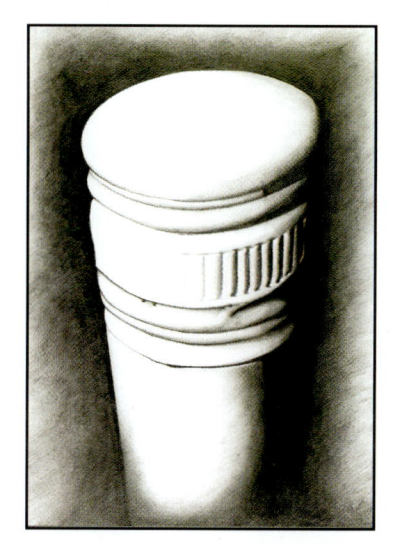

Arbeit 10

Arbeit 11

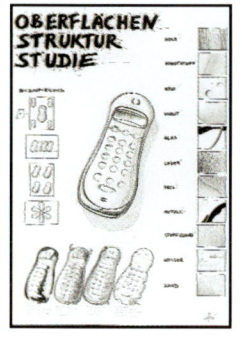

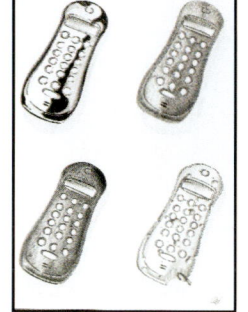

Arbeit 12

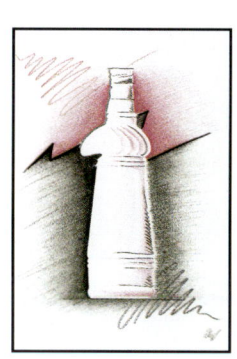

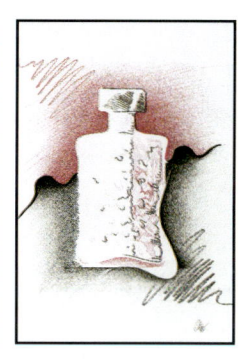

Arbeit 13

(47) UNIVERSITÄT GESAMTHOCHSCHULE ESSEN / INDUSTRIEDESIGN

CHRISTOPH UEPPING

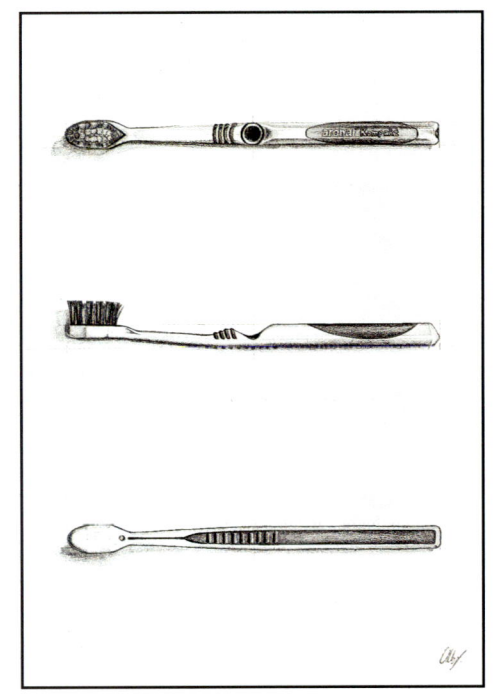

Arbeit 14

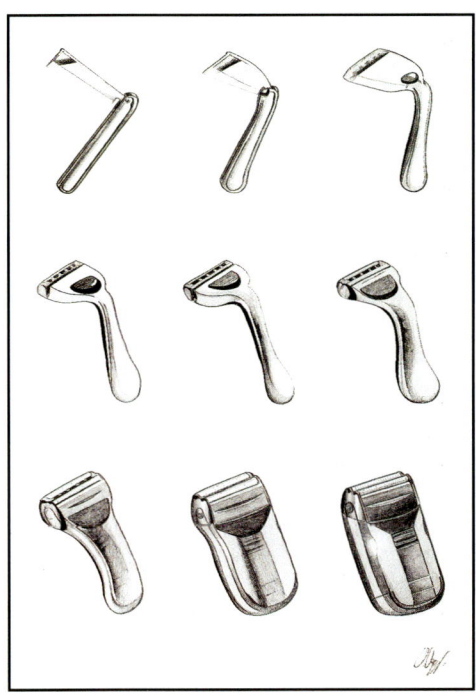

Arbeit 15

Arbeit 16

Arbeit 17

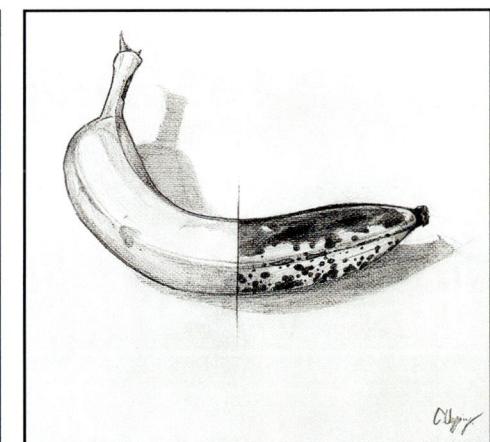

Arbeit 18

Arbeit 19

UNIVERSITÄT GESAMTHOCHSCHULE ESSEN / INDUSTRIEDESIGN

CHRISTOPH UEPPING

(47)

1	Chaiselongue
2	Chill-Out Sofa
3	Vitrinen-Beistell-Tisch
4	Vitrinen-Beistell-Tisch, Erläuterungen
5	Deckenfluter
6	Computergesteuertes Kochen
7	Küchenvisionen
8	PC-Remote-Control
9	PC-Remote-Control, Erläuterungen
10	Drehverschluss-Öffner
11	Bacardi-Verschluss
12	Oberflächenstruktur Telefone
13	Tequilla-, Wodka-, Amaretto-Flasche
14	Zahnbürsten
15	Metamorphose
16	Taschentuch
17	Banane
18	Heckflosse
19	Mook-Sport
20	Grafitti
21	Typographie
22	Vereintes Europa - vereinte Welt
23	Faces
24	Ohne Titel
25	Future Shoes

Arbeit 20

Arbeit 21

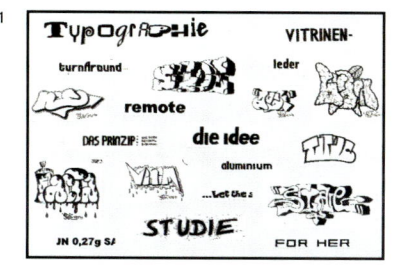

Arbeit 22

Arbeit 23

Arbeit 24

Arbeit 25

(48)

FACHHOCHSCHULE BIELEFELD / FOTOGRAFIE UND MEDIEN

NINA KATINKA WILHELM

Arbeit 1

Arbeit 2

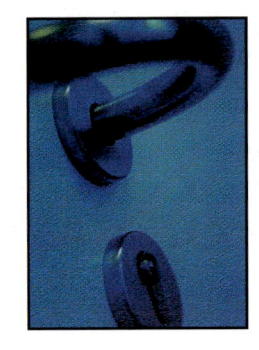

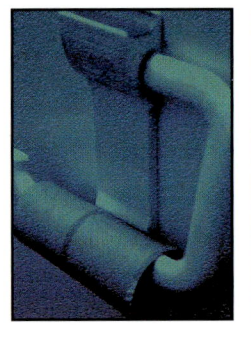

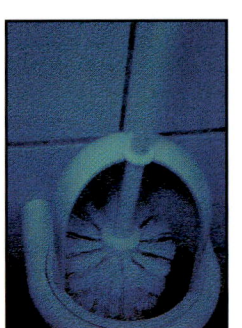

FACHHOCHSCHULE BIELEFELD / FOTOGRAFIE UND MEDIEN
NINA KATINKA WILHELM

(48)

NINA KATINKA WILHELM
**Fachhochschule Bielefeld,
Fotografie und Medien**

ALTER
26

E-MAIL
littletinka@gmx.de

ANZAHL DER ARBEITEN
7 Fotoserien (insg. 19 Fotos)

HAUSARBEIT
**Arbeiten zu den Themen „Heftige Auseinandersetzung" oder „Rasender Stillstand";
Zeit 2 Wochen**

AUFNAHMEVERFAHREN
Vierstündige Klausur zum Thema „Zeitsprung"; man mußte aus mitgebrachten Magazinen Bilder auswählen und daraus zum Thema eine Collage erstellen

VORBEREITUNG
Ausbildung zur Erzieherin; Praktikum bei einem Fotodesigner (6 Monate); viele Gespräche und Diskussionen über meine Arbeiten geführt; die Arbeiten für meine Mappe entstanden zum großen Teil während meines Praktikums

Arbeit 3

Arbeit 4

MYTHOS MAPPE / 2003 / SEITE 217

(48)

FACHHOCHSCHULE BIELEFELD / FOTOGRAFIE UND MEDIEN

NINA KATINKA WILHELM

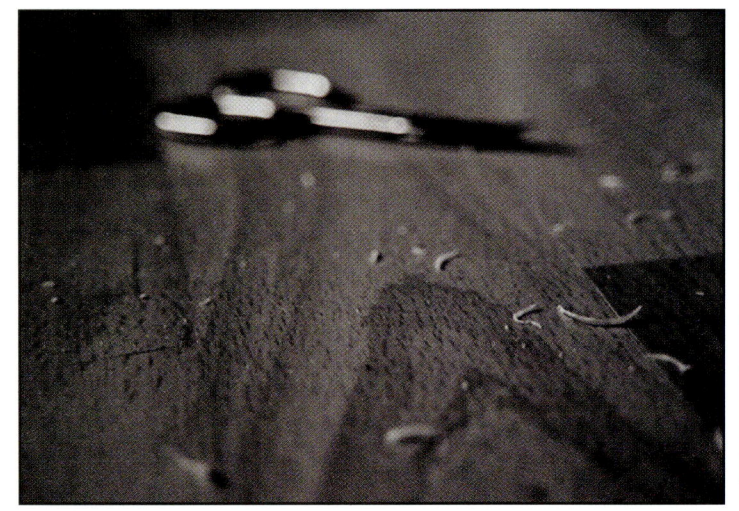

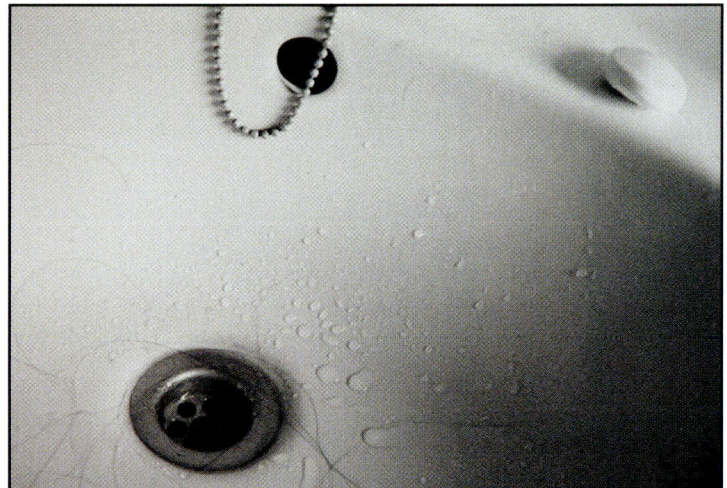

Arbeit 5

Arbeit 6

Arbeit 7

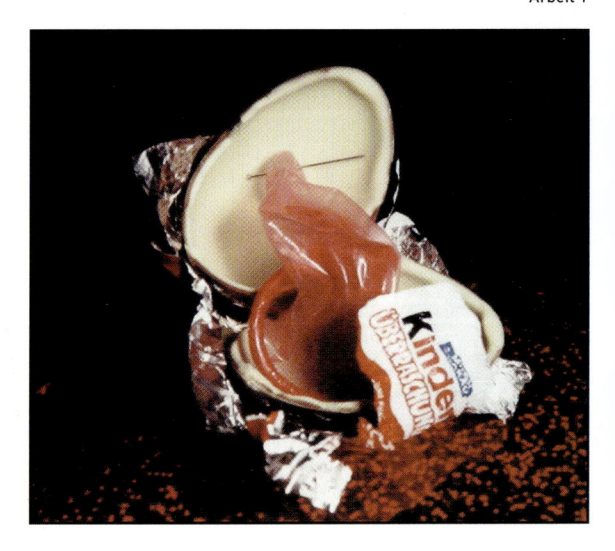

FACHHOCHSCHULE BIELEFELD / FOTOGRAFIE UND MEDIEN

NINA KATINKA WILHELM

(48)

1	Hausaufgabe
2	Blaue Serie
3	Joker
4	Perfekt
5	Zuhause
6	Gänsehaut
7	Kinderüberraschung
8	Annäherung

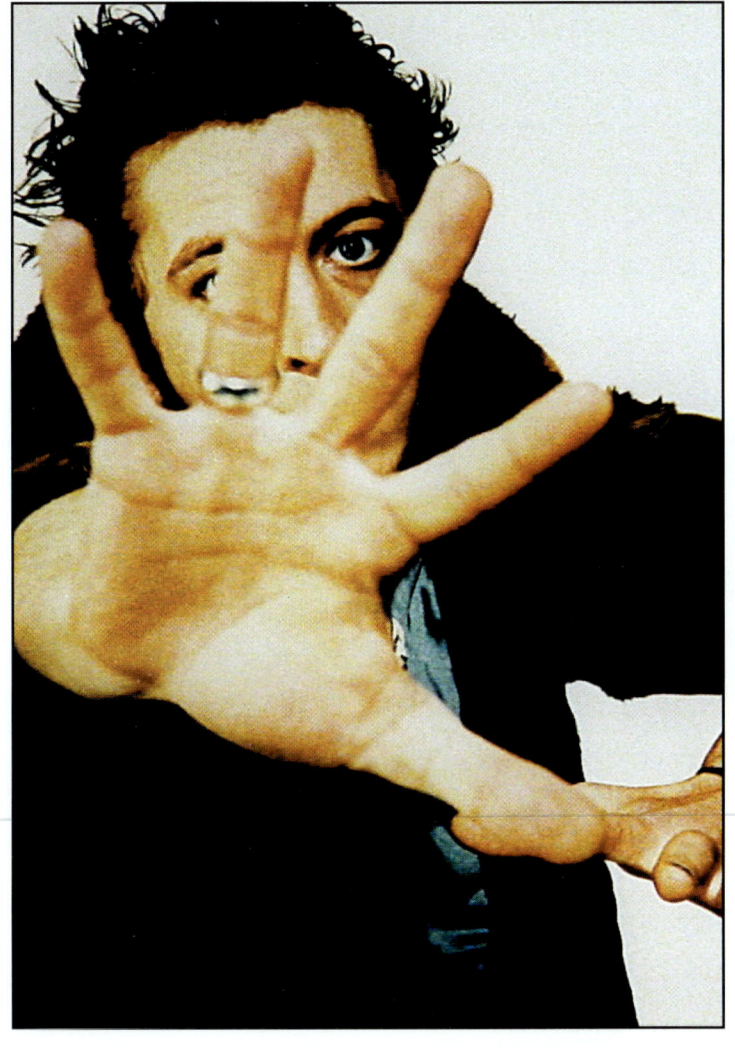

Arbeit 8

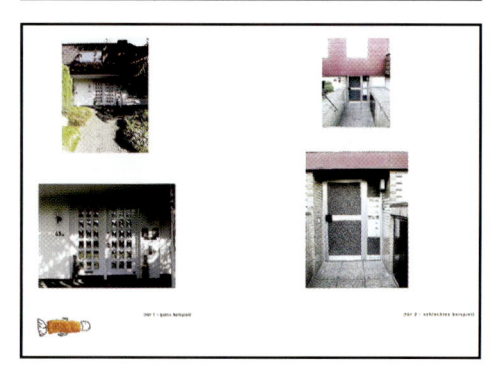

(49) UNIVERSITÄT GESAMTHOCHSCHULE WUPPERTAL / KOMMUNIKATIONSDESIGN
PHILIPP WIX

...[kritikfähigkeit]   Arbeit 1

UNIVERSITÄT GESAMTHOCHSCHULE WUPPERTAL / KOMMUNIKATIONSDESIGN

PHILIPP WIX

(49)

PHILIPP WIX
Universität Gesamthochschule Wuppertal, Kommunikationsdesign

ALTER
23

E-MAIL
deckstar@screenscouts.com

ANZAHL DER ARBEITEN
10

HAUSARBEIT
Zwei eigenständige Arbeiten zum Thema „Fremde"; Nachweis der eigenen Kritikfähigkeit durch Auswahl von jeweils einem guten und einem schlechten Beispiel zu vorgegebenen Themen mit Begründung

AUFNAHMEVERFAHREN
Stellungnahme zu den eingereichten Arbeiten; persönliches Gespräch

VORBEREITUNG
Praktikum in Werbeagentur (6 Monate); Praktikum in Designagentur (3 Monate); Arbeit an der Mappe ca. 4 Monate

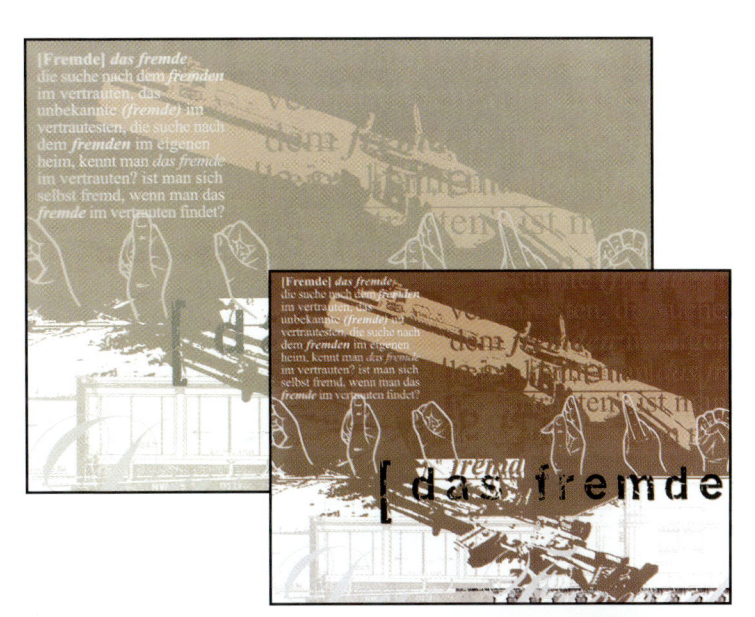

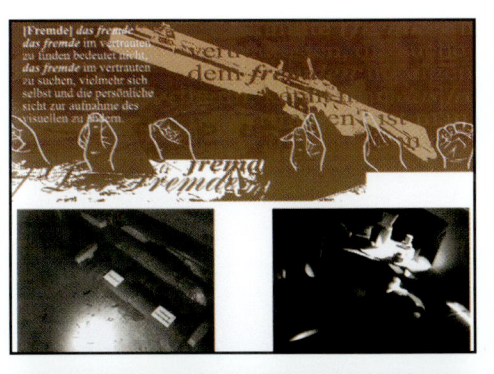

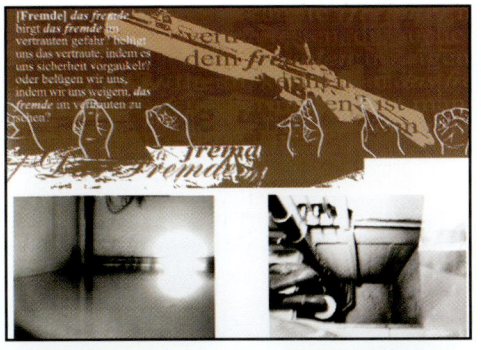

Arbeit 2

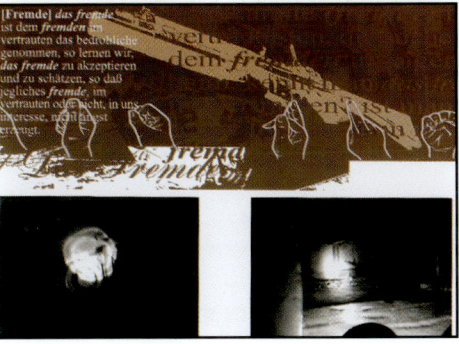

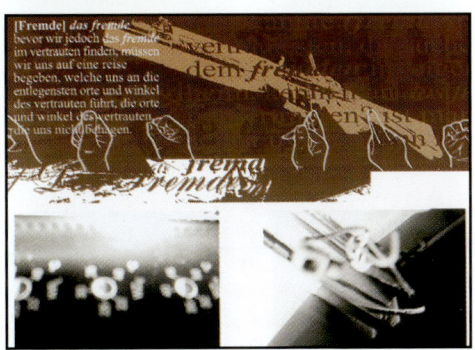

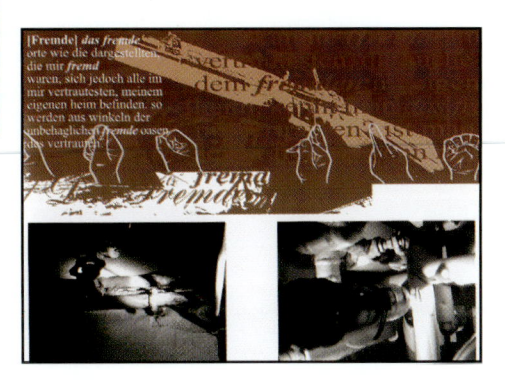

MYTHOS MAPPE / 2003 / SEITE 221

(49) UNIVERSITÄT GESAMTHOCHSCHULE WUPPERTAL / KOMMUNIKATIONSDESIGN

PHILIPP WIX

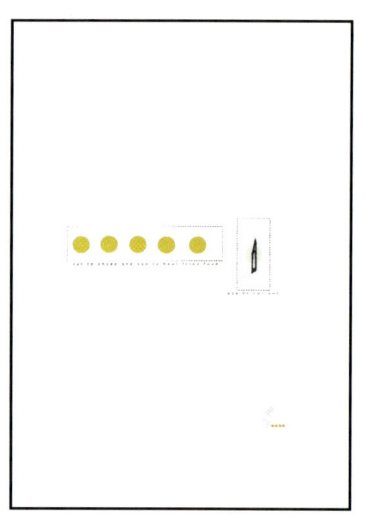

1 + 2	Hausaufgabe
3	Mappe
4	Doppelseitiges Klebeband, Skalpellklinge
5 + 6	Photoshop, Freehand
7 - 11	Bleistift
12 - 14	Druck auf Acetat, Manipulation der Collage mit Farbverdünner, Weiterverarbeitung mit Freehand

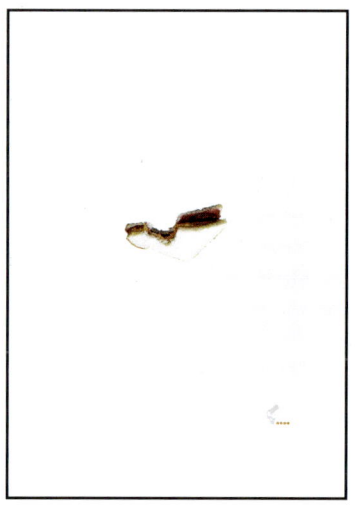

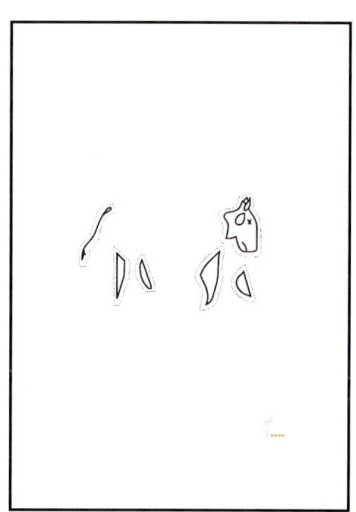

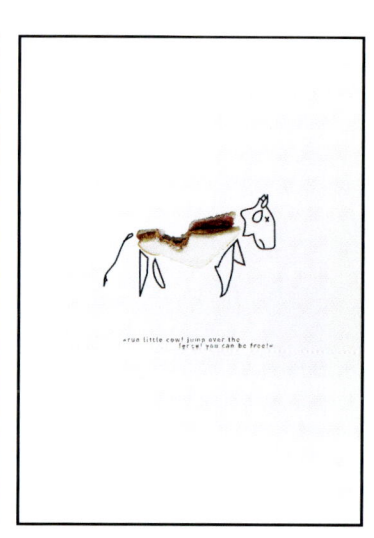

Arbeit 3

Arbeit 4

Arbeit 5

Arbeit 6

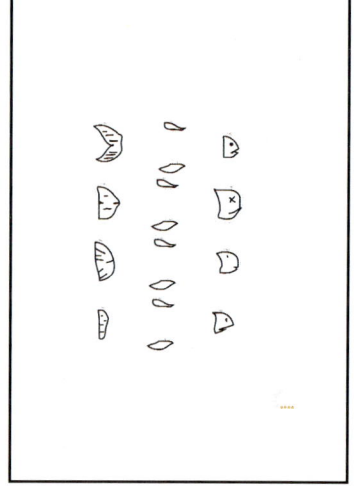

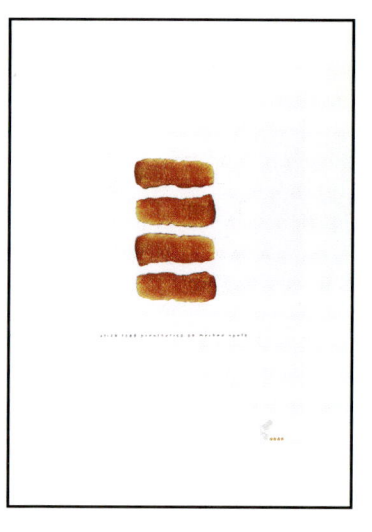

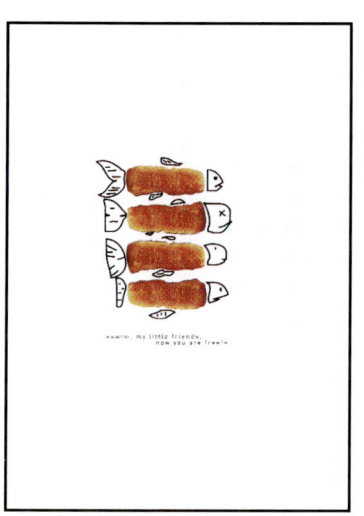

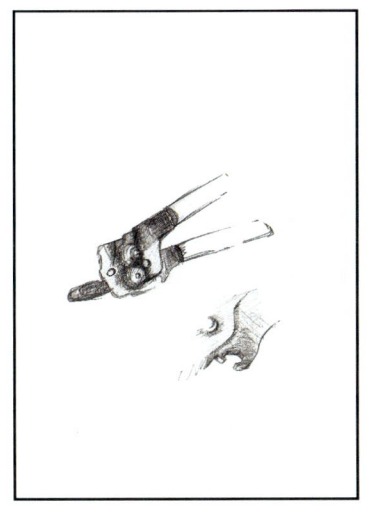

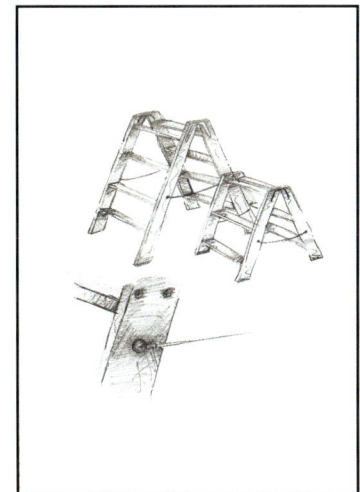

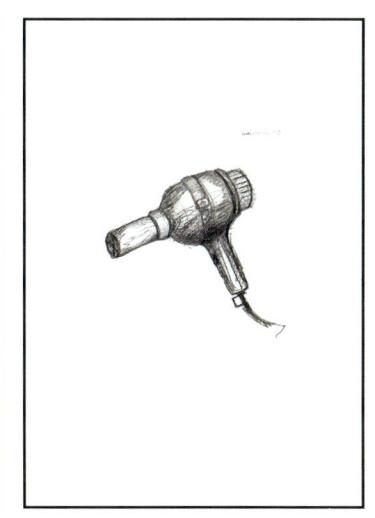

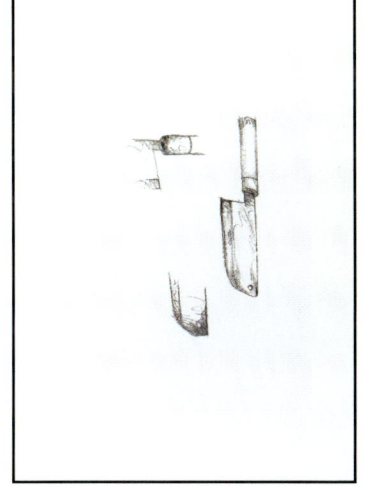

UNIVERSITÄT GESAMTHOCHSCHULE WUPPERTAL / KOMMUNIKATIONSDESIGN

PHILIPP WIX

(49)

Arbeit 7 - 11

Arbeit 12

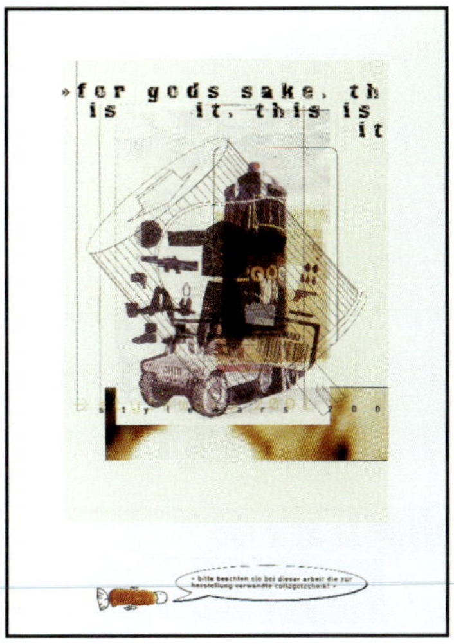

Arbeit 13

Arbeit 14

Arbeit 15

MYTHOS MAPPE / 2003 / SEITE 223

(50)

UNIVERSITÄT GESAMTHOCHSCHULE ESSEN / INDUSTRIEDESIGN

FABIA ZOBEL

Arbeit 1

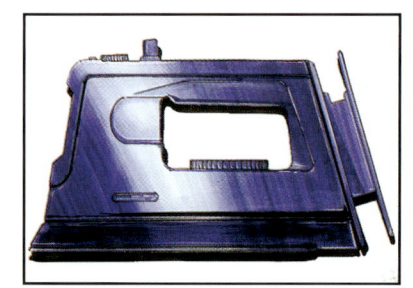

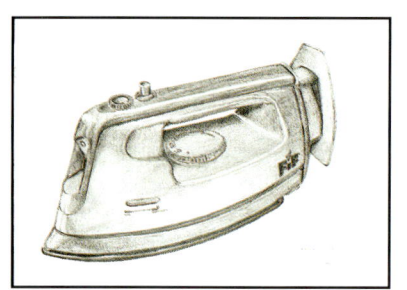

Arbeit 2

Arbeit 4

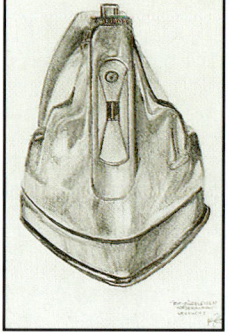

Arbeit 5

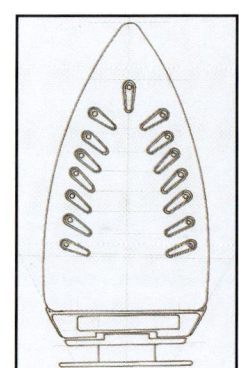

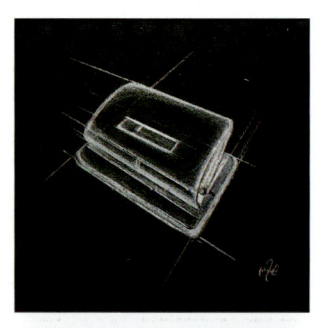

Arbeit 3

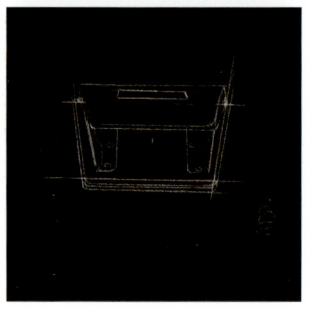

Arbeit 6

Arbeit 7

1 - 5	Bügeleisen
6	Locher
7 - 9	Toaster
10	Variationen After Shave-Flasche
11	Flaschenöffner
12	10-Minuten-Skizzen (Körperzeichnung)
13	Entwurf und Bau eines Beistelltisches
14	Naturzeichnung
15	Coca Cola-Dose
16	Wecker
17	Portrait

Arbeit 8

Arbeit 9

Arbeit 10

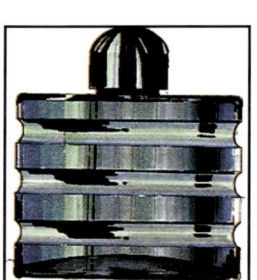

MYTHOS MAPPE / 2003 / SEITE 224

UNIVERSITÄT GESAMTHOCHSCHULE ESSEN / INDUSTRIEDESIGN
FABIA ZOBEL

(50)

FABIA ZOBEL
Universität Gesamthochschule Essen, Industriedesign

ALTER
21

E-MAIL
mail@fabia-zobel.de

ANZAHL DER ARBEITEN
28

HAUSARBEIT
keine

AUFNAHMEVERFAHREN
Dreitägige Prüfung (Umgang mit Farben, Formen und Flächen; Entwurfsaufgabe; Intelligenztests)

VORBEREITUNG
Umfangreich vorbereitet habe ich mich auf das Aufnahmeverfahren nicht, lediglich die Techniken, die ich für wichtig hielt, durch ständiges Zeichnen gefestigt

Arbeit 11

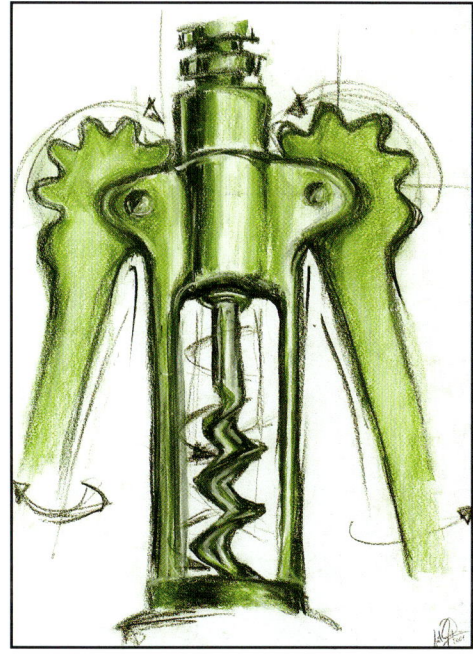

Arbeit 12

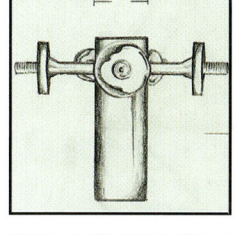

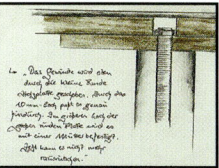

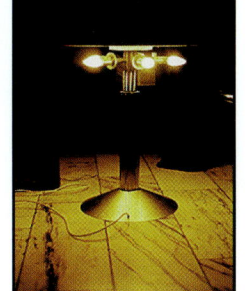

Arbeit 13

Arbeit 14

Arbeit 15

Arbeit 16

Arbeit 17

MYTHOS MAPPE / 2003 / SEITE 225

du + designers union

Die Berufsgruppe Grafikdesign und Mediengestaltung in ver.di

vernetzt, kooperiert

unterstützt, berät

qualifiziert, publiziert

designers union – das Netzwerk für die Medienbranche

Sie interessieren sich für designers union? Wir schicken Ihnen gerne kostenlose Informationen. Bestellen Sie im Internet unter **www.designers-union.de** oder kopieren Sie diesen Abschnitt und faxen Sie uns die folgenden Angaben an die Faxnummer **0 30.69 56-36 54.**

Vorname/Name _____

Straße _____

PLZ/Ort _____

E-Mail _____

ver.di Bundesvorstand
Ressort 14, FB 8
designers union
Potsdamer Platz 10
10785 Berlin

Telefon 0 30.69 56-0
Fax 0 30.69 56-36 54
designers.union@verdi.de
www.designers-union.de

ver.di Vereinte Dienstleistungsgewerkschaft